dtv

Richtig ernährte Kinder fühlen sich rundum wohl, sind quicklebendig, haben ein starkes Immunsystem, weniger Konzentrationsschwächen in der Schule und genug Energie zum Ausleben ihres natürlichen Bewegungsdranges. Monika Arndt, Ernährungsprofi und Mutter, weiß, wie gesunde und natürliche Energiekost für Kinder schmecken muss. Sie beschreibt, welche Nahrungsmittel für das körperliche und geistige Wachstum von Kindern ab etwa 3 Jahren bis zur Pubertät unerlässlich sind. Vollwertig, Kraft spendend und leicht soll das Essen sein und nicht dick machen. Die rund 250 kreativen Rezepte orientieren sich an heimischen Produkten und an der Vollwertküche und lassen sich auch ohne Vorkenntnisse leicht nachkochen. Von Frühstück, Pausenbrot über Suppen, Hauptmahlzeiten, Nachspeisen, Kuchen und Getränke spannt sich der Bogen. Die Autorin zeigt, wie man mit schwierigen Essern umgeht, weiß Rat, wenn ein Kind wählerisch ist, und liefert Ideen für die kulinarische Gestaltung von Buffets in Kindergarten und Schule und für Kindergeburtstage. Und was so gesund, köstlich und Vitamin geladen ist, schmeckt auch den Erwachsenen.

Monika Arndt, geboren 1955, widmet sich seit Jahren alternativen Ernährungsformen – stets in Zusammenarbeit mit Kinderärzten. Die Traditionelle Chinesische Medizin hat dabei genauso Einfluss auf ihre Rezeptempfehlungen wie die ganzheitliche Naturheilkunde, die neuesten medizinischen Erkenntnisse und der Rückgriff auf das Wissen ihrer Großeltern. Bei dtv hat sie ihr erfolgreiches ›Baby-Kochbuch‹ (36187) veröffentlicht. Für das Münchner Kindermagazin ›Kitz‹ schreibt sie regelmäßig Rezepte für Kinder. Als Expertin für Kinderernährungsfragen gibt sie auch Kurse. (www.baby-kochbuch.de)

Monika Arndt
Das Kinder-Kochbuch

Gesundes Essen, das schmeckt

Deutscher Taschenbuch Verlag

*Für meine Söhne Moritz und Alexander,
meine unbestechlichen Testesser*

Originalausgabe
März 2004
© 2004 Deutscher Taschenbuch Verlag GmbH & Co. KG,
München
www.dtv.de
Das Werk ist urheberrechtlich geschützt.
Sämtliche, auch auszugsweise Verwertungen bleiben vorbehalten.
Umschlagkonzept: Balk & Brumshagen
Umschlagfoto: © Miles/StockFood, München
Satz: Greiner & Reichel, Köln
Gesetzt aus der Meridien 9,25/11,5˙, der Frutiger
und der Wiesbaden Swing
Grafiken: Wiesbaden Swing Dingbats und
André Schirmer, lowlight network, Leipzig
Druck und Bindung: Druckerei C. H. Beck, Nördlingen
Gedruckt auf säurefreiem chlorfrei gebleichtem Papier
Printed in Germany · ISBN 3-423-34071-1

Inhalt

9 **Vorwort**

11 **Richtige Ernährung für Kinder**
11 Ökologisch und saisonal kochen
11 Essen ist Erziehungssache: Kinder brauchen Vorbilder
12 Wohlfühlregeln am Familientisch
12 Gesunde Nahrungsmittel für hellwache Kinder
14 Nicht übers Essen streiten
15 Mein Kind ist wählerisch
18 Die Ernährungspyramide
20 Genügend Wasser trinken
20 Fast food und Fertigprodukte
22 Das dicke Kind
24 Angereicherte Nahrungsmittel

25 **Essverhalten in der frühen Kindheit und Geschmackserziehung**

27 **Gesunde Nährstoffe für Kinder**
27 Die Sattmacher: Kohlenhydrate
27 Lebensnotwendiger Baustein Eiweiß
28 Hochwertige Fette und Öle
29 Vitamine aus Obst und Gemüse fünfmal am Tag
30 Die wichtigsten Vitamine und ihre Wirkung
33 Mineralstoffe und Spurenelemente
36 Ballaststoffe und bioaktive Substanzen
37 Der »leidige« Zucker

38 **Lebensmittelzusatzstoffe**
38 Zusatzstoffe, die mit E-Nummern aufgeführt werden müssen

43 **Lebensmittel für die Kinderküche**

43 Gemüse
49 Brot und Getreide
53 Hülsenfrüchte
54 Eier
54 Fleisch und Geflügel aus artgemäßer Tierhaltung
58 Milchprodukte und Käse
60 Obst aus kontrolliertem Anbau
63 Süßungsmittel
64 Nüsse, Ölsaaten und Öle
65 Salz

67 **Ernährung und Immunsystem**

67 Störung des Immunsystems
68 Ernährungsempfehlungen für Kinder mit angegriffenem Immunsystem

70 **Bewährte Hausmittel für Kinder**

72 Ernährung bei verschiedenen Beschwerden

74 **Praktische Hinweise zu den Rezepten**

74 Unentbehrliche Helfer
75 Vorratsküche
75 Küchen-Einmaleins: Maße und Abkürzungen
76 Mengenangaben

79 **Rezepte**

82 Frühstück
86 Pausenbrot
90 Brot, Fladen, Pizza, Quiche
100 Suppen und Eintöpfe
114 Kartoffelgerichte

128 Gemüse und Salate
142 Spätzle, Nudeln, Reis
158 Saucen
164 Fleisch- und Fischgerichte
176 Fast food als Slow food
184 Eier- und Mehlspeisen
196 Milchspeisen
206 Obstdessert
214 Kuchen
230 Durststillende und energiereiche Getränke
242 Kindergartenbuffet, Schulfrühstück, Kindergartenfest, Kindergeburtstag

257 **Rezeptregister**

265 **Wichtige Adressen im Internet**

Die Sinne sind die ersten Fähigkeiten, die sich in uns ausbilden und vervollkommnen. Sie sollten am meisten gepflegt werden. Die Sinne zu üben heißt nicht nur sie zu gebrauchen, sondern auch mit ihrer Hilfe richtig zu urteilen.
Jean-Jacques Rousseau

Vorwort

Ihr Kind ist kein Baby mehr, geht ab 3 Jahren erstmals in den Kindergarten, macht selbstständig die ersten Schritte hinaus in die große weite Welt. Es wächst und gedeiht und isst schon ganz alleine am Familientisch mit. Gerade in dieser Phase und erst recht als Schulkind braucht es eine der stürmischen Wachstumsphase und dem hohen Energiebedarf angepasste Ernährung. Das bedeutet keinen Sonderweg, aber bewusst ausgewählte Lebensmittel. Altersgerecht ernährte Kinder sind weder zu dick noch zu dünn, sie haben eine gute Basis für ausgeglichenes Heranwachsen.

Eltern prägen als Vorbilder die Essgewohnheiten ihrer Kinder meist lebenslang – das geht vom Respekt vor dem »täglichen Brot« bis zum Kochen, Schmecken und Genießen mit dem damit verbundenen Wohlgefühl. Wer nicht weiß, woher die Lebensmittel kommen und wie man sie verarbeitet, der kann den Wert und die Qualität des Essens nicht wirklich schätzen lernen. Essen ist außerdem nicht nur Nahrungsaufnahme, sondern führt zur Esskultur, die schon im Kindesalter gefördert werden kann und muss. Ernährung ist mit Gefühlen verbunden und hat eine starke soziale Komponente: Die Zubereitung erfordert die Anwesenheit der Mutter oder einer anderen Bezugsperson. Mindestens einmal täglich sollte die Gemeinschaft am Familientisch zum Ritual werden, auch zur Nahrung für die Seele.

Essen ist ein Angebot und kein Zwang: Die Verantwortung der Eltern liegt darin, den Kindern gesunde, dem Alter entsprechende Lebensmittel anzubieten. Davon kann jedes Kind wählen, was und wie viel es essen mag. Lässt man ihnen freie Nahrungswahl, essen Kinder meist nur, wenn sie hungrig sind und hören auf, wenn sie satt sind. An manchen Tagen essen sie mehr, an anderen weniger. Wenn man ein Kind zwingen will, etwas Bestimmtes zu essen, kann es eine lebenslange Abneigung dagegen entwickeln. Wenn es allerdings selbst wählen darf, wird es allmählich auch andere Speisen probieren. Unbeeinflusst von Geboten und Vorschriften, von Bestechung mit Süßigkeiten lernen Kinder ihre eigenen Bedürfnisse kennen, ihre Vorlieben und Abneigungen und entgehen damit der Gefahr zum Vielesser oder Essensverweigerer zu werden.

Ganz nebenbei dient Essen – und besonders das selbst gekochte Essen – der Geschmackserziehung. Hier lernen Kinder, wenn sie auch bei der Zubereitung dabei sein oder mithelfen dürfen, die einzelnen Zutaten kennen, werden mit Kochvorgängen vertraut und wissen, was wie schmeckt. Wenn sie den natürlichen Geschmack von Lebensmitteln kennen lernen, sind sie nicht mehr anfällig für den industriell vorgefertigten Einheitsgeschmack, der in vielen Fällen durch die Beigabe von Aromen, Geschmacksverstärkern und einer zu hohen Dosis von Salz oder Zucker oder gar Zuckerersatzstoffen erreicht wird. Ernähren Sie Ihre Kinder abwechslungsreich, dann brauchen sie weder vitamin- noch mineralstoffangereicherte Nahrungsergänzungsmittel.

Selbst zubereitete Mahlzeiten aus mit Bedacht gewählten Zutaten sind die beste Gesundheitsvorsorge.

Richtige Ernährung für Kinder

Ökologisch und saisonal kochen

In einer Zeit, da das Vertrauen in unsere tägliche Nahrung und das Wissen um den Ursprung unserer Lebensmittel und über das Kochen selbst nahezu verloren gegangen ist, soll dieses Kinder-Kochbuch zurückführen zu einer gesunden, bewussten Ernährungsweise für die ganze Familie. Eltern, die es verstehen, für ihre Kinder mit einfachen Mitteln aus frischen regionalen Zutaten tagtäglich ein gutes Essen zu kochen, werden gerne auf Fast food und andere Fertiggerichte verzichten.

Naturbelassene bzw. gering belastete Lebensmittel sind für die Ernährung von Kindern am besten geeignet. Sie stärken die Organe und das körpereigene Abwehrsystem. Außerdem fördert Bio-Kost die körperliche und geistige Entwicklung sowie die Leistungsfähigkeit. Der wachsende Organismus braucht besonders viele Nähr- und Vitalstoffe. Sie sind unverzichtbar als Energielieferanten, zum Aufbau von Körperzellen, für den Stoffwechsel und zur Stärkung der Widerstandskraft.

Essen ist Erziehungssache: Kinder brauchen Vorbilder

Bei der Ernährung sind Eltern Vorbilder, ob sie wollen oder nicht. Sie entscheiden über die Essgewohnheiten der Kinder und schaffen ein Bewusstsein für gesunde Ernährung. Deshalb sollten die Eltern darauf achten, dass sie den Kindern von klein auf zeigen, wie wichtig es ist, viel Obst und Gemüse zu essen, indem sie es selbst regelmäßig essen. Denn Kinder haben einen Hang zur Nachahmung. Fleisch kann dagegen nur ein- bis zweimal in der Woche auf dem Speiseplan stehen. Für das Essen von Süßigkeiten sollte man feste Regeln einführen, z. B. immer am gleichen Tag einmal wöchentlich, aber nie für den kleinen Hunger zwischendurch oder gar als Hauptmahlzeit.

Wohlfühlregeln am Familientisch

Für das Essen im Kreis der Familie, das Ihr Kind als positives Erlebnis empfinden soll, können Sie Wohlfühlregeln einführen:
- Wir essen abwechslungsreich, vor allem ballaststoffreiches Obst, Gemüse, Getreide (Vollkornprodukte) und Kartoffeln.
- Wir essen möglichst frische Lebensmittel, auch als Zwischenmahlzeit. Das vermeidet übermäßigen Heißhunger.
- Wir essen gemeinsam aufmerksam und ohne Ablenkung und nehmen uns Zeit, damit das Essen am schön gedeckten Tisch Spaß macht. Wir lernen selbst zu bestimmen, wie viel wir auf den Teller häufen.
- Wir hören auf zu essen, wenn wir satt sind. Der Teller muss nicht unbedingt leer gegessen werden, aber wir warten, bis alle fertig sind.
- Wer etwas nicht mag, muss es nicht essen, er sollte es aber wenigstens probieren.
- Wir reden nicht mit vollem Mund.

Gesunde Nahrungsmittel für hellwache Kinder

Kinder brauchen eine Ernährung, die Entwicklung und Wachstum fördert. Sie haben einen sehr schnellen Stoffwechsel und sollten deshalb alle vier Stunden etwas essen, denn richtig essen macht die Kinder hellwach. Eiweißreiche Nahrungsmittel fördern Aufmerksamkeit und Konzentration. Außerdem brauchen Kinder täglich Milch und deren Produkte, damit Knochen und Zähne kräftig werden, und ausreichend Vitamine in Form von frischem Obst für ihre Leistungsfähigkeit und für ihren Wachstumsspurt. Ernährungswissenschaftler bemängeln, dass es bei Kindern an der Zufuhr von folgenden Vitaminen hapert: Betacarotin, der Vorstufe von Vitamin A (z. B. in Karotten, Paprika, Tomaten), Vitamin B1 (Schweinefleisch, Vollkornprodukte, Erbsen, Hülsenfrüchte), Folsäure

Notfall-Snacks:
Ist ein Kind *ständig müde*, kann man ihm Folgendes zur Auswahl anbieten: 1 Vollkornbrötchen mit 1 Scheibe Käse, 1 gekochtes Ei, 1 Glas frisch gepressten Obstsaft oder 1 Naturjoghurt.
Schlechte Laune bessert sich häufig nach Verzehr von 1 Vollkornbrötchen mit 1 Scheibe Räucherlachs, 1 gekochtem Ei oder 1 Glas Milch.
Immer *durstige, nervöse und aggressive Kinder* haben meist einen Mangel an Magnesium. Das Spurenelement ist enthalten in 1 Glas magnesiumhaltigem Mineralwasser, in Vollkornprodukten, Kartoffeln, Gemüse, Bananen (eine Banane deckt den Tagesbedarf eines Kindes an Magnesium und Kalium und ein Drittel des Vitamin-B6-Bedarfs), Nüssen, Salat oder in 1 gekochtem Ei.
Als Sofortmaßnahme bei *Leistungsabfall* hilft 1 Scheibe Vollkornbrot, dünn mit Butter bestrichen, 1 Glas Milch, 1 Orange oder anderes frisches Obst, Nüsse oder 1 EL Lebertran.

(vor allem in Milch und in dunkelgrünem Gemüse wie Brokkoli) und Vitamin C und E (Obst und Gemüse).

Die Vitamine der B-Gruppe wie z.B. Cholin sorgen für ein gutes Gedächtnis und für ausgezeichnete Lernfähigkeit. Cholin sind enthalten im Lecithin der Eier sowie in allen Sojaprodukten. Stressmindernd wirken die Vitamine D (Fisch, Lebertran) und Vitamin E (kaltgepresstes Pflanzenöl, Beeren, Vollkornprodukte, Nüsse, Nougat).

Spurenelemente wie Calcium (Milch- und Milchprodukte, Parmesan, Sesam), Magnesium (Vollkornprodukte, Kartoffeln, Gemüse, Bananen, Nüsse), Selen (Vollkornprodukte, Sesam, Nüsse) und Zink (Vollkornprodukte, Nüsse) sind für Kinder im Wachstumsalter unentbehrlich.

Nicht übers Essen streiten

»Ich hab keinen Hunger«, sagt ein 5-jähriges Kind, sobald ihm die Mutter das Essen in den Teller füllt, oder es isst ein paar Löffel und erklärt dann: »Das mag ich nicht, das schmeckt eklig.« Die besorgte Aufforderung der Mutter: »Aber Kind, du musst essen, dein Körper braucht doch Vitamine!« überzeugt das Kind nicht. Es reagiert mit Essensverweigerung. Die Mutter: »Du isst jetzt, wozu habe ich mir die ganze Arbeit mit dem Kochen gemacht!« Das Kind fängt an zu weinen, das Essen ist inzwischen kalt geworden, die Mutter gibt auf und schickt das Kind ohne Essen vom Tisch weg. So kann sich ein Dauerstreit ums Essen entwickeln. Welche Mutter kennt die Meckereien ihrer Kinder bei Tisch nicht?

Essen ist keine Frage des Gehorsams. Es kann sein, dass ein Kind ein bestimmtes Gericht einfach nicht mag. Jeder hat einen anderen Geschmack. Das Repertoire an Speisen erweitert sich bei vielen Kindern sowieso erst ab 7 Jahren. Die meisten Kinder sind so gut genährt, dass sie lieber hungern als etwas zu essen, was ihnen nicht schmeckt. Lassen Sie ihm die Freiheit, das Essen selbst auszuwählen und die Essensmenge selbst zu bestimmen oder auch mal gar nichts zu essen. Machen Sie sich keinen Stress am Esstisch. Wählen Sie als Mutter aus, was zum Essen aufgetischt wird. Überlassen Sie es Ihrem Kind, wie viel es nehmen möchte; als Alternative kann man auch mal einen Apfel oder ein Butterbrot anbieten. Auf keinen Fall sollte ein Kind gegen seinen Willen zum Essen gezwungen werden. Begrenzen Sie die Zeiten, an denen Essen angeboten wird, und richten Sie bei den gemeinsamen Mahlzeiten Ihre Aufmerksamkeit auf Ihre Mahlzeit, nicht auf die des Kindes!

»Ich hab keinen Hunger«, sagt das Kind auch, wenn es kurz vor dem Essen etwas Süßes gegessen hat. Zwingen Sie es dann nicht zum Essen, sondern lassen es bis zur nächsten Mahlzeit warten. Das ist die beste Möglichkeit, daran zu erinnern, dass vor dem Essen nicht genascht wird. Möglicherweise liegt der Grund für Appetitlosigkeit in einer beginnenden Krankheit.

Es kann aber auch mit der seelischen Verfassung des Kindes zusammenhängen. Kinder, die ständig Schwierigkeiten mit dem Essen machen, fühlen sich vielleicht aus irgendeinem Grund zurückgesetzt. Je mehr man auf das Kind einredet, desto stärker wird die Ablehnung. Wenn man ganz ruhig bleibt, den Teller kommentarlos abräumt, ohne ein mürrisches Gesicht zu machen, wird das Kind in den meisten Fällen bald wieder richtig essen. Manche Kinder drücken ihren Kummer auch durch übermäßiges Essen von Süßigkeiten aus. Fettsüchtige Kinder suchen bei Problemen mit ihren Eltern oft Ersatz im Essen und setzen Kummerspeck an.

Warum also übers Essen streiten? Kindern muss man nichts diktieren. Sie spüren von Natur aus, was und wie viel sie essen wollen. Man darf ihre Instinkte nur nicht stören – durch Geschmacksverstärker, Fast food und Zucker. Deshalb sollte man aus dem Essen keinen Machtkampf machen oder es gar als Druckmittel einsetzen. Wer von Anfang an der inneren Stimme seines Kindes vertraut, hat kein Problem.

Mein Kind ist wählerisch

Mein Kind hasst Gemüse

Wenn Ihr Kind jede Art von Gemüse absolut verweigert, drängen Sie es ihm nicht auf. Geben Sie stattdessen ein gutes Beispiel und essen selbst viel Gemüse. Machen Sie aber kein großes Aufheben und diskutieren Sie nicht über Vitamine, um ihm das Gemüse schmackhaft zu machen, sondern machen Sie Ihr Kind neugierig. Das Kind wird wagemutiger, wenn man es vor der Mahlzeit ein wenig von der neuen Speise kosten lässt, damit es entscheiden kann, ob es davon essen möchte oder nicht.

Bieten Sie Ihrem Kostverächter süße Gemüsesorten an wie Karotten (aus biologischem Anbau), zunächst in ganz kleinen Mengen häppchenweise als buntes Knabbergemüse zum Dippen arrangiert. Farbige Vielfalt regt Kinder an. Laden Sie befreundete Kinder, die gerne Gemüse essen, zum Essen ein; vielleicht kommt Ihr Kind so auf den Geschmack. Wenn Ihr Kind jedes rote oder grüne Gemüsestückchen aus einem Essen aussortiert, geben Sie ihm eine pürierte Gemüse- oder Kartoffelsuppe oder mischen Sie in die Tomatensauce fein geschnittenen Fenchel, Lauch bzw. pürierte Paprika. Kinder, die kein Gemüse mögen, essen gerne oft jede Art von Kartoffelgerichten: Pell- oder Bratkartoffeln, manchmal sogar Kartoffelgratin. Im Übrigen decken Kartoffeln und Obst den Vitamingehalt ebenso gut wie Gemüse.

Probieren Sie es mit frisch gepresstem Obstsaft mit ein wenig Gemüseanteil. Stellen Sie Ihrem Kind ohne Kommentar täglich einen frischen Obstteller mit geschnittenen Äpfeln und Bananen, mit Melonenstückchen oder anderem Obst der Saison hin.

Mein Kind verträgt keine Milchprodukte

Kinder, die von einer Milchzucker-Unverträglichkeit betroffen sind, reagieren auf den Genuss von Milchprodukten mit Blähungen, Bauchschmerzen und Durchfall. Grund ist ein Laktasemangel im Darm. Fehlt dieses Enzym, kann der Körper die Laktose nicht verarbeiten. Es gibt inzwischen auch eine laktosefreie Kuhmilch, die mehr Calcium enthält als Sojamilch. Sie kann von fast allen Kindern mit Milchzucker-Unverträglichkeit getrunken werden. Auch Milchspeisen wie z. B. Pudding lassen sich mit dieser Milch ebenso wie mit Sojamilch ohne geschmackliche Einbußen herstellen. Die Calciumaufnahme können Sie auch durch Sesam sichern, das 1500 mg Calcium pro 100 g enthält. Streuen Sie Sesam ins Müsli, in Panaden, zu angebratenen Brotkruspeln, in Suppen. Auch Mandeln (250 mg/100 g) und Haselnüsse (225 mg/100 g) sind eine gute Alternative als Calciumlieferant. Statt Butter schmeckt auch Mandelmus aufs Brot. Und würzen Sie das Essen mit viel Gewürzkräutern – sie sind hervorragende Calciumspender.

Mein Kind isst keinen Käse

Kinder lehnen Käse oft wegen des starken Geruches ab. Schneiden Sie stets großzügig die Rinde ab, weil sich dort evtl. verwendete Antibiotika ablagern. Wenn Ihr Kind Milchprodukte verträgt, bieten Sie ihm statt Käse Joghurt, Quark (Topfen) oder Milch bzw. Buttermilch an. Auch Frischkäse ist eine gute Alternative. Kinder, die keinen Käse mögen, haben meist nichts gegen Parmesankäse, der mit 1290 mg/100 g sogar über 10-mal so viel Calcium wie Milch (120 mg/100 g) enthält.

Mein Kind isst kein Vollkornbrot

Vielleicht mag es gerne Müsli und damit Hafer, der ein ideales, wärmendes Getreide für Kinder ist. Es stärkt die Konzentration und gibt Energie. Backen Sie selbst Brot oder Liliputsemmeln und lassen Sie Ihr Kind die Körner mahlen und den Teig zubereiten. Dieses Brot wird es bestimmt versuchen.

Mein Kind nascht heimlich Süßigkeiten

Je mehr Ihr Kind nascht, desto größer wird sein Verlangen, weil Zucker Chrom verbraucht, das aber benötigt wird, um weiteren Zucker im kindlichen Organismus zu verarbeiten.

Führen Sie ein festes Ritual ein, wie es z. B. in Schweden praktiziert wird. Dort gibt es die Samstags-Süßigkeiten-Tüte. Nur am Samstag dürfen Süßigkeiten gegessen werden. Am Sonntag verschwindet die Tüte wieder und damit das Thema »Süßigkeiten« für eine ganze Woche.

Die Ernährungspyramide

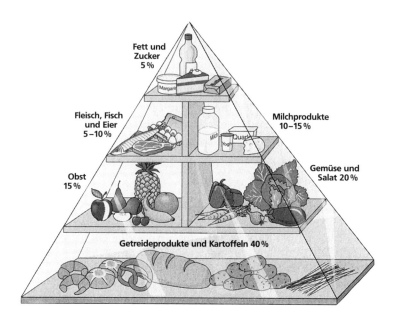

Die Grafik zeigt, wie viel Kinder in welchen Mengen und wie oft von dem abgebildeten Lebensmittel essen sollten. Den Hauptanteil am Fuß der Pyramide bilden stärkereiche Kohlenhydrate (täglich Getreide und Getreideprodukte wie Brot, Flocken, Kartoffeln, Reis und Nudeln oder Hülsenfrüchte), eine Stufe höher täglich reichlich frisches Obst und Gemüse und Salat, dann die Eiweißlieferanten: täglich Milch und Milchprodukte (gleichzeitig Calciumträger), einige Male pro Woche Fleisch, Geflügel und einmal pro Woche Fisch (enthalten auch Eisen, Zink und Jod) und Eier. Mit Fett sollte man eher sparsam sein, wichtig sind aber gute Öle und Nüsse. Die anderen Extras an der Spitze – wie Süßigkeiten, Limogetränke – dürfen nur gelegentlich verzehrt werden. Die folgende Tabelle bezieht sich – wenn nicht anders angegeben – auf die Tagesmenge.

Grafik von Jörg Mair © 2003, aus: Dr. med. Marianne Koch, Körperintelligenz. dtv 24366.

Tagesmenge für Lebensmittel nach Altersgruppen

	3 Jahre	4–6 Jahre	7–10 Jahre
Getränke	bis zu 1 l	über 1 l	bis 1½ l
Brot/Getreide	120 g	170 g	200–250 g
Kartoffeln/Reis/Nudeln	100 g	130 g	150–180 g
Gemüse	150 g	200 g	220–250 g
Obst	150 g	200 g	220–250 g
Milch- und Milchprodukte	330 g	350 g	400–420 g
Fleisch/Wurst	35 g	40 g	50–60 g
Eier (St./Woche)	1–2	2	2–3
Fisch (g/Woche)	70 g	100 g	150–180 g
Öl/Butter	20 g	25 g	30–35 g
ergibt ca. täglicher Energiebedarf	1100 kcal	1450 kcal	1800–2150 kcal

*100 ml Milch entspricht im Calciumgehalt 15 g Frischkäse bzw. 30 g Weichkäse

Der kindliche Organismus braucht die Ernährungsbausteine Kohlenhydrate, Eiweiß und Fett. Die Menge richtet sich nach der Energie, die in einem Nahrungsmittel steckt. Diese Energie, die der Körper als Kraftstoff zum Leben braucht, wird in Kalorien oder Joule gemessen: 1 Kilokalorie (= kcal) sind 1000 Kalorien. 1 Kalorie hat 4,18 Joule. Bei einer abwechslungsreichen Ernährung wird ein Kind keinen Mangel leiden.

Die Ernährungspyramide

Genügend Wasser trinken

Da der Wasseranteil im Körper von Kindern besonders hoch ist, brauchen Kinder eine ausreichende Flüssigkeitszufuhr, je nach Alter von 1–1½ l täglich. An besonders heißen Tagen oder wenn die Kinder sehr viel Sport treiben, kann sich der Bedarf fast verdoppeln. Als Durstlöscher »Nummer eins« gilt Mineralwasser oder Leitungswasser oder ungesüßter Früchte- oder Kräutertee.

Ungeeignet sind zuckerhaltige Limonaden und Fruchtsaftgetränke, zahnschädigender Eistee bzw. Zitronentee, koffeinhaltige Cola und Light-Getränke, die zu lange schwer im Magen liegen und ein unangenehmes Völlegefühl verursachen können. Koffein entzieht dem Körper sogar Wasser. Zudem enthalten diese Getränke häufig künstliche Aroma-, Farb-, Konservierungs- oder Süßstoffe, die viele Kinder erst auf den süßen Geschmack bringen.

Die beim Stoffwechselprozess anfallenden »Abfallprodukte« werden über die Nieren mit dem Urin ausgeschieden. Fehlt Flüssigkeit, kommt es schnell zur Austrocknung von Zellen und Gewebe, die Nieren werden stärker beansprucht, weil die Stoffwechselprodukte in hoher Konzentration anfallen, und der Kreislauf wird belastet. Trinken ist auch wichtig für die geistige Leistungsfähigkeit, die schon bei geringem Flüssigkeitsdefizit deutlich absinkt. Müdigkeit, überreiztes Verhalten oder Kopfschmerzen können die Folge sein. Kinder sollten regelmäßig trinken, ehe überhaupt ein Durstgefühl entsteht.

Fast food und Fertigprodukte

Gegen den gelegentlichen Konsum von Fast food und Fertigprodukten sollten Sie nicht viel einwenden. Ein striktes Verbot weckt nur Begierden. Bei vielen Kindern steht Fast food hoch im Kurs, oft geht es auch nur darum, bei Unternehmungen der Freundesgruppe nicht abseits zu stehen. Umso wichtiger ist es für gesundheitsbewusste Eltern, damit gelassen umzugehen. Aus »Zeitmangel« wird die eine oder andere Familie öfter auf Fertigprodukte zurückgreifen oder mit den Kindern in einen Schnellimbiss gehen. Am Anfang ist es vielleicht bequem, mal schnell einen Hamburger oder eine Portion Pommes frites zu holen. Selbst bei einem Kindergeburtstag gehört der Besuch im Fast-food-Restaurant oft zu einem der Höhepunkte der Feier. Kinder finden es einfach toll, ohne Besteck essen zu können. Der Konsum sollte sich aber in Grenzen halten. Sind die Kids erst einmal mit dem Speisezettel der Hamburger- oder Pizza-Ketten vertraut, fällt es nicht leicht, sie wieder auf gesunde Nahrungsmittel umzugewöhnen. Eine Gefahr geht auch von den Geschmacksverstärkern (s. S. 39) und künstlichen Aromen aus, die in den meisten Fertigprodukten (insbesondere in Chips, aber auch in Pizzas, belegten Baguettes, Suppen etc.) enthalten sind. Kinder, die sich an diese künstlichen Geschmacksvarianten gewöhnt haben, sind schwer wieder davon abzubringen, und essen häufig zu viel davon. Kalorienmäßig entspricht ein Fast-Food-Gericht einer kompletten Hauptmahlzeit, oft fehlen aber die wichtigsten Komponenten für eine gesunde Ernährung, wie z. B. frisches Gemüse. Mein Tipp: Kochen Sie die doppelte Menge ausgewählter Lieblingsrezepte und schaffen sich einen eigenen Vorrat selbst zubereiteter Fertiggerichte zum Einfrieren.

Es ist sinnvoll, die Nährwertangaben der angebotenen Produkte genau zu prüfen. Oft sind sie viel zu fett. Bei einseitiger Ernährung mit Fast food werden die Kinder immer dicker. Das Bundesgesundheitsministerium wies darauf hin, dass sich in den letzten 15 Jahren die Zahl der übergewichtigen Kinder und Jugendlichen mehr als verdoppelt habe. Jedes fünfte Kind und jeder dritte Jugendliche seien heute übergewichtig. Gründe: zu hohe Kalorienzufuhr, Bewegungsmangel, falsche Ernährung. Die Kinder nähmen zu viel Fleisch, fettreiche Wurst, fettreiche Milcherzeugnisse, Süßigkeiten und Gebäck und oft zu wenig frisches Obst und Gemüse zu sich. Fazit: versteckte Fette machen fett.

An einer britischen Schule haben Schüler eine Woche lang nur natürlich gekochte Mahlzeiten ohne künstliche Zusatzstoffe gegessen. Eine ausgeglichenere Stimmung war die Folge. Gesundes Essen wurde über mehrere Wochen hinweg als Therapie eingesetzt, um auffälliges Verhalten, Kopfschmerzen und Hyperaktivität zu mildern. Gesundes Essen und Wohlbefinden stehen laut dieser Studie in engem Zusammenhang.

Das dicke Kind

Dicke Kinder sind bereits eine »globale Epidemie«, sagt die Weltgesundheitsorganisation (WHO). Aus Übergewicht aber wird oft Fettsucht (Adipositas), aus der sich später Diabetes entwickeln kann. Die überflüssigen Pfunde, die die Kinder in jungen Jahren nicht loswerden, tragen sie nicht selten noch als Erwachsene mit sich herum, denn in der frühen Kindheit werden die Weichen gestellt.

Gesundheit hat einen hohen Wert. Gleichzeitig verliert Essen immer mehr an Wert für Kinder, weil es stets verfügbar ist. Unsere Kinder, die mit Nahrungsmitteln überreich eingedeckt sind, können heutzutage ständig und überall essen. Besonders schädlich ist es, wenn Kinder schnell mal nebenbei Chips oder Süßigkeiten vor dem Fernseher konsumieren – die Lebensmittelwerbung in den Werbeblöcken bedeutet für moppelige Kinder ein echtes Risiko. Hinzu kommen Bewegungsmangel und gedankenlose Essgewohnheiten. Fast food und Fertigprodukte enthalten weniger Nährwerte, dafür unerwünschte Geschmacksverstärker und andere Zusatzstoffe. Dauerndes Essen und Geschmacksverstärker zerstören die Wahrnehmung körpereigener Signale wie Appetit, Hunger oder Sättigung.

Mit Kampagnen der Sinnesschulung und Geschmackserziehung in Kindergärten und Schulen versucht man den Trend umzukehren und gegenzusteuern, damit die Kinder wieder auf die Signale ihres Körpers hören, gesünder essen und sich mehr bewegen. Übergewichtige Kinder sollten auf süße Getränke

(Softdrinks) verzichten und stattdessen viel Wasser und ungesüßten Tee möglichst vor dem Essen trinken. So wird das Hungergefühl reduziert. Für Kinder sind fünf kleinere Portionen am Tag besser als zwei große. Außerdem empfiehlt es sich, vor dem Essen Rohkost anzubieten. Das fördert gründliches Kauen und vermindert übermäßigen Heißhunger. Dicke Kinder müssen lernen, wieder richtig zu essen und sich kleinere Portionen auf den Teller zu legen.

> Laut einer Untersuchung des Forschungsinstituts Dortmund (FKE) sind unsere Kinder mit Vitaminen und Mineralstoffen gut versorgt. Die meisten Kinder essen genug Obst und nicht so viel Fast food, wie man ihnen unterstellt. Aber Kinder essen heute zu viel Fett (in Form von versteckten Fetten in tierischen Lebensmitteln) und zu viel Zucker, dagegen zu wenig Gemüse und Getreide. Und sie müssten erheblich mehr Wasser trinken. Neben der neuen Bewegungsarmut ist die fett- und zuckerreiche Ernährung der Hauptgrund, dass immer mehr Kindern Übergewicht zu schaffen macht. Das hat soziale Folgen. Die Kinder werden gehänselt und vor allem sind die Auswirkungen auf die Gesundheit verheerend. Diäten sind langfristig selten erfolgreich, da hilft nur vorbeugen und die Lebensgewohnheiten ändern. Ernährungswissenschaftler haben die Mischkost *optimiX* entwickelt, Empfehlungen für gesundes Essen, die auch aus dem Grund praktikabel sind, weil sie die Essvorlieben der Kinder berücksichtigen. Denn langfristig essen Kinder nur, was ihnen schmeckt.
> Weitere Informationen finden Sie unter www.fke-do.de, link »Die optimierte Mischkost«.

Nur die Lebensstilveränderungen über die Kombination Ernährung, Verhalten, Sport im Alltag lassen die Pfunde auf Dauer purzeln. Nehmen Sie sich Zeit für regelmäßige gemeinsame sportliche Aktivitäten unter dem Motto »Flitzen statt sitzen«

(nicht nur als Ausgleich zu Fernsehkonsum und Computerspielen, sondern wegen der Vorbildfunktion) und Zeit für eine tägliche gemeinsame Mahlzeit, Zeit zum Selberkochen und lassen Sie Ihr Kind teilhaben am Prozess des Kochens. Damit stärken Sie die Motivation und das Selbstvertrauen des Kindes und machen es fit, gesunde und vollwertige Nahrungsmittel auszuwählen, das richtige Maß zu finden und bewusster zu essen.

Bieten Sie fünfmal täglich Obst und Gemüse an. Gehen Sie selber mit gutem Beispiel voran, denn wenn nicht die gesamte Familie mitzieht, hat ein Kind mit Übergewicht kaum Chancen, sein Ernährungsverhalten zu ändern. Die Erfahrung lehrt, dass eine Kalorienzufuhr unter zwei Drittel des täglichen Bedarfs das Wachstum beeinträchtigen und sich Essstörungen entwickeln können. Weil Kinder wachsen, nehmen sie bereits ab, wenn sie es schaffen, ihr Körpergewicht konstant zu halten. Bei gesunder Lebensführung treten Probleme mit Übergewicht erst gar nicht auf, denn von Natur aus essen die Kinder nicht zu viel.

Angereicherte Nahrungsmittel

Fast die Hälfte aller Eltern glauben, dass mit Nährstoffen angereicherte Lebensmittel für ihre Sprösslinge besonders geeignet seien. Es ist jedoch nicht erwiesen, dass angereicherte Nahrungsmittel genauso wirken wie die natürliche Quelle. Oft werden einem einzigen Produkt über 100 Prozent der empfohlenen Tagesdosis an Vitaminen und Mineralstoffen zugesetzt. Ob solche Dosen dem kindlichen Körper möglicherweise sogar Schaden zufügen, ist noch nicht endgültig geklärt. Die Verbraucherzentralen, die Deutsche Gesellschaft für Ernährung und das Forschungsinstitut für Kinderernährung jedenfalls raten von dieser Überversorgung ab. Mit einer vollwertigen und abwechslungsreichen Ernährung erhalten Kinder auch ohne Zusätze alle notwendigen Nährstoffe.

Essverhalten in der frühen Kindheit und Geschmackserziehung

Die ersten Lektionen für das, was sie später gerne essen und trinken, bekommen Kinder schon im Fruchtwasser und mit dem Trinken der Muttermilch. Beides überträgt den Geschmack und den Geruch dessen, was die Mutter gegessen hat. In Versuchen fand man heraus, dass Kinder, deren Mutter gerne Karottensaft trank, später Mohrrüben lieber mochten als anderes Gemüse. Die *Vorliebe* für Süßes und die Abneigung gegen Bitteres ist bereits in den Genen verankert. Solange die Kinder wachsen, ist ihr Sinn für Süßes besonders ausgeprägt. Bei allem, was neu – und vor allem nicht süß – ist, sind Kinder erst einmal skeptisch, besonders Gemüse mit Bitterstoffen verachten sie zutiefst. Aber sie lernen durch Vorbilder und Erfahrung. Im Verhalten der Erwachsenen, vorwiegend der Eltern, liegt also die Keimzelle für das spätere Essverhalten.

Schon das neugeborene Kind kann die Geschmacksrichtungen süß, salzig, sauer, bitter und die feinen Mischungen daraus unterscheiden. Kinder besitzen übrigens mehr Geschmacksknospen auf der Zunge, in der Wangenschleimhaut und am Gaumen wie Erwachsene, deren Geruchs- und Geschmackssinn im Alter oft nachlässt. Es ist wichtig, die Kinder zu sensibilisieren für den ausgeprägten Eigengeschmack der frischen Nahrungsmittel. Bei Kindern, die die Kunst des Genießens von klein auf erfahren, den echten Geschmack von frischen Nahrungsmitteln aus der Region kennen lernen, wirkt sich das positiv auf die Gesundheit aus. Gehen Sie mit Ihren Kindern auf einen Bauern- oder Wochenmarkt, der frische und saisonale Produkte anbietet, und lassen sie Ihre Kinder aktiv mit einkaufen, dabei sollten sie das Marktangebot fühlen, riechen und vielleicht sogar probieren dürfen. Zeigen Sie Ihren Kindern, wie die Tiere leben, damit sie Achtung vor einem Stück Fleisch haben. Denn viele Kinder wissen heute nicht mehr, woher das Essen kommt, wenn alles im Supermarkt gekauft wird.

Bereiten Sie stets frische Nahrung zu und greifen Sie nur selten auf vorgefertigte Lebensmittel zurück. Bei 3- bis 5-jährigen Kindern gilt das Prinzip: »Was der Bauer nicht kennt, das isst er nicht.« Kinder essen eine Speise besonders gern, wenn sie ihnen vertraut ist. Richtige Ernährungserziehung heißt den Kindern Lust auf neue Nahrungsmittel zu machen. Über die fünf Sinne funktioniert das Experimentieren wesentlich leichter als über den Kopf. Reden Sie nicht groß über Vitamine im Gemüse, sondern bringen Sie es auf den Tisch. Lassen Sie die Kinder selbst Gemüse im Garten anbauen und ernten, dann essen sie es, weil sie selbst erlebt haben, wie pflanzliche Nahrungsmittel heranwachsen. Auch Mithilfe bei der Zubereitung bringt Kinder meist dazu, ein neues Gemüse wenigstens zu testen. Sobald Ihr Kind in die Schule kommt, ist es eher bereit, seinen Speisezettel zu erweitern. Allein das Wissen um den gesundheitlichen Wert von Obst und Gemüse macht ein Kind noch lange nicht zum Obst- oder Gemüse-Fan. Die meisten Grundschüler wissen, dass Gemüse gesund ist, dennoch essen sie eigentlich zu wenig davon.

Gesunde Nährstoffe für Kinder

Die Sattmacher: Kohlenhydrate

Kohlenhydrate zählen zu den Grundbausteinen unserer Nahrung und sind der »Power-Nährstoff« für den Körper. Wichtigster Lieferant ist die pflanzliche Stärke, wie sie vor allem in Getreide, Kartoffeln, Hülsenfrüchten, Obst und Gemüse vorkommt. Bei der Verdauung werden die Kohlenhydrate in ihre einzelnen Grundbausteine zerlegt und gelangen über die Darmwand ins Blut. Sie sind die wichtigste Quelle für unsere körperliche und geistige Aktivität und liefern die Energie für die Muskelarbeit (Laufen), für die Gehirntätigkeit (Denken, Lernen, Spielen) und für die Wärmeregulation des Körpers. Auch zum Knochenaufbau sowie zur Bildung von Knorpeln und Schleimstoffen sind sie essenziell. Wir unterscheiden zwischen vollwertigen komplexen und leeren isolierten Kohlenhydraten. Vollwertige natürliche Kohlenhydrate mit Faserstoffen liefern dem Körper neben den in Joule oder Kalorien messbaren Nährstoffen alle zum Leben notwendigen Vitalstoffe, wie Vitamine, Mineralien, Schutz- und Wirksubstanzen, Biostoffe und Ballaststoffe. Gute Kohlenhydratquellen sind Brot und andere Getreideprodukte sowie Kartoffeln. Kohlenhydrate sind auch in Form von Traubenzucker oder Fruchtzucker in Obst oder als Milchzucker in der Milch enthalten.

Lebensnotwendiger Baustein Eiweiß

Die Proteine, die Grundbausteine des Lebens, sind für die Steuerung von Körperfunktionen zuständig. Sie bestehen aus 22 verschiedenen Aminosäuren, die nach einem festgelegten Bauplan wie die Buchstaben eines Alphabets, aus denen man verschiedene Wörter zusammensetzt, in ein Eiweißmolekül eingebaut werden. Körperzellen, Enzyme, bestimmte Hormone und andere Körpersubstanzen, wie die Antikörper des Immunsystems, bestehen aus Eiweiß.

Kinder brauchen zur Unterstützung ihres schnellen Zellwachstums verhältnismäßig mehr Eiweiß als Erwachsene. Außerdem fördern eiweißreiche Lebensmittel die Aufmerksamkeit und die Konzentration bei Kindern. Die essenziellen Aminosäuren stecken nicht nur in tierischem Eiweiß, sondern auch reichlich in pflanzlicher Kost, dem »biologisch hochwertigen Eiweiß«. Durch die Verbindung von pflanzlichen und tierischen Eiweißquellen erhält der Körper alle Proteinbausteine in optimaler Kombination. Hochwertiges pflanzliches Protein enthalten Gemüse, Samen und Sprossen, Sojaprodukte sowie Vollkorngetreidearten wie Dinkel, Weizen, Rollgerste (Graupen), Hafer, Roggen, Hirse, Mais und Reis in den Randschichten des Korns, ebenso wie Kartoffeln, diese jedoch in etwas geringeren Mengen. Auch Buchweizen, Hülsenfrüchte, Erdnussbutter (sehr allergenhaltig), Sonnenblumenkerne und Nüsse sind eiweißreich. Besonders wertvolle tierische Proteinquellen sind mageres Fleisch, Fisch, Milch und Milchprodukte, Käse sowie Eier.

Hochwertige Fette und Öle

Fette und Öle sind die wichtigsten Gerüst-Baustoffe für Zellwände und Grundsubstanz für Hormone, sie sind die konzentrierteste Energiequelle und Energiespeicher. Sie liefern mehr als doppelt so viel Energie wie Eiweiß und Kohlenhydrate und transportieren fettlösliche Vitamine (A, D, E, K). Diese helfen beim Aufbau der Zellwände, sorgen für gesunde Haut und Schleimhaut. Das Fett wird durch die Lipase, dem Enzym für die Fettverdauung, in Fettsäuren aufgespalten. Nur so kann es vom Organismus optimal verwertet werden. Nahrungsfette liefern dem kindlichen Körper zusätzliche Energie für den hohen Energiebedarf in der Wachstumsphase. Fett isoliert vor Kälte, den Überschuss speichert der Körper als Fettvorrat (wichtig bei Krankheiten). Tierische Fette wie Butter enthalten Cholesterin, ein Fettbegleitstoff, der bei Kindern dringend gebraucht wird. Außerdem enthalten Fette Lecithin, das vorwiegend in Butter und Soja enthalten ist, und verschiedene Aromastoffe. Fett dieser Art ist in Fleisch, Eigelb und Milch enthalten. Die fettlöslichen Vitamine A, D, E, K und die essenziellen Fettsäuren Linol- und Linolensäure, die der Organismus selbst nicht herstellen kann, müssen in Form von mehrfach ungesättigten Fettsäuren aus hochwertigen pflanzlichen Ölen über die Nahrung aufgenommen werden, wie z. B. aus Distelöl, Maiskeimöl, Olivenöl aus erster Pressung, Rapsöl, Sojaöl, Sonnenblumenöl, Traubenkernöl sowie aus Nüssen (z. B. 100 g Haselnüsse enthalten 62 g Fett) und Samen bzw. Kernen. Die Omega-3-Fettsäuren, die hauptsächlich für Schwangere und Stillende empfohlen werden, bleiben für die ganze Kindheit über wichtig fürs Gehirn. Empfehlenswerte Nahrungsmittel: fetthaltiger Fisch wie Lachs, Thunfisch, Sardine.

Vitamine aus Obst und Gemüse fünfmal am Tag

Der Stoffwechsel der Kinder in der Wachstumsphase läuft ständig auf Hochtouren, deshalb sollten sie optimal mit Vitaminen versorgt werden. Diese lebensnotwendigen Vitalstoffe, die bereits in Spuren hochwirksam sind, steuern die Stoffwechselvorgänge. Der Organismus kann sie aber nicht oder nur in geringen Mengen selbst bilden. Der Bedarf muss täglich ausreichend mit naturbelassener Nahrung gedeckt werden. Ein Mangel an nur einem dieser Zündstoffe fürs Wachstum beeinträchtigt den gesamten Stoffwechsel und kann gravierende Folgen haben (vor allem bei Unterversorgung von Vitamin B12 und Vitamin D). Durch denaturierte Nahrungsmittel (z. B. Produkte aus Weißmehl) können dem Körper essenzielle Stoffe wie Vitamine, Mineralsalze, Enzyme und ungesättigte Fettsäuren sogar entzogen werden. Die fettlöslichen Vitamine A, D, E und K kann der Körper gut speichern. Doch Vorsicht vor zu hohen

Dosierungen! Die übermäßige Zufuhr mit vitaminangereicherten Nahrungsmitteln kann ebenso unerwünschte Nebenwirkungen zeigen. Neueste wissenschaftliche Erkenntnisse sagen: Wer fünfmal am Tag eine Portion (1 Kinderhand voll – also kleine Portionen für Kindergartenkinder, größere für Grundschulkinder) Obst oder Gemüse isst, ist gut gerüstet für gesundes Wachstum und hat einen optimalen Schutz gegen Krankheiten. Beispielsweise morgens 1 Glas frisch gepresster Saft oder 1 geriebenen Apfel ins Müsli, Obst für Kindergarten bzw. Schule, Salat oder Brokkoli- oder Karottengemüse und Kartoffeln zum Mittagessen, nachmittags Obstteller (z. B. Apfel, Banane, Melone) und abends Knabbergemüse.

Die wichtigsten Vitamine und ihre Wirkung

Vitamin A (Retinol) und Betacarotin, eine Vorstufe des Vitamins, benötigt der kindliche Organismus zur Bildung von Immunglobulin A sowie für den Aufbau von Haut und Schleimhäuten und für das Wachstum. Außerdem ist es beteiligt am Sehvorgang und regeneriert die Augen. Enthalten ist Betacarotin in Gemüse (Karotten, Kürbis, Grünkohl, Fenchelkraut, Tomaten, Brunnenkresse) und Obst (Aprikosen). Der Körper wandelt Carotin in Vitamin A um. Vitamin A kommt auch in Butter, Sahne, Käse, Milch, Eigelb, Fisch, Linsen, Mais und Weizen vor.

Vitamin D ist wichtig für die Festigkeit der Knochen und ist an der Zahnbildung beteiligt. Bei Kindern kann durch Mangelerscheinung unzureichende Knochenerhärtung (Rachitis) und eine Verbiegung der belasteten Knochen die Folge sein. Vitamin D wird vor allem unter Sonneneinstrahlung in der Haut gebildet. Der Vitamin-D-Bedarf kann auch durch Pilze, Eigelb, Sahne, Käse und fetten Fisch gedeckt werden. Forscher haben herausgefunden, dass bei Kindern, die genügend Käse essen, die Anfälligkeit für Karies geringer sei.

Vitamin E (Tocopherol) ist als Bestandteil aller Zellmembranen unentbehrlich für den Fettstoffwechsel und schützt die ungesättigten Fettsäuren vor Zerstörung. Es spielt auch zusammen mit Selen bei der Immunabwehr eine wichtige Rolle. Zudem hilft es dem Körper, die roten Blutkörperchen herzustellen und zu erhalten. Ihr Kind wird bestens mit Vitamin E versorgt, wenn Sie mit kaltgepressten Pflanzenölen kochen. Gute Quellen sind Nougat, auch Brombeeren, Erdbeeren, Himbeeren, schwarze Johannisbeeren, Schwarzwurzeln, Rosenkohl, Wirsing, Lauch, Vollkornprodukte (Weizenkeime), Mandeln, Milch und Eier.

Vitamin K (Phyllochinon) ist wichtig für die Knochen und unterstützt die Blutgerinnung. Blumenkohl, Rosenkohl, Spinat, Getreide, Milch, Milchprodukte, Eier, Fleisch und Fisch decken den Bedarf. Beim Trinken von Kuhmilch wird das Vitamin auch durch Darmbakterien gebildet.

B-Vitamine sind wasserlöslich. Sie müssen dem Körper ständig zugeführt werden.

Vitamin B1 (Thiamin) ist beteiligt beim Kohlenhydratstoffwechsel. Der Bedarf an Vitamin B1 steigt drastisch durch den Verzehr von zuckerhaltigen Nahrungsmitteln und Weißmehlprodukten. Mangel an Vitamin B1 führt zu Müdigkeit, Muskelschwund und zu Störungen des Nervensystems. Gute Quellen sind Kartoffeln, Schwarzwurzeln, Erbsen, Mais, Vollkornprodukte, Haferflocken, Weizenkeime, Reis, Buchweizen, Sojaprodukte, Sesam, Sonnenblumenkerne, Fisch, Schweinefleisch.

Vitamin B2 (Riboflavin) ist als Enzymbestandteil beteiligt am Eiweiß-, Fett- und Kohlenhydratstoffwechsel. Es ist wichtig für Haut, Schleimhäute und für den Sehvorgang. Der Bedarf wird am besten gedeckt durch Brokkoli, Champignons, Erbsen, Grünkohl, Rosenkohl, Mangold, Spinat, Petersilie, Kartoffeln, Vollkornprodukte, Buchweizen, Haferflocken, Milch, Milchprodukte, Eier, Geflügel und Fisch.

Cholin (Acetylcholin) sorgt für eine schnelle Übermittlung von Informationen zwischen den Nerven. Dieser Neurotransmitter ist entscheidend für den Lernerfolg über das Gedächtnis. Empfehlenswerte Nahrungsmittel: Eier (sehr eiweißreich, zu hohes Cholesterin ist bei Kindern selten ein Problem), Sojaprodukte, Tofu.

Niacin (Nicotinsäureamid, Nicotinsäure) ist als Enzymbestandteil bei Eiweiß-, Fett- und Kohlenhydrat-Stoffwechselprozessen für die Energiegewinnung verantwortlich. Aus folgenden Nahrungsmitteln kann Niacin gebildet werden: Kartoffeln, Pilzen, Vollkornprodukten, Milch, Eiern, Geflügel und Fisch.

Pantothensäure (Vitamin B5) ist Bestandteil von Enzymen und ist Nervennahrung. Sie ist enthalten in roten Beten, Kartoffeln, Fleisch (z. B. Hähnchen), Milch und Eigelb.

Vitamin B6 (Pyridoxin) ist als Enzymbestandteil am Eiweiß- und Fettstoffwechsel beteiligt. Es ist unerlässlich für Nervensystem, Immunabwehr und Blutbildung. Das Vitamin ist enthalten in Hefe, Bananen, Holunderbeeren, Avocado, Blumenkohl, Brokkoli, Champignons, Erbsen, Rosenkohl, Spinat, Sojaprodukten, Kartoffeln, Vollkornprodukten, Haferflocken, Hirse, Reis, Milch, Milchprodukten, Eiern und Geflügel.

Vitamin B12 (Cobalamin) ist wichtig für Blutbildung und Wachstum (Aufbau der Zellkerne). Es ist enthalten in Keimlingen, Milch, Milchprodukten, Käse, Eiern und Fleisch.

Folsäure trägt zusammen mit Vitamin B12 entscheidend zur Bildung von roten Blutkörperchen bei. Außerdem wirkt Folsäure bei der Zellteilung mit. Hauptlieferanten sind Hefe, Bananen, Honigmelonen, Erdbeeren, Zitrusfrüchte, dunkelgrünes Blattgemüse, Brokkoli, Chinakohl, Rosenkohl, Wirsing, Bohnen, Erbsen, Spargel, Kartoffeln, rote Bete, Sojaprodukte, Weizenkeime, Eier und Lebertran.

Biotin ist als Bestandteil von Enzymen wichtig für den Fett- und Kohlenhydratstoffwechsel. Zudem wirkt es auf Haut und Haare. Das wasserlösliche Biotin wird wie Vitamin K durch die Darmbakterien gebildet. Der Bedarf lässt sich durch Nüsse, Pilze, Sojaprodukte, Vollkornprodukte, Milch und Eier decken.

Vitamin C (Ascorbinsäure) stärkt die Abwehrkräfte und ist bei Entgiftungsreaktionen beteiligt. Es sorgt für die Bildung von Bindegewebe, Knochen, Knorpeln und Zähnen. Zudem fördert es die Eisenaufnahme und die Wundheilung. Vitamin C ist wasserlöslich und muss dem Körper ständig zugeführt werden. Durch zu starkes und zu langes Kochen in Wasser kann es leicht zerstört werden. Besonders ergiebig kommt Vitamin C vor in Zitrusfrüchten (2 Orangen decken den täglichen Vitaminbedarf eines Kindes), Kiwi, Hagebutten, schwarzen Johannisbeeren, Sanddornsaft, Apfel, Blumenkohl, Fenchel, Paprika, Kohlrabi, Rosenkohl, Grünkohl und Wirsing.

Mineralstoffe und Spurenelemente

Mineralstoffe und Spurenelemente sind lebensnotwendige Grundbausteine unserer Nahrung. Sie werden für den reibungslosen Ablauf des Stoffwechsels als Funktionsstoffe (wie auch Vitamine, Hormone, Enzyme und Proteine) benötigt und dienen zum Aufbau von Gerüstsubstanzen in Knochen, Zähnen und Geweben. Mineralstoffe neutralisieren Säuren im Körper. Der Organismus kann keinen Mineralstoff und kein Spurenelement selbst herstellen.

Essenzielle Mineralstoffe sind Calcium, Eisen, Kalium, Jod, Magnesium und Natrium. Die meisten Mineralstoffe sind in frischen, naturbelassenen Lebensmitteln enthalten: in Milchprodukten, Gemüsen, Salaten, Fisch, Fleisch, Butter und Ölen.

Die wichtigsten Spurenelemente sind Chrom, Kupfer, Mangan, Selen, Silicium und Zink.

Der Knochenbaustein Calcium ist ein Mineralstoff, den der Körper nicht selbst herstellen kann, deshalb muss er mit der Nahrung zugeführt werden. Der größte Teil des Calciums (99%) ist in Knochen und Zähnen eingebaut. Der Rest zirkuliert im Blut und erfüllt lebenswichtige Funktionen für Muskeln, Nerven und Immunsystem. Der Calciumgehalt im Blut muss deshalb immer konstant bleiben. Deshalb sollte man versuchen, zur Vorbeugung bereits in der Kindheit und Jugend durch calciumreiche Ernährung die Knochenmasse möglichst gut aufzubauen.

Besonders in der Wachstumsphase ist eine ausreichende Calciumzufuhr sehr wichtig, damit die Knochen eine möglichst hohe Dichte erhalten und viel Calcium in das Knochengewebe eingelagert wird. Damit Calcium optimal verwertet werden kann, ist Vitamin D notwendig. Bei Calciummangel holt sich der Körper den fehlenden Baustein aus den Knochen. Dadurch können sich Knochen- und Gelenkkrankheiten entwickeln (z. B. die Calcium-Mangelkrankheit Osteoporose).

Milch und die daraus hergestellten Produkte gelten als wichtigste Quelle für den Mineralstoff Calcium. Parmesankäse enthält 10-mal so viel Calcium wie Milch. Wertvolles Calcium liefert auch Tofu. Frische Kräuter sind gute Calciumspender: Basilikum, Estragon, Kresse, Majoran, Petersilie, Rosmarin, Salbei und Thymian. Weitere Calciumlieferanten: Brokkoli, Grünkohl, Kohlrabi, Lauch, Spinat, Sojaprodukte, Hafer, Nüsse (z. B. Mandeln) und Samen (am meisten in Sesam) sowie calciumreiches Mineralwasser.

Eisen stärkt die körpereigene Abwehr. Der Baustein des roten Blutfarbstoffes ist beteiligt an vielen Stoffwechselprozessen, u. a. am Aufbau des Gehirns, und fördert den Sauerstofftransport im Blut des ganzen Körpers. Es stärkt die Abwehrkräfte und macht widerstandsfähig gegen Krankheiten. Ein Eisenmangel äußert sich zuerst durch Müdigkeit und Konzentrationsschwäche. Der Körper kann Eisen aus tierischen Produkten besser verwerten als aus pflanzlichen Produkten. So enthalten 100 g Rindfleisch 4,2 mg, Eier 2,1 mg, Fisch 0,8 mg Eisen. Gute pflanzliche Eisenlieferanten sind getrocknete Aprikosen (4,4 mg/100 g), Himbeeren, schwarze Johannisbeeren, Brokkoli, Erbsen (5 mg/100 g), Fenchel, Mangold, Spinat (4,1 mg/100 g), Pilze, Linsen (6,9 mg/100 g), Sojabohnen (8,6 mg/100 g), Nüsse (vor allem Mandeln mit 4,1 mg/100 g), Haferflocken und Vollkornbrot (3 mg/100 g). In Kombination mit Vitaminen, z. B. einigen Tropfen Zitronensaft, nimmt der Körper das Eisen besser auf. Milch hemmt übrigens die Absorbierbarkeit des Mineralstoffes.

Fluorid soll die Stabilität von Knochen und Zähnen garantieren und durch Härtung des Zahnschmelzes vor Karies schützen. Kinderzahncremes enthalten deshalb Fluorid.

Natrium, Chlorid und Kalium erhalten die Gewebespannung und regulieren die Muskelkontraktionen und den Wasserhaushalt der Zellen. Natrium reguliert den Blutdruck. Kalium ist außerdem am Eiweißaufbau und an der Kohlenhydratverwertung beteiligt. Es fördert die Reizübertragung in den Nervenbahnen. Natrium ist wesentlicher Bestandteil des Kochsalzes und kommt in fast allen Nahrungsmitteln vor. Der Bedarf an Chlorid wird durch Kochsalz und Mineralwasser gedeckt. Lieferanten für Kalium sind Bananen, Aprikosen, Melonen, Nektarinen, Brokkoli, Grünkohl, Kohlrabi, Karotten, Kartoffeln, Sojaprodukte, Fleisch, Milch, Käse und Mineralwasser.

Jod – ein lebenswichtiges Spurenelement. Das mit der Nahrung aufgenommene Jod wird im Dünndarm fast vollständig resorbiert und vor allem in der Schilddrüse gespeichert, die den Stoffwechsel reguliert. Jod fördert das Wachstum und die Entwicklung des kindlichen Organismus. Enthalten ist das Spurenelement in Brokkoli, Karotten, Grünkohl, Cashewkernen, Milch, Eiern, Fisch und jodiertem Speise- und Meersalz. Die Jodzusätze müssen nicht mehr gekennzeichnet werden und so besteht die Gefahr der Überdosierung (z. B. bei Jodallergikern). Zu viel Jod kann bei Kindern Hyperaktivität auslösen. Produkte aus Spanien und der Türkei sind noch nicht künstlich angereichert. Auch Obst und Gemüse aus den Südländern enthalten kein künstliches Jod.

Magnesium – das Anti-Stress-Mittel aus der Natur – hilft bei der Regulierung des Blutdrucks, beim Aufbau von Knochen, wirkt mit beim Zusammenspiel von Nerven und Muskeln und ist wichtig für den Erhalt der Muskulatur. Außerdem aktiviert es zahlreiche Enzyme und stärkt das Immunsystem. Magnesium ist enthalten in Apfelsaft (6 mg/100 ml), Bananen, Himbeeren, Brombeeren, Brokkoli, Roten Beten, Mais, Vollkornprodukten, Reis, Milch, Milchprodukten und Käse. Kinder in der Wachstumsphase brauchen besonders viel Magnesium.

Selen ist als Enzymbestandteil unersetzlich für das Immunsystem, denn es schützt die Zellen. Enthalten ist es in Spargel,

Kohlrabi, Hülsenfrüchten, Nüssen, Sesam, Vollkornprodukten, Reis, Fisch und Fleisch. Der Gehalt hängt immer davon ab, ob die Anbauflächen arm oder reich an Selen sind.

Zink stärkt das Immunsystem. Es ist an vielen Stoffwechselvorgängen beteiligt und für Kinder im Wachstumsalter besonders wichtig. Es ist auch für das Haarwachstum und die Hautstruktur verantwortlich. Zudem stärkt es das gesamte Immunsystem. Nahrungsmittel, die Zink enthalten, sind: Beerenobst, Feigen, Zitrusfrüchte, Brokkoli, Erbsen, Kohl, Pilze, Salat, Spinat, Vollkornprodukte, Haferflocken, Fisch, Rindfleisch, Milch, Milchprodukte und Käse.

Ballaststoffe und bioaktive Substanzen

Als **Ballaststoffe** oder auch **Faserstoffe** bezeichnet man alle unverdaulichen Bestandteile der Nahrung. Diese Faserstoffe (Zellulose, Hemizellulosen, Pektin, Lignin) sind wichtig für das Verdauungssystem, werden aber nicht verwertet. Durch Aufquellen beschleunigen sie die Darmtätigkeit. Sie binden Fette, Gallensäuren, Cholesterin und giftige Substanzen und scheiden diese schnell aus. Ballaststoffe sind enthalten in Gemüse, Obst, Getreide und in Hülsenfrüchten.

Biostoffe. Zu den bioaktiven Substanzen gehören die sekundären Pflanzenstoffe, deren Bedeutung lange verkannt wurde. Dass sie positiv auf die Gesundheit des Menschen wirken, gilt inzwischen als erwiesen. Diese Biostoffe stärken die Immunabwehr, sind entzündungshemmend und beugen Krebs vor. Pflanzen produzieren zigtausende sekundäre Stoffe als Farb-, Duft- und Lockstoffe, als Abwehr gegen tierische Schädlinge, Bakterien und Pilzkrankheiten, als Schutzstoffe gegen UV-Strahlen, als Antioxidantien, Hormone und vieles mehr. Deshalb ist es so wichtig, Obst und Gemüse zu verzehren und sich nicht auf synthetisch hergestellte Vitamine, Mineralstoffe und

Spurenelemente zu verlassen. Der Gehalt an Biostoffen in Obst (Apfel, Erdbeere, Feige, Mango, Melone, Zitrone), Gemüse (Aubergine, Brokkoli, Fenchel, Grünkohl, Karotte, Lauch, Paprika, Spargel, Sellerie, Spinat, Tomate, Chili, Ingwer, Knoblauch, Zwiebel) und Getreide (Hirse, Weizen, Rollgerste, Sojabohne), Nüsse und Samen (Cashewnüsse, Leinsamen) ist sehr unterschiedlich. Die gesunde Mischung erhält gesund.

Der »leidige« Zucker

Weißer Haushaltszucker liefert keine Vitalstoffe. Zudem hat mit raffiniertem Zucker zubereitete Nahrung einen unangenehmen Einfluss auf das Verhalten der Kinder. Sie haben einfach zu viel Energie nach dem Verzehr von stark gesüßten Produkten. Der Körper reagiert auf das hohe Zuckerangebot mit überschießender Insulinbildung, um den Blutzuckerspiegel zu senken. Dem Energiestoß folgt Müdigkeit und Leistungsabfall, was zu erneutem Griff zu Süßigkeiten führt. Zudem entzieht weißer Zucker dem Körper wichtige Vitamine, Mineralien und Phosphor, er bewirkt eine Übersäuerung und verändert das Darmmilieu. Das stört die optimale Nährstoffaufnahme, den gesamten Stoffwechsel und das Immunsystem. Die Folgen sind Absacken der Leistungskurve mit Konzentrationsschwäche, Ablenkung und Schwächung der Abwehr.

Lebensmittelzusatzstoffe

Verpackte Lebensmittel müssen ein Etikett tragen, das die gesetzlich vorgeschriebenen Angaben enthält: Gütesiegel (z. b. das sechseckige Bio-Siegel oder das EU-Ökosiegel), Verkehrsbezeichnung (z. B. welches Lebensmittel sich hinter Fantasienamen verbirgt), Mengenangabe, Mindesthaltbarkeits- und Verbrauchsdatum, Herstellerangabe, Zutatenliste, Zusatzstoffe. Die Bestandteile von fertig verpackten Lebensmitteln müssen in der Zutatenliste aufgeführt werden. Die größte Menge steht am Anfang, die kleinste (z. b. Konservierungsstoffe) am Schluss der Liste. Alle Lebensmittelzusatzstoffe, die in allen Ländern der EU zugelassen sind, werden mit einer dreistelligen E-Nummer deklariert. Es gibt harmlose Zusatzstoffe natürlichen Ursprungs, die ohne gesundheitliche Bedenken verzehrt werden können, manche Stoffe können Allergien auslösen, den Mineralstoffwechsel stören, riskante Zusatzstoffe stehen sogar im Verdacht, Krebs zu erregen.

Zusatzstoffe, die mit E-Nummern aufgeführt werden müssen

Farbstoffe (z. B. Betacarotin in Margarine) werden zum Färben und Verschönern von Lebensmitteln und deren Oberflächen verwendet. Sie sollen für ein »appetitanregendes« und »verkaufsförderndes« Aussehen sorgen. Viele Farbstoffe, wie z. B. die Gruppe der Azo-Farbstoffe (z. B. E 102 Tartrazin, E 104 Chinolingelb, E 110 Gelborange S, E 122 Azorubin) wirken Allergie auslösend.

Konservierungsmittel erhöhen die Haltbarkeit von Lebensmitteln und sorgen dafür, dass leicht verderbliche Lebensmittel, die auf langen Transportwegen sind, auch beim Verkauf noch frisch aussehen. Sorbinsäure (E 200–203) ist relativ unbedenklich und wird z. B. vorgefertigtem Kartoffelsalat zugesetzt. Benzoesäure (E 210–213) allerdings wirkt stark Allergie auslösend. Phosphorsäure und Phosphate (sie hemmen die Calciumaufnahme) werden bei Speiseeis, Frischkäse und aromatisierten Getränken verwendet. Die künstlichen Vitamine C und E sind wichtige Lebensmittelzusatzstoffe zur Verlängerung der Haltbarkeit.

Benzoesäure: Die synthetische Säure (E 210) und deren Salze (E 211, E 212, E 213) werden zur Konservierung eingesetzt, vor allem in Fisch- und Salatprodukten, in Mayonnaise, Fleisch- und Wurstsalaten. Vom häufigen Verzehr ist abzuraten, da Benzoesäure Allergie auslösend wirken kann.

Geschmacksverstärker werden eingesetzt, um den Eigengeschmack eines Lebensmittels zu verstärken. Sie machen Lust auf »mehr« und tragen auf diese Weise häufig zu Übergewicht bei. Kinder, die an geschmacksverstärkte Lebensmittel gewöhnt sind, finden das Original oft zu fad. Sie ziehen z. B. im Joghurt Fruchtzubereitungen statt echter Frucht vor. Würzmischungen, gekörnte Brühen, Knabberartikel, Produkte der Asiaküche, Fertigsuppen und anderc Fertiggerichte wie Pizza, Baguettes, Frühlingsrollen enthalten in aller Regel Natriumglutamat (Glutamat E 620 bis 625) als Geschmacksverstärker. Über den häufigen Genuss von Fertigprodukten, Instantsuppen und -saucen beeinflussen sie den Geschmack so sehr, dass Kinder verlernen, wie natürliche Lebensmittel schmecken, und deshalb lieber zu Fertiggerichten oder Pommes und Chips greifen, weil sie in diesem Geschmackserlebnis zu Hause sind. In bestimmten Fällen kann es sogar zu Unverträglichkeitsreaktionen kommen, wie z. B. zum China-Restaurant-Syndrom mit Unwohlsein, Herzklopfen, Kopf- und Gliederschmerzen, Übelkeit.

Antioxidantien (z. B. E 300 = Ascorbinsäure). Diese Lebensmittelzusatzstoffe (z. B. in Instantsuppen, Brühen, Würzsaucen und Kartoffeltrockenerzeugnissen) verhindern die Reaktion von Sauerstoff mit Fettbestandteilen in Speisen und schützen so verderbliche Waren. Sie ermöglichen lange Haltbarkeit.

Säureregulatoren, Säuerungsmittel vermitteln einen sauren Geschmack, sie wirken konservierend und geschmacksverstärkend.

Verdickungs- und Geliermittel verwendet man zum Binden von Flüssigkeiten. Dabei verdicken sich die entsprechenden Produkte, d. h., sie werden feucht gehalten (z. B. Johannisbrotkernmehl E 410 in Fruchtjoghurt, Speiseeis, Tütensuppen). Sie beeinflussen beispielsweise das Schmelzverhalten im Speiseeis, verbessern das Kaugefühl bei Süßigkeiten (z. B. bei Gummibärchen) und machen das Wasser in der Wurst schnittfest. Nachteil: Sie rauben wichtige Mineralstoffe wie Calcium, Eisen, Mangan oder Zink. Vorteil: Die in Verdickungsmitteln enthaltenen Ballaststoffe regen die Verdauung an.

Stabilisatoren und Emulgatoren verbinden Fett, Wasser und Eiweiß miteinander, Stoffe, die normalerweise nicht emulgieren (z. B. Lecithin in Fertigpudding). Sie stecken in fast allen industriell gefertigten Lebensmitteln. Für die Produktion von Schokolade sind Emulgatoren unentbehrlich. Bei Light-Produkten wird statt Pflanzenfett einfach Wasser eingelagert.

Trennmittel verhindern das Verkleben (Bonbons) und Verklumpen (Fertigmehle) und erhalten bei Salz die Rieselfähigkeit.

Überzugsmittel werden eingesetzt, um z. B. die Oberfläche von Äpfeln zu wachsen, damit sie länger frisch aussehen.

Süßstoffe geben vorwiegend Light- und Diät-Produkten die erwünschte Süße. Für Diabetiker sind sie Ersatz von Haushalts- und Traubenzucker.

Sonstige Stoffe werden in erster Linie zur kostengünstigen Produktion für unterschiedliche Zwecke eingesetzt: Backtriebmittel, Festigungsmittel, Füllstoffe, Komplexbildner, Mehlbehandlungsmittel, modifizierte Stärken, Schaumverhüter, Schmelzsalze, Stabilisatoren, Trägerstoffe.

Pack- und Treibgase pressen Lebensmittel aus der Verpackung (z. B. Sahne aus der Dose). Sie schützen zudem vor Verderb durch den Einfluss von Sauerstoff oder vor Druckbeschädigung von vorgeschnittenen Rohkostsalaten.

Natürliche Aromastoffe werden aus den natürlichen Ausgangsprodukten wie Früchten (z. B. Erdbeeren oder Himbeeren), Gemüse, Gewürzen (z. B. Vanille aus Vanilleschote) oder Kräutern extrahiert und mit Hilfe von Enzymen oder Mikroorganismen gewonnen. Dabei werden nur 90 % aus natürlichen Zutaten, z. B. aus dem Extrakt oder dem Destillat hergestellt, 10 % dürfen aus anderen »natürlichen« Zutaten stammen. Die genaue Zusammensetzung der Mengenverteilung muss nicht deklariert werden.

Aroma besteht aus synthetisch nachgebauten, »naturidentischen Aromastoffen«. Sie gleichen in ihrer chemischen Struktur den natürlichen Aromastoffen (z. B. Vanillin). »Künstliche Aromastoffe« sind weder natürlich noch naturidentisch. Sie werden in der Aromaküche kreiert und künstlich hergestellt. Aus der Aromaküche gibt es über 3000 Aromastoffe ohne E-Nummern, die in allen möglichen industriell gefertigten Lebensmitteln enthalten sind, deren Geschmack sie verbessern sollen.

Enzyme als technische Hilfsmittel werden von den Herstellern üblicherweise nicht deklariert. Das gleiche gilt für gentechnisch veränderte Produkte.

Phytohormone: Viele Früchte verdanken ihre übermäßige Größe den künstlichen Wachstumshormonen. Bei unbehandeltem Kernobst schlummern die Hormone im Kern und geben von dort aus die Signale zum Wachsen. Bei der italienischen Züchtung der Riesenbirne Abate wird dies deutlich: Durch Züchtung verkümmern die Kerne. Damit die Birne trotzdem wachsen kann, erhält sie künstliche Phytohormone, die auf die jungen Früchte gespritzt werden. Genauso zieht man kernlose Trauben. Synthetische Wachstumshormone ersetzen die weggezüchteten Kerne. Auch die Erdbeeren aus südlichen Ländern werden mit Phytohormonen auf gigantische Größe gebracht. Diese Stoffe sind zum Teil sehr giftig und schwer abbaubar.

Wer sich eingehender über Lebensmittelzusatzstoffe informieren möchte, sei verwiesen auf ›*Das neue Handbuch der gesunden Ernährung*‹ von Franz Binder und Josef Wahler (2003; dtv 36275), es enthält auch eine komplette Liste der Lebensmittelzusatzstoffe mit EG-Nummern.

Lebensmittel für die Kinderküche

👶 = besonders wertvoll für Kinder

Gemüse

Blumenkohl. Das zarteste unter den Kohlgemüsen schmeckt wirklich gut nur als Bio-Blumenkohl. Die anderen sind leider so überdüngt, dass man das Garwasser nicht mehr verwenden kann. Blumenkohl enthält sehr viel Vitamin C, aber auch Betacarotin und einige B-Vitamine, zudem Calcium, Kalium, viel Magnesium, Natrium, Eisen, Zink, Kupfer, Fluor und Jod.

Brokkoli zählt zu den supergesunden Kohlsorten, weil die 👶 grünen Röschen das Immunsystem der Kinder stärken. Der grüne Verwandte des Blumenkohls enthält viel Calcium, Magnesium, Eisen, die Vitamine A, B1, B2, B6, C, genügend Folsäure und Biostoffe. Brokkoli wird am besten im Dünsteinsatz mit wenig Wasser gegart. Die grüne Farbe bleibt schön erhalten, wenn man die Röschen mit kaltem Wasser abschreckt. Nur junge Brokkoli kaufen, alle anderen duften beim Kochen streng nach Kohl – was Kinder absolut nicht mögen!

Fenchel ist eine Heil-, Gewürz- und Gemüsepflanze. Gemüsefenchel mit seinen zwiebelförmig verdickten Knollen hat einen süßlich-bitteren, leicht an Anis erinnernden Geschmack. Sein Betacarotin deckt in einer Portion mehr als den Tagesbedarf und er hat fast doppelt so viel Vitamin C wie Orangen, reichlich B-Vitamine, fast den höchsten Eisengehalt unter allen Gemüsesorten, genügend Calcium und Kalium. Am besten schmeckt er in Olivenöl gedünstet. Man kann Fenchel gut auch roh auf einem Knabberteller anbieten. Das Grün sieht aus wie Dill. Gehackt wird es auf Gemüse oder Salat gestreut. Die Samen, die sich aus den gelben Blüten entwickeln und die man für Tee verwendet, enthalten ein ätherisches Öl, das entzündungshemmend, krampfstillend und verdauungsfördernd wirkt. Fenchel ist für Kinder mit schwacher Konstitution ideal.

Karotten. Das auch als Möhren oder gelbe Rüben bekannte Wurzelgemüse hat von allen Gemüsesorten den höchsten Vitamin-A-Gehalt. Der gelbrote Farbstoff der Karotte, der ihr den Namen gegeben hat, sorgt für das Anpassungsvermögen der Augen an Helligkeit und Dunkelheit, bildet den Sehpurpur und schützt Haut und Schleimhäute. Dieses Betacarotin, die Vorstufe des Vitamins A, ist nur in Fett löslich. Deshalb sollte zu Karotten immer etwas Öl oder Butter hinzugefügt werden. Außerdem enthält die Karotte reichlich Folsäure, Eisen, Calcium und viele wichtige Mineralstoffe. Als heilsame Substanzen wirken die sekundären Pflanzenstoffe: Carotinoide und Polyphenole.

Kartoffeln. Kinder lieben Kartoffeln in allen Variationen. Selbst wenn sie täglich Kartoffeln essen wollen, leiden sie keinen Mangel. Die Kartoffel ist ein einfaches Nahrungsmittel und strotzt vor Gesundheit: In der stärkereichen Kartoffelknolle steckt viel Nährwert und Heilkraft. Sie enthält durch ihre Stärke Kohlenhydrate, hochwertiges Eiweiß (1 Portion liefert fast den gesamten Bedarf an essenziellen Aminosäuren, mit einem Ei dazu wird dieser Bedarf komplett), mehrfach ungesättigte Fettsäuren, viele Mineralstoffe wie Calcium, Eisen (fast $1/5$ des Tagesbedarfs) und Magnesium (fast die Hälfte des Tagesbedarfs; verhilft am Abend gegessen zu besserem Schlaf) und vor allem Kalium, Zink, Fluorid sowie Vitamin B6, Folsäure, Pantothensäure, genügend Vitamin C (über $1/3$ des täglichen Bedarfs). Wegen ihrer leichten Verdaulichkeit helfen Kartoffeln bei Magen- und Darmbeschwerden. Angekeimte oder grüne Kartoffeln sind ungenießbar, weil grüne Stellen und Keime das giftige Solanin enthalten. In der Schale gekocht oder im Ofen gebacken behalten sie mehr Vitamine. Fest kochende Kartoffeln eignen sich für Salat und Rösti, vorwiegend fest kochende Kartoffeln nimmt man für Pellkartoffeln, mehlig kochende Kartoffeln sind ideal für Suppen, Püree oder Puffer.

Kohlrabi. Die kleinsten Kohlrabi sind am zartesten. Deshalb eignen diese sich besonders gut für Rohkost. Ansonsten passen sie ausgezeichnet zur Kartoffelsuppe oder schmecken als Kohlrabigemüse mit weißer Sauce. 150 g Kohlrabi decken den Tagesbedarf an Vitamin C. Die jungen Blättchen enthalten zwei- bis dreimal so viel Vitamin C, Betacarotin und Mineralstoffe als die Knolle und können fein gehackt am Schluss mitverwendet werden. Kohlrabi weisen reichlich Kalium, viel Magnesium, Jod, Eisen (wie Spinat) und Selen auf.

Kürbis. Dieses Gemüse ist wegen seiner milden Süße für Kinder sehr geeignet. Den feinsten Geschmack haben der orangefarbene Hokkaido-Kürbis mit seiner harten Schale und der Muskatkürbis. Der gelbe runde Gartenkürbis mit leicht faserigem Fruchtfleisch schmeckt ausgesprochen mild. Kürbis ist sehr gesund, weil er stark entwässernd wirkt. Alle Sorten enthalten reichlich Vitamin C und Betacarotin, dazu Vitamin B und E. Die ölhaltigen getrockneten Kürbiskerne sind eine gesunde Knabberei und können trocken angeröstet unter das Müsli gemischt oder in eine Kürbissuppe gestreut werden. Kürbiskernöl schmeckt sehr intensiv. Es wird eher als Würze denn als Öl verwendet, zudem wird es schnell ranzig.

Lauch oder Porree. Das Zwiebelgewächs ist etwas milder als Zwiebeln und passt zu vielen Gemüsen. Für Suppen ist Lauch unentbehrlich. Er enthält Vitamin B 1 und viel Vitamin C, Calcium, Eisen und Magnesium. Die dicksten Lauchstangen sind übrigens die besten.

Mangold erinnert an Spinat und wird auch so verarbeitet, ist aber mit der Roten Bete verwandt. Mangold enthält hohe Mengen an Betacarotin. Über das darin enthaltene Vitamin A bleiben die Schleimhäute und die Augen gesund. Kinder brauchen auch für das Knochenwachstum viel Vitamin A. Zudem enthält Mangold eine Menge Vitamin C. Wegen des hohen Oxalsäuregehalts sollte man keine calciumreichen Nahrungsmittel mit Mangold gleichzeitig essen, also z. B. keinen Parmesan. Weil Mangold (wie Spinat) viel Nitrat enthält, sollte man Bio-Mangold nehmen und vor dem Essen reichlich Zitrone darüber träufeln, um die Bildung der gefährlichen Nitrosamine zu verhindern. Nicht bei Zimmertemperatur stehen lassen (siehe Spinat)!

Pastinake und Petersilienwurzel, die nahen Verwandten der Karotte, zählen ebenfalls zu den Wurzelgemüsen. Beide gelblich-weißen Wurzeln sind mild und eher süßlich, aber würzig, fast nussig im Geschmack, lassen sich sehr gut mischen mit Karotten und liefern reichlich Ballaststoffe, die Vitamine B und C sowie viel Kalium, Calcium und Magnesium. Pastinaken werden roh als Salat geraspelt, häufiger aber gekocht wie Karotten verzehrt. Sie werden schneller weich als Karotten.

Paprika. Es gibt rote, gelbe und grüne Schoten. Grün sind sie zu Beginn der Reife, dann werden sie gelb und rot, wenn sie richtig reif sind. Rote Paprika enthalten viel Betacarotin und doppelt so viel Vitamin C wie Zitronen. An Mineralien liefert die Gemüsepaprika Calcium, Kalium, Magnesium und Eisen. Kinder essen sie am liebsten roh, dazu passt ein Butterbrot (wegen der besseren Aufnahme von Betacarotin). Man kann die Schale mit einem Sparschäler abschälen und die Paprikastücke püriert unter Risotto oder Tomatensauce mischen. Bevorzugen Sie Bio-Paprika wegen der Pestizidbelastung.

Schwarzwurzeln zählen zu den köstlichsten Wurzelgemüsesorten in der kalten Jahreszeit. Der Kohlenhydratgehalt der Schwarzwurzel ist eine Vorstufe des Fruchtzuckers. Kinder mögen diesen süßlichen Geschmack. Schwarzwurzeln enthalten die Vitamine A, B1, B3, C und E sowie viel Kalium, Magnesium und reichlich Eisen. Schälen Sie Schwarzwurzeln in lauwarmem oder unter fließend lauwarmem Wasser, damit die Hände nicht harzig werden. Wenn die geschälten Wurzeln der Luft ausgesetzt werden, verfärben sie sich. Deshalb sollten

Schwarzwurzeln sofort nach dem Schälen in Zitronenwasser gelegt werden.

Sellerie. Die mineralreiche und vitaminhaltige Wurzelknolle mitsamt ihren Blättern ist stark wassertreibend. Seine intensive Würzkraft als Suppengemüse verdankt der Sellerie den in der Knolle enthaltenen ätherischen Ölen. Staudensellerie eignet sich gut für Gemüse aus dem Wok oder geschmort in der Tomatensauce. Sehr allergenhaltig, daher kein Gemüse für Allergiker!

Spinat ist sehr reich an Vitamin A, C, einigen B-Vitaminen, vor allem Folsäure, und er enthält jede Menge Chlorophyll und Enzyme. Zudem spendet er zahlreiche Mineralstoffe wie z. B. Calcium, Eisen (4,1 mg pro 100 g), Kalium, Magnesium, Kupfer, Jod und Schwefel. Ein großer Nachteil des Spinats ist sein hoher Nitratgehalt. Verwenden Sie möglichst frischen Blattspinat aus kontrolliert-biologischem Anbau. Spinat sollte man nicht bei Zimmertemperatur stehen lassen, wenn er bereits gekocht ist. So werden die Mikroorganismen aktiv und es kann zu einer Umwandlung von Nitrat in giftige Nitrite kommen. Gekühlt lässt sich gekochter Spinat bis zu ½ Tag aufbewahren. Bei tiefgefrorenem Spinat werden diese Mikroorganismen abgetötet. (Das Vitamin C aus dem Zitronensaft kann die Bildung von krebserregenden Nitrosaminen aus Nitrat verhindern.)

Tomaten. Im Spätsommer ist auch bei uns Tomatenzeit. Man erhält zwar das ganze Jahr über Tomaten aus südlichen Ländern, Strauchtomaten, Eiertomaten oder die kleinen Cocktail- bzw. Kirschtomaten (Cherry-Tomaten), die Kinder wegen ihrer Süße am liebsten mögen, aber der Geschmack einheimischer Tomaten aus dem Garten ist unvergleichlich. Tomaten weisen einen hohen Gehalt an Betacarotin auf, der Vorstufe des Vitamin A. Zudem enthalten sie reichlich Vitamin C und E sowie B-Vitamine. Nicht im Kühlschrank aufbewahren!

Zucchini, die erst in den 60er Jahren bei uns bekannt wurden, zählen zu den Sommerkürbissen. Sie enthalten viele Ballaststoffe, Eiweiß, Vitamine, vor allem Betacarotin und Folsäure, daneben Mineralstoffe wie Calcium, Kalium, Mangan, Zink sowie Selen. Die Bitterstoffe darin sind der Grund, warum manche Kinder Zucchini überhaupt nicht mögen. Dabei sind sie leicht verdaulich. Je kleiner sie sind, umso besser schmecken sie. Man kann sie grob geraspelt in den Salat geben, in Rührei oder in Olivenöl anbraten.

Weißkohl gibt es rund oder spitzkegelig als Spitzkohl, der Kindern noch am besten schmeckt. Kohlköpfe haben es in sich: Sie enthalten wertvolle Biostoffe, etwas Betacarotin, mehrere B-Vitamine, vor allem Folsäure, reichlich Vitamin C und viele Mineralstoffe, u. a. Calcium, Eisen und Kalium.

Wirsing. Der dunkelgrüne Krauskopf schmeckt kräftiger als Weißkohl. Seine krausen Blätter enthalten viel Chlorophyll und Eisen, zudem Vitamin A, mehrere B-Vitamine und viel Vitamin C.

Calciumspender aus dem Kräutergarten. Die Kraft der Kräuter ist enorm. Sie enthalten viele ätherische Öle und bioaktive Substanzen, Vitamine und Mineralstoffe, vor allem Calcium. Außerdem regen sie den Appetit und die Verdauung an, sie lösen Schleim und Verkrampfungen. Viele werden als Heilkräuter verwendet. Lassen Sie Ihr Kind auf dem Fensterbrett, dem Balkon oder im Garten einen eigenen kleinen Kräutergarten anlegen. Für Kinder geeignet sind als Küchenkräuter Petersilie (fein gehackt), Estragon (fein geschnittene Blättchen zu Nudeln und Pilzen), Schnittlauch (stets frisch in Röllchen geschnitten), Basilikum (gezupft zu Tomaten), Salbei (zu Gnocchi, Nudeln und Kalbfleisch) und Majoran (ideal in Fleischfüllungen und Kartoffelsuppe). Seltener benötigt man Dill (frisch gehackt zu Gurken), Kerbel (für Suppe), Sauerampfer (für Suppen und Nudeln), Gartenkresse (zum Verzieren, für Quark frisch geschnitten) und eventuell Koriandergrün. Thymian und Rosmarin eignen sich für Saucen – zusammen vertragen sie sich übrigens nicht! Als Tee eignen sich Fenchel, Kamille, Pfefferminze, Zitronenmelisse und Salbei.

Zwiebeln, Frühlingszwiebeln, Bärlauch und Knoblauch sind für Kinder meist noch zu geschmacksintensiv.

Gewürze. Kinder haben sehr empfindliche Geschmackssensoren. Stark gewürzte Speisen verderben ihnen eher den Appetit, als dass sie anregend wirken. Daher Vorsicht: Gewürze sollten Sie nur verwenden, um den Eigengeschmack der Lebensmittel zu heben, also wenig Salz, bei Gemüsen eine Prise Rohrohrzucker, kaum Pfeffer, nur mildes Curry- und Paprikapulver, Knoblauch im Ganzen, im Mörser leicht angequetscht, damit er vor dem Anrichten wieder entfernt werden kann. Anders verhält es sich mit Kräutern, die ja hauptsächlich als Lieferanten von Vitaminen und Mineralien eingesetzt werden.

Als Gewürze mögen Kinder Kardamom, Koriander, Gewürznelken, Muskat, Vanille und Zimt.

Brot und Getreide

Die Kohlenhydrate aus dem Brot liefern Muskeln und Hirn optimale Energie. Hinzu kommen bioaktive Pflanzenstoffe, Vitamine, Mineral- und Ballaststoffe sowie hochwertiges pflanzliches Eiweiß. Getreideprodukte aus Vollkorn sind eine gute Quelle für die Gruppe der B-Vitamine, für Eisen, Mangan und Selen. Das Vollkornbrot ist schwerer und gehaltvoller als Weißmehlbrot, aber es muss ja nicht unbedingt aus groben Körnern sein. Fein vermahlenes Getreide, in dem Keimling und Randschichten verarbeitet werden, ist ein gesunder Grundstoff für Brot und Brötchen.

Hafer wird als Grütze, Brei oder Müsli gegessen, als Haferflocken ist er am leichtesten verwertbar für Kinder. Ballaststoffe und schleimbildende Stoffe binden schädliche Substanzen im Darm, deshalb ist Haferbrei die ideale Krankenkost. Der hohe Gehalt an Vitamin B1 sorgt für Konzentration in der Schule. Das Magnesium (eine Portion deckt ⅕ des Tagesbedarfs) stärkt die Muskeln beim Sport. Haferflocken, die gequetschten Haferkörner, gibt es als Kleinblatt- und Großblattflocken. Sie sind besonders eisenhaltig – vergleichbar mit vielen Fleischsorten. In Kombination mit Vitamin C ist es für den Körper besser verwertbar.

Dinkel ist eine alte robuste Kulturform des Weizens, auch »Spelz« genannt. Das Urgetreide enthält wie Weizen alle acht essenziellen Aminosäuren, übertrifft den Weizen aber weit in seiner biologischen Wertigkeit und ist dabei feiner im Geschmack. Die reifen Körner besitzen einen nussartigen Geschmack und enthalten eine ideale Zusammensetzung von Nährstoffen, von Eiweiß, Kohlenhydraten, Fett, Mineralstoffen, Spurenelementen und Vitaminen. Dabei ist Dinkel leichter verträglich als alle anderen Getreidesorten. Zum Backen eignet er sich ausgezeichnet, weil der Gehalt an Klebereiweiß wesentlich höher ist. Dinkelmehl saugt mehr Wasser auf, d. h., man braucht etwas weniger Mehl im Vergleich zum Weizenmehl. Das Brot bleibt feuchter und länger frisch. Es gibt helles Dinkelauszugsmehl (Type 630) und dunkles Dinkelvollkornmehl (Type 1050) sowie Dinkelschrot. Man kann den Dinkel auch wie Reis kochen oder Suppen und Eintopf daraus machen. Wird Dinkel im unreifen Zustand geerntet, so heißt er Grünkern. Dinkel beruhigt nervöse Kinder.

Weizen und Hartweizen. Beim Vermahlen des Weizenkorns entsteht Mehl und Kleie. Je weniger Kleieanteil ein Mehl besitzt, desto feiner ausgemahlen ist es. Das übliche Haushaltsmehl trägt die Type 405, bei dem alle Bestandteile des äußeren Getreidekorns herausgesiebt worden sind. Verwenden Sie lieber das etwas weniger stark ausgemahlene Weizenmehl Type 550 zum Backen von Kuchen oder für Nudelteige. Darin wurden mehr Ballast- und Inhaltsstoffe aus den Randschichten des Getreidekorns belassen. Diese Typenbezeichnung gibt in Milligramm den Gehalt an Mineralstoffen an, die pro Kilogramm noch im Mehl vorhanden sind: Je niedriger diese Zahl, um so ernährungsphysiologisch minderwertiger ist das Mehl, es enthält also weniger Schalenanteile und weniger Keimlinge. Das Mehl Type 405 enthält 405 mg Mineralstoffe pro 100 g Mehl im Vergleich zu Type 812, das mit 812 mg doppelt so viel Mineralstoffe enthält. Noch mehr Ballaststoffe hat das Vollkornmehl Type 1050, das zum Brot- und Brötchenbacken gut geeignet ist. Mischt man das Vollkornmehl Type 1050 mit Weizenmehl Type 550 jeweils zur Hälfte, erhält man ein Mehl mit Type 812. Weißes Mehl verliert etwa vier Fünftel aller Vitamine, Mineralstoffe und Ballaststoffe. Weizenflocken sind gequetschte Weizenkörner, Weizenvollkorngrieß ist das geschrotete Getreide, das geschält, zerkleinert und gemahlen wird. Je nach Körnung entsteht feiner, mittlerer oder grober Grieß. Kindergrieß ist immer mit Vitamin B angereichert. Vollkornschrot kann man in den Brotteig mischen. Weizen besitzt eine schlaffördernde Wirkung für Kinder, die abends nicht zur Ruhe kommen, und hilft bei Fieber.

Hartweizenmehl stammt vom Emmer, einer Urweizenart, die verstärkt in Süddeutschland wieder angebaut wird – für hausgemachte Nudeln unentbehrlich. Der beste Hartweizen »grano duro« gedeiht in heißen, trockenen Gebieten wie Süditalien und wird zu den italienischen Nudeln (Pasta) verarbeitet. Er hat übrigens bessere Klebereigenschaften und verfügt über mehr Mineralstoffe. Auch das italienische Weißbrot wird zu einem Drittel mit Hartweizengrieß zubereitet. Es ist hell und locker in der Krume, braucht aber mehr Wasser als normales Weizenmehl.

Hirse. Die goldgelben, geschälten Hirsekörner enthalten hochwertiges Eiweiß und Kohlenhydrate. Zudem ist Hirse reich an Calcium, Eisen (9 mg/100 g), Fluor, Kieselsäure, Magnesium (170 mg/100 g) und anderen Mineralstoffen sowie an den Vitaminen B1 und B6. Den Hirsebrei kennen viele Kinder nur noch aus dem Märchen. Für Kinder, die nicht gerne Fleisch essen, ist Hirse der ideale Eisenlieferant. Damit das Eisen besser aufgenommen wird, empfiehlt es sich, Hirse mit Vitamin-C-haltigem Gemüse zu kombinieren. Hirse behebt Appetitmangel.

Es gibt zwei Möglichkeiten der Zubereitung: Hirse in Butter anrösten, mit Wasser ablöschen und zugedeckt garen, bis die Körner aufplatzen, oder Hirse in kochendes Wasser schütten und ausquellen lassen, dann bleibt sie körniger.

Reis. Naturreis bzw. Vollkornreis enthält hochwertiges Eiweiß (alle essenziellen Aminosäuren), Kohlenhydrate, vor allem B-Vitamine und wichtige Mineralstoffe (z. B. Kalium). Das Reiskorn wird in drei Formen angebaut. Langkornreis bleibt nach dem Garen körnig und trocken, Mittelkornreis (eine Kreuzung aus Langkorn- und Rundkornreis) ist nach dem Kochen etwas weicher, aber immer noch körnig. Der süße Mochi-Rundkornreis eignet sich für Süßspeisen. Der bekannteste Rundkornreis stammt aus der Poebene in Norditalien: Arborio-, Vialone- oder Carnaroli-Reis ist ideal für Milchreis und Risotto. Rundkornreis wird durch seine schleimbildenden Substanzen beim Kochen weich und klebrig. Reiswasser hilft bei Magenverstimmung. Reisschleim pur ist ein bewährtes Hausmittel gegen Durchfall.

Auch die Farbe spielt ein Rolle: Die wertvollen Inhaltsstoffe mitsamt den Ballaststoffen gehen beim weißen Reis durch Schälen und Polieren des Reiskornes verloren. »Parboiled Reis« wird in Heißdampf behandelt, bevor er geschält und poliert wird. Dadurch bleiben die Vitamine und Mineralstoffe weitgehend im Reiskorn enthalten. Brauner Naturreis enthält das volle Korn und damit alle seine Inhaltsstoffe. Für Reiswaffeln werden Reiskörner sekundenlang hoch erhitzt, dabei puffen sie wie Popcorn.

Hülsenfrüchte

Hülsenfrüchte, also Bohnen, Erbsen und Linsen, sind sehr gesund. Sie enthalten viel Eiweiß, das in Kombination mit dem Eiweiß des Getreides besonders hochwertig ist. Außerdem enthalten sie Kalium, Folsäure, Magnesium, das stressmindernd und kräftigend wirkt, sowie Eisen. Leichter verdaulich als Bohnen oder Erbsen sind die Linsen. Vielen Kindern muss man diese Grundnahrungsmittel erst schmackhaft machen, die meisten lehnen sie erst einmal ab.

Bohnen. Für Bohnensuppe oder Eintöpfe eignen sich am besten weiße Bohnen. Sie werden beim Kochen weich und sämig. Die rot-braun gesprenkelten Borlottibohnen sind eine gute Alternative. Bohnenkerne müssen über Nacht eingeweicht werden. Sie enthalten viel Eiweiß, Kohlenhydrate, Ballaststoffe, sehr viel Kalium und Calcium, zudem Vitamin A, B1, B2.

Erbsen. Das feine Gemüse macht etwas Arbeit. Deshalb wird es häufig tiefgekühlt verwendet. Die kleinen grünen Perlen sind – was den Eisengehalt anbelangt – ein echter Knaller auf dem Kinderteller: 100 g liefern 5 mg Eisen. Erbsen kann man für Kinder zusammen mit Kartoffeln zu grünem Püree kochen oder als Suppe zubereiten. Frische Zuckerschoten werden geerntet, ehe sich die Früchte in den Schoten ausbilden.

Linsen. Die roten, braunen oder dunkelgrünen (»Vertes Du Puy«) Linsen sind Kraftspender, die auf keinem Speiseplan fehlen sollten: 100 g liefern 6,9 mg Eisen. Rote Linsen müssen nicht eingeweicht werden, weil sie keine Schale haben. Sie werden beim Kochen gelb und zerfallen leicht. Den Kindern schmecken Linsen – wenn sie sie überhaupt probieren – am ehesten in Suppen oder Eintopfgerichten (mit etwas Zitronensaft anreichern, damit der Körper das Eisen besser aufnehmen kann).

Eier

Eier liefern wertvolles Eiweiß, das der Körper fast vollständig verwerten kann. Ideal sind Eier in Kombination mit Kartoffeln oder ein gekochtes Ei zum Butterbrot. Die leicht verdaulichen Proteinlieferanten enthalten die Vitamine A, B1, B2, D, E und K, die Mineralstoffe Eisen (1 Ei enthält 2,1 mg Eisen), Kalium sowie die Spurenelemente Kupfer, Mangan, Jod und Fluorid. Zudem Cholesterin, ein Begleitstoff tierischer Fette, der aber nur bedenklich ist, wenn man große Mengen verzehrt. Der Körper braucht Cholesterin u. a. um Vitamin D herzustellen. Eier sind sehr gesund, aber sie müssen frisch sein. Je älter ein Ei ist, desto mehr Wasser verdunstet durch die poröse Schale, umso größer ist seine Luftblase. Legt man das Ei in kaltes Salzwasser und es sinkt zu Boden, ist es frisch. Steigt es mit dem stumpfen Ende an die Oberfläche, ist es schon zu alt. Entsorgen Sie schwimmende Eier ganz schnell. Eier sollten im Kühlschrank in der Packung bleiben, da sie leicht Gerüche annehmen. Vorsicht! Auf der äußeren Schale können sich Salmonellen aus dem Hühnerkot befinden. Eier mit beschädigter Schale deshalb sofort verbrauchen und nur für erhitzte Speisen verwenden. Achten Sie stets auf Qualität und Frische: Bei der Kennzeichnung arbeiten vor allem Eierfabriken mit dem Begriff »Bodenhaltung«. Auch »Freilandhaltung« bedeutet nicht kontrollierte Bio-Qualität. Am besten sind Eier mit einem Biosiegel, z. B. KAT (Verein für kontrollierte alternative Tierhaltungsformen).

Fleisch und Geflügel aus artgemäßer Tierhaltung

Rind- und Kalbfleisch. Seit der BSE-Krise ist das Fleischkaufen für viele Vertrauenssache geworden. Qualitätssiegel und Herkunftsnachweise sollen durch lückenlose Produktionskontrollen des Fleisches von der Geburt bis zur Theke das erschütterte Käufervertrauen wiederherstellen. Die risikoreichen Innereien von Rindfleisch und Markknochen werden in den

Metzgereien nicht mehr angeboten, wogegen auf BSE getestetes Muskelfleisch als sicher gilt. Aus Angst vor BSE gab es für viele Eltern und Kindergärten monatelang kein Rind- oder Kalbfleisch auf den Speisezetteln. Würstchen und Leberkäse waren absolut verpönt, weil man nicht wusste, was drin ist. Inzwischen redet man kaum mehr über BSE.

Auch wenn mit dem Prüfzeichen »Markenfleisch« Erzeuger und Schlachter das verlorene Vertrauen in konventionell erzeugtes deutsches Fleisch wieder zurückgewinnen wollen, sind viele Verbraucher immer noch verunsichert und entscheiden sich seither für biologische Fleischprodukte mit Siegeln für Bio-Fleisch. Rindfleisch ist nach wie vor ein wertvolles Lebensmittel. Es enthält viel Eisen, Zink und B-Vitamine. Artgemäße Tierhaltung bringt auf jeden Fall mehr Geschmack und Qualität (sichtbar an der feinen Marmorierung durch Fettäderchen, die das Fleisch durchziehen). Rinderrassen wie Angus, Hereford oder Pinzgauer liefern zartes, saftiges Fleisch. Geben Sie Ihren Kindern lieber weniger Fleisch, dafür in bester Qualität.

Schweinefleisch. Bio-Bauern entdecken wieder die Vorzüge alter Schweinerassen, denn sie sind robuster, wie z. B. das Schwäbisch-Hällische Schwein oder das Bunte Bentheimer Schwein. Schweine aus artgerechter Haltung bekommen natürliches Futter. Das Fleisch, der Schinken und die Salami schmecken deshalb viel besser. Durch die strengen Richtlinien der Öko-Verbände ist auch das Schadstoffrisiko geringer.

Für Schweinehack eignet sich am besten fein marmoriertes Schulterfleisch. Es muss stets ganz frisch verwendet werden. Man erkennt es am Geruch: frisch, unauffällig und keinesfalls intensiv. Die Farbe sollte klar sein (nicht trüb) und zartrot. Für Schweinsbraten nimmt man durchwachsenen Nacken (Halsgrat) oder Schulterfleisch, dessen Fett zwischen den Muskelfasern das Aroma verstärkt und das Fleisch beim Braten saftig hält. Schweinefleisch enthält viele B-Vitamine, Zink und Eisen. Es verliert seinen schweinischen Geschmack, wenn man es vor der Zubereitung leicht mit Mehl bestäubt.

Wurst in Bio-Qualität. Brühwurst wird – wie der Name sagt – gebrüht, das heißt langsam gegart. Sie besteht aus rohem, fein zerkleinertem Schweinefleisch, Rindfleisch oder einer Mischung aus beiden, Speck und Gewürzen. Die Verwendung von Separatorenfleisch für Würstchen ist verboten. Kinder mögen sie am liebsten als Wienerle (Frankfurter Würstchen) vom Schwein und von der Pute. Auch Fleischwurst, Lyoner (Kalbfleischwurst), Pfälzer, Regensburger und Leberkäse (Fleischkäse), der im Ofen gebacken wird, zählen zur Gruppe der Brühwürste. Zu den weißen Brühwürsten gehören die in Bayern beliebte Weißwurst, Kalbsbrat- und Schweinsbratwürstchen, Wollwurst und Gelbwurst. Wenn Sie Ihrem Kind Würstchen geben, empfiehlt es sich, diese Produkte aus artgerechter Haltung zu beziehen. Der Bio-Metzger verwendet keine Bindemittel, wie Emulgatoren (z. B. Phosphat), und meist nur wenig oder gar kein Nitritpökelsalz, das der Wurst und dem gekochten Schinken einen frischen Rosaton gibt. Das Nitrit macht die Wurst besonders haltbar und schützt das Fett davor, schnell ranzig zu werden. Würste, die Nitritpökelsalz enthalten, dürfen nicht gegrillt werden, da beim Grillen Krebs erregende Nitrosamine entstehen können. Ein Problem für Allergiker: Fast alle Würste enthalten geringe Mengen Milcheiweiß. Seit 2003 erfahren Verbraucher, was in abgepackten Wurstwaren steckt und von welcher Tierart das verwendete Fleisch stammt. »Fleisch« darf nur als Zutat deklariert werden, wenn es sich um Muskelfleisch handelt. Die Kennzeichnung gilt

> **Nitritpökelsalz** ist eine Verbindung von Kochsalz und Natriumnitrit, die 95 % aller verarbeiteten Fleisch- und Wurstwaren zugesetzt wird, für Haltbarkeit sorgt (es hemmt die Entwicklung schädlicher Keime) und deren frische rote Farbe bewirkt. Die verwendeten Mengen sind zwar gering, doch über das Pökelsalz dringen Nitrite in Lebensmittel, die sich mit den dort vorhandenen Aminen zu den Krebs erregenden Nitrosaminen verbinden können.

nicht für lose Ware beim Metzger, bei der nur einige Zusatzstoffe deklariert werden müssen.

Geflügel. »Ökologisch kontrolliertes« Geflügel wird artgerecht gehalten und hat genügend Auslauf. Es wird mit Getreide gefüttert, mit Mais oder mit Hafer. Brathuhn, Hähnchen und Poularde (fleischiges, schweres Jungmasthuhn) sind bei Kindern sehr beliebt. Das Fleisch ist leicht verdaulich, enthält wertvolles Eiweiß und enthält viel B-Vitamine sowie Niacin. Hühnerbrühe von einem Bio-Suppenhuhn wirkt aufbauend wie eine Medizin. Der Truthahn oder Puter enthält am wenigsten Fett und ist sehr eiweißreich.

Fisch. In vielen Familien erschöpft sich das Thema Fisch mit den viereckigen Fischstäbchen. Sie bestehen zur Hälfte aus gepresstem Seelachs, zur anderen Hälfte aus einer dicken Panadeschicht, die sich schon beim Vorbraten in der Herstellung mit Fett vollsaugt. Es gibt aber auch Fischfilets, die Kinder sehr gerne essen, nur müssen sie absolut frisch und grätenfrei sein. Seezunge (sehr teuer), Kretzer, der auch Barsch oder Egli heißt (feinster Süßwasserfisch vom Bodensee), Kaiserbarsch (eine teure Rarität), Rotbarsch (die Bestände werden immer geringer), Viktoriabarsch (aus dem Viktoriasee in Ostafrika), Kabeljaurücken, Seelachs (ein naher Verwandter des Kabeljaus aus der Nordsee; Alaska-Seelachs ist der am häufigsten verzehrte Fisch in Deutschland) und Zander (Süßwasserfisch) sind Sorten, die bei Kindern ankommen. Manche Kinder mögen auch gebratenen Wildlachs oder Räucherlachs (am besten Bio-Lachs aus Aquakultur verwenden) zu Nudeln. Seefisch sollte einmal pro Woche auf dem Speiseplan stehen, weil er reichlich Jod enthält. Das hochwertige Fischeiweiß ist wichtig für das Wachstum. Aus der fettreichen Leber des Kabeljaus mit den Vitaminen A, D und E wird Lebertran gewonnen. Fisch aus Konserven mit öligen Marinaden sollte man meiden. Sie entziehen dem Fisch die Vitamine.

Fleisch und Geflügel aus artgemäßer Tierhaltung

Milchprodukte und Käse

🐄 **Kuhmilch.** Frische, pasteurisierte Vollmilch bzw. Bio-Vollmilch mit 3,5–3,8 % Fett gilt als beste Quelle für den Mineralstoff Calcium. Zudem wird ein großer Teil des täglichen Bedarfes an Eiweiß und Vitamin A, B2 und B12 gedeckt. Die Pasteurisierung geschieht bei schonender Erhitzung. Bei der homogenisierten Milch werden die kleinen Fetttröpfchen unter hohem Druck zerschlagen, damit die Milch nicht mehr aufrahmt. Ultrahocherhitzte homogenisierte Milch (H-Milch) wird für eine Sekunde lang auf 135 bis 150° erhitzt und mit sehr hohem Druck durch winzige Düsen gepresst. Dabei werden die Fettkügelchen zerrissen und können nicht mehr aufrahmen. Viele Organismen werden bei diesem Vorgang abgetötet. H-Milch eignet sich zur Vorratshaltung, weil sie ohne Kühlung 6 Wochen haltbar ist. Wenn sie jedoch zu lange geöffnet aufbewahrt wird, kann sie ein Nährboden für Bakterien sein.

Kuhmilch, insbesondere homogenisierte Milch, kann eine Unverträglichkeit gegen Milcheiweiß oder gegen Milchzucker verursachen. Handelt es sich um eine allergische Reaktion gegen Milcheiweiß, verträgt das Kind meist Milchprodukte mit geringem Proteinanteil, wie z. B. süße Sahne (Rahm ist das Fett der Milch, mindestens 30 %, das sich als Fettkügelchen an der Oberfläche absetzt) oder durch Säuerung verändertes Milcheiweiß, wie z. B. Naturjoghurt oder Sauerrahmbutter. Bei Problemen mit den Bronchien oder bei Ohrentzündungen sollte man den Kindern keine Milch geben, da Milch die Schleimbildung noch fördert. Milch ist kein Durstlöscher, sondern ein gesundes Nahrungsmittel, das je nach Fettgehalt einen relativ hohen Energiegehalt hat. Sie brennt beim Kochen leicht an. Deshalb spült man den Topf mit kaltem Wasser aus, bevor man die Milch hineingibt.

Naturjoghurt ist weiß, stichfest mit 3,7 % Fett oder gerührt mit 1,5 % oder 0,1 % Fettanteil. Für seine Dicklegung werden spezielle Säuerungskulturen eingesetzt. Je nach Art der Kulturen schmeckt Joghurt kräftig sauer, säuerlich oder mild. Falls Sie einen Joghurt mit Fruchtzutaten vorziehen, nehmen Sie einen biologischen. Denn alle anderen sind mit künstlichen Aromastoffen aus Schimmelkulturen versetzt (getarnt unter dem Begriff »naturidentisch«). Außerdem enthalten sie jede Menge Zucker.

Joghurt lässt sich mit einer Joghurtmaschine leicht selbst herstellen. Durch das Impfen mit einer Pilzkultur setzt die Milchsäuregärung ein, die Milchzucker zu Milchsäure umwandelt. Dadurch wird Joghurt leichter verdaulich als Kuhmilch.

Quark bzw. Topfen ist ein ganz junger Frischkäse aus Kuhmilch, der durch Dicklegen von Milch zubereitet wird. Er wird aus pasteurisierter Milch gewonnen, die mit Lab und Milchsäurebakterien versetzt wurde. Quark enthält nur halb so viel Calcium wie Joghurt oder Milch, weil ein Teil des Calciums mit der Molke abfließt. Je nach Fettgehaltsstufe (10 % - 50 %) wird dem zunächst entstehenden Magerquark entsprechend viel Sahne zugesetzt. Schichtkäse hat 20 % Fett.

Parmesan: Der berühmteste Hartkäse Parmigiano Reggiano aus Italien hat 10-mal so viel Calcium wie Milch. Etwas milder und damit für Kinder besser geeignet ist der Grana Padano. Ideal zum Reiben über Nudelgerichte oder zum Würzen von Risotto.
Emmentaler: Der löchrige Käse stammt ursprünglich aus dem Schweizer Emmental. Etwas milder schmeckt die Sorte aus dem Allgäu. Der Hartkäse aus Vollmilch (45 % Fett i.Tr.) zieht beim Überbacken Fäden.
Mozzarella: Der bekannte Büffel- oder Kuhmilchkäse schmilzt leicht, deshalb ist er als Pizzakäse sehr geeignet. Manche Kinder mögen Mozzarella auch zu den Tomaten.
Butterkäse: Dieser milde Käse, den man auch in Scheiben kaufen kann, passt aufs Butterbrot, in Käsesaucen und gehobelt zum Überbacken.

Mascarpone: Der italienische Klassiker für Tiramisu ist ein doppelt oder dreifach fetter Frischkäse aus Sahne mit einem Fettgehalt von 80 %. Schmeckt leicht säuerlich, ist cremig, gelblich-weiß, eignet sich für Nudelgerichte und Nachspeisen.

Obst aus kontrolliertem Anbau

Apfel. Der Apfel ist die wichtigste einheimische Obstart. Er enthält über 300 wertvolle Biostoffe (s. S. 36), Pektine, reichlich Eisen, Calcium, Kalium, Kupfer, Natrium, Vitamin A, Vitamin E und je nach Sorte mehr oder weniger Vitamin C. Die alten Apfelsorten (Berlepsch, Berner Rosen, Goldparmäne, Gravensteiner, Ingrid Marie, James Grieve, Ontario, Renette, Rosenapfel) sind sehr viel aromatischer und widerstandsfähiger als die gängigen Massensorten wie Golden Delicious oder Granny Smith. Die idealen Lageräpfel Boskop (am besten zum Backen und für Apfelmus), Brettacher und Bohnapfel enthalten außerdem wertvolle Flavonoide und besonders viele Biostoffe.

Apfel bindet Giftstoffe im Darm, deshalb wirkt geriebener Apfel heilsam bei Durchfall. Er ist entzündungshemmend, schleimlösend und beseitigt Bakterien. Im Winterhalbjahr ist der Apfel bei Kindern der beliebteste Vitaminspender. Das Ergebnis einer Studie besagt: Öko-Äpfel schmecken besser: Sie sind süßer, zudem ist das Verhältnis von Fruchtzucker zu Säure im Vergleich zu anderen Äpfeln am günstigsten. Da die meisten Nährstoffe direkt unter der Schale liegen, ist es besonders vorteilhaft, dass die Schale von Bio-Äpfeln unbedenklich verzehrt werden kann. Jedes Kind sollte täglich 2 Äpfel essen.

Birnen. Birnen sind besonders gut für Schulkinder. Sie enthalten Betacarotin, Vitamin B, C, viel natürlichen Fruchtzucker, Kalium, Magnesium, Calcium, Eisen, Mangan, Zink, Kupfer und Jod. Durch die Folsäure, Kiesel- und Phosphorsäure sind sie die ideale Gehirnnahrung. Birnen bekommen leicht Druckstellen und lassen sich schlecht lagern. Deshalb werden sie oft mit Giftstoffen und Polierwachsen behandelt, um Schimmelpilze fern zu halten. Reife Birnen erkennt man daran, dass das Fleisch am Stiel beim Berühren nachgibt. Dann entwickeln sie ihr volles Aroma. Vollreife Birnen werden schnell mehlig. Zum Pürieren sind sie aber immer noch geeignet. Die Sorte Kaiser Wilhelm enthält besonders viele Biostoffe. Gekocht als Kompott sind Birnen am besten verträglich.

Aprikosen weisen einen hohen Gehalt an Betacarotin auf, der Vorstufe des Vitamin A. Außerdem enthalten sie die B-Vitamine Niacin, Folsäure und Pantothensäure, Kieselsäure, Vitamin C und K sowie viele Mineralstoffe und Spurenelemente wie Kalium und Eisen. Sie fördern die Blutbildung. Aprikosen gibt es frisch im Sommer und getrocknet das restliche Jahr über. Achten Sie beim Einkauf darauf, dass die Trockenfrüchte ungeschwefelt sind. Als Saft zusammen mit Orangen fördern Aprikosen die Eisenaufnahme.

Süßkirschen sind das ideale Kinderobst. Die Mineralien Kalium, Calcium, Eisen, Magnesium und Kieselsäure fördern zusammen mit den Vitaminen A (Betacarotin), B1, B2, B3 und C den Aufbau von Knochen und Zähnen. Roh gegessen unterstützen sie außerdem das Nervensystem. Kirschsaft ist sehr wirksam bei Fieber.

Melonen. Die mit den Gurken verwandten Melonen haben einen hohen Wassergehalt. Das macht sie zum idealen Durstlöscher. Man unterscheidet Zuckermelonen (Charantais-, Galia-, Honig- und Netzmelonen) und Wassermelonen. Im Hochsommer ist Saison für Wassermelonen. Leicht, süß, fruchtig und voller Saft löschen sie sofort den Durst. Die besten Früchte sind prall und man erkennt sie am hohlen, tiefen Klang. Zuckermelonen enthalten besonders viel Vitamin C (zwei Drittel des täglichen Bedarfs) und Betacarotin sowie Calcium, Kalium, Magnesium, Eisen, Zink, Fluor und Jod.

Bananen sind reich an Ballaststoffen, Vitamin B6 (ein Drittel des Tagesbedarfs), natürlichem Fruchtzucker, Kalium, Magnesium (eine Banane täglich deckt den Magnesiumbedarf) und an Pektinen. Die Bananen sind krumm, weil sie sich dem Licht entgegenbiegen. Die kleinen kolumbianischen Bananen entwickeln ihren süßen Geschmack meist erst, wenn die gelbe Schale leicht braune Flecken aufweist. Bei Verdauungsproblemen und Blähungen helfen Bananen zwischen den Mahlzeiten.

Zitronen, Orangen und Mandarinen. Zitrusfrüchte enthalten neben Betacarotin viel Vitamin C und E, B-Vitamine, Folsäure, reichlich Kalium, Magnesium, Calcium und Eisen. Vor allem Zitronensaft ist wirksam bei Infektionen. Die abgeriebene Schale von ungespritzten Orangen und Zitronen eignet sich mit Zucker vermischt als Gewürz für Saucen, Quark- und Mehlspeisen. Hervorragend auch in einer selbst gemachten Limonade.

Erdbeeren gehören zu den sehr empfindlichen, leicht verderblichen Obstsorten. Sie fangen schon nach wenigen Tagen zu schimmeln an. Damit dies bei längerem Transport nicht geschieht, werden Erdbeeren mit Pestiziden behandelt. Deswegen weisen Erdbeeren aus fernen Ländern (vor allem Früh-Erdbeeren) häufig einen höheren Anteil an Pflanzenschutzmittelrückständen auf als einheimische. Erdbeeren sollte man erst kaufen, wenn sie bei uns reif sind. Die Königin der Beerenobstsorten enthält viele Vitamine, vor allem Vitamin C. An Mineralstoffen haben Erdbeeren Kalium, Magnesium, Zink, Mangan und Kupfer zu bieten. Zudem enthalten sie Carotinoide, Gerb- und Farbstoffe mit wertvollen Polyphenolen, einem sekundären Pflanzenstoff, der die Gesundheit der Kinder schützt. Durch das in Erdbeeren enthaltene Histamin reagieren manche Kinder allergisch auf Erdbeeren.

Holunder. Wenn im Juni der Holunder oder Holler blüht, sollte man die weißen, duftenden Blütendolden mit dem Stiel sammeln. Der Name stammt von der germanischen Göttin Holda, die im Hollerbusch lebte und das Haus beschützte – in der Gestalt von Frau Holle kommt sie im Märchen vor. Aus den Holunderblüten lässt sich ein köstlicher Holundersirup herstellen, den die Kinder mit viel Mineralwasser und etwas Zitronensaft verdünnt besonders gerne trinken. Als »Fliedertee« wirken die Blüten fiebersenkend. Die Früchte dürfen nur ganz reif, richtig schwarz gepflückt und müssen gekocht werden. Rohe Früchte sind giftig! Holunderbeeren haben einen hohen Selengehalt. Holundersaft ist reich an Vitamin A, B und C und wirkt gut gegen Erkältungen.

Süßungsmittel

Ahornsirup, das älteste Süßungsmittel Nordamerikas, ist der durch schonendes Erhitzen eingedickte Saft des vorzugsweise wild wachsenden Ahornbaumes. Der vollwertige Ahornsirup liefert Mineralstoffe, Eiweiß und organische Säuren. Er hat wie Agavendicksaft eine starke Süßkraft (heller Ahornsirup ist mildsüß, dunkler ist kräftiger im Geschmack, beide Sorten eignen sich zum Aromatisieren von Joghurt, Quark, Müsli, Pfannkuchen, Waffeln, Nachspeisen oder Getränken).

Honig enthält neben verschiedenen Zuckerarten (Traubenzucker und Fruchtzucker, die den Körper schnell mit Energie versorgen) und Wasser aromatische Substanzen, Aminosäuren und organische Säuren, Enzyme, Fermente, Hormone, Mineralstoffe und Spurenelemente. Beim Erhitzen über 40° gehen diese Inhaltsstoffe teils verloren. Es gibt verschiedene Sorten des »göttlichen Nektars«, wie Kleehonig, Lavendelhonig, Lindenblüten-, Löwenzahn- oder Orangenblütenhonig. Wenn ein Bienenvolk sich einmal für eine Pflanze entschieden hat, sammelt es immer wieder den gleichen Nektar. Trotz aller Vorzüge sollte man Honig wohl dosiert anwenden: Zu viel Honig verursacht wegen seiner klebrigen Konsistenz ebenso Karies wie

Haushaltszucker. Als Heilmittel dient er, um Bakterien zu töten, um zu beruhigen sowie bei Bronchialerkrankungen.

Rohrohrzucker. Dieses hellbraune feinkörnige Granulat enthält im Gegensatz zu braunem raffiniertem Zucker (der nur mit Melasse braun gefärbt wurde) und Haushaltszucker noch Mineralstoffe, Spurenelemente, hitzeunempfindliche Vitamine und Aminosäuren. Er besteht aus dem getrockneten Pflanzensaft des Zuckerrohrs. Vollrohrzucker wird genauso gewonnen, nur ist er dunkler und schmeckt leicht nach Karamell. Rohrohrzucker lässt sich im Mixer oder Blitzhacker (notfalls in der Kaffeemühle) fein zu (braunem) Puderzucker zerkleinern und eignet sich so als Streuzucker. Er sollte aber stets frisch zubereitet und trocken aufbewahrt werden, da er leicht Feuchtigkeit zieht und dann Klumpen bilden kann.

Nüsse, Ölsaaten und Öle

Haselnüsse. Hochwertige Haselnüsse werden meist leicht geröstet, damit sie länger haltbar sind. Sie kommen aus der Türkei, aus Spanien und Italien. Haselnüsse werden für Nougat verwendet und für Haselnusskrokant. Vorsicht Allergiegefahr! Für Nussallergiker eignen sich Pistazien.

Mandeln/Mandelmus sind ein guter Eisenlieferant: 4,1 mg pro 100 g. Die besten sind die kalifornischen Süßmandeln. Sie sind entweder ganz oder gestiftelt, gehackt oder als Mandelblättchen erhältlich. Mahlen Sie die Nüsse am besten selbst. 3–4 Mandeln täglich fördern die Gehirnleistung und stärken das Immunsystem.

Weißes Mandelmus wird aus geschälten süßen Mandeln hergestellt. Es enthält hochwertiges pflanzliches Eiweiß und reichlich Calcium. Gut geeignet als Brotaufstrich und als Zusatz fürs Müsli. Für Kinder, die keine Milch vertragen, lässt sich daraus Mandelmilch zubereiten.

Ölsaaten. Ölsaaten sind Körner, aus denen man Öl gewinnen kann, wie z. B. Kürbiskerne, Sesam, Leinsamen, Sonnenblumenkerne.

Sesam gilt als wichtiger Calciumspender. Zudem enthalten die Samen Vitamin A, C, sowie B-Vitamine. Am besten schmecken sie ohne Fett geröstet oder als Panade mit Semmelbröseln gemischt. Man kann die Körner aber auch einfach aufs Butterbrot streuen oder als Würze von Salat und Gemüse verwenden.

Öle. Mehrfach ungesättigte Fette und Öle gehören mit zu den wichtigsten Bestandteilen in der Nahrung. Die Vitamine A, D, E und K sind fettlöslich und können vom Körper nur in Kombination mit Ölen aufgenommen werden. Als wichtigste Fettsäure gilt die Linolsäure. Sie steckt in den meisten Pflanzenölen. Die besten Öle zum Braten sind Sonnenblumenöl und Traubenkernöl. Kaltgepresstes Olivenöl sollte man nicht zu stark erhitzen. Distelöl, Maiskeimöl und Sojaöl sind gute Alternativen für den Salat. Verwenden Sie stets nur die beste Qualität.

Salz

Normales Kochsalz (Natriumchlorid) ist meist ein Steinsalz aus unterirdischen Steinlagern. Ur-Salz bzw. Kristallsalz ist nichts anderes als zermahlenes Steinsalz. Je nachdem, wo das Salz abgebaut oder gewonnen wird, schmeckt es verschieden. Jodsalz ist mit Jod angereichertes Steinsalz, das im Jodmangelgebiet Mitteleuropa vorbeugend angeboten wird. Es enthält mindestens 15, höchstens 25 mg Jod pro kg Salz. Fluorsalz ist jodiertes Speisesalz mit Fluorzusatz (max. 250 mg Kaliumfluorid werden pro kg Salz angereichert). Die Vorbeugung mit Fluorsalz gegen Karies ist umstritten. Meersalz wird aus reinem Meerwasser durch natürliche Verdunstung gewonnen. Dieses ideale Salz für Kinder liefert Salz in seiner ursprünglichen Form. Der natürliche Jodgehalt ist etwas höher als beim jodierten Kochsalz.

Auch Kräutersalz (aus dem Reformhaus) ist empfehlenswert. Beide Salzarten wirken auf den Mineralstoffhaushalt besser als das reine Speisesalz.

Gomasio heißt ein Sesam-Salz-Gewürz aus geröstetem Sesam und Meersalz, das zusätzlich Calcium liefert und Speisen einen leicht nussigen Geschmack verleiht.

Ernährung und Immunsystem

Durch gesunde Ernährung wird das Immunsystem der Kinder gestärkt und positiv beeinflusst. Das heißt, jede einzelne Zelle wird mit allen lebensnotwendigen Nährstoffen versorgt, damit sie sich so organisiert, dass sie ihre genetisch festgelegten Aufgaben erledigen kann. Wichtig dabei ist, dass die Nahrung gut verdaut wird und dass die einzelnen Nahrungsbausteine und Mineralstoffe aus dem Essen richtig herausgelöst und in die Blut- und Lymphbahn transportiert werden. Der chemische Vorgang, der sich dabei abspielt, ist unglaublich kompliziert. Jedes Nahrungsmittel besteht aus Millionen einzelner Bausteine und jeder Nahrungsbaustein wird von unzähligen Immunzellen kontrolliert, die im ganzen Körper, in allen Organen, im Blut und in den Lymphbahnen die Körperpolizei darstellen. Bei der Abwehr von Schadstoffen bilden die weißen Blutkörperchen (Lymphozyten) Antikörper gegen die eindringenden Bakterien, Viren und Umweltgifte. Millionen von Immunzellen gehen dann zugrunde und werden wieder neu gebildet.

Störung des Immunsystems

Kinder aus erblich vorbelasteten Familien mit der Veranlagung zu Allergien (z.B. Heuschnupfen, Asthma bronchiale, Neurodermitis) weisen oft Unverträglichkeitsreaktionen gegen Nahrungsmittel (oder deren künstliche Zusätze) auf. Eine Nahrungsmittelunverträglichkeit zum Beispiel gegen Nüsse entsteht, wenn Nahrungsproteine die körpereigenen Abwehrzellen in Bewegung setzen. Die Immunzellen machen sich auf den Weg, um die Eindringlinge zu bekämpfen. Das so gereizte Immunsystem reagiert überschießend und bildet so genannte Immunglobuline. Diese Antikörper entfachen einen heftigen Kampf gegen das Fremdeiweiß. Wenn das Immunsystem außer Kontrolle geraten ist, rötet sich die Haut, schwillt an und juckt, oder die Augen tränen und die Nase läuft. Erst wenn der letzte Rest des unverträglichen Nahrungsmittels ausgeschieden ist, klingt die Überreaktion des Immunsystems ab. Andere Alarmzeichen einer Immunschwäche können sich auch zeigen durch Müdigkeit, verminderte Leistungskraft, Unruhe, Kopfschmerzen, Heißhunger, Blähungen, Verdauungsbeschwerden. Der Zusammenhang zwischen Ernährung und Krankheiten ist nicht immer klar, weil Immunreaktionen schleichend und versteckt ablaufen. Falsche Ernährung macht krank, allergenarme Ernährung wirkt dann wie eine Therapie. Das Immunsystem wird überfordert, wenn es zwischen allergieauslösenden Nahrungsmitteln und wirklichen Schadstoffen unterscheiden soll. Dann kann das Immunsystem falsche Entscheidungen treffen und lebensnotwendige Nahrungsmittel angreifen, die der kindliche Körper braucht. Hat sich eine Nahrungsallergie erst gebildet, wird mit jedem Essen des schädlichen Nahrungsmittels das Immunsystem erneut überfordert und die so geschwächten Kinder werden anfällig für Krankheiten.

Ernährungsempfehlungen für Kinder mit angegriffenem Immunsystem

Immer mehr Kinder reagieren allergisch. Wer Probleme mit Allergien hat, sollte Produkte mit chemischen Zusätzen, mit Farb- und Konservierungsstoffen weglassen. Zuckerersatzstoffe, die oft in kalorienreduzierten Light-Produkten verwendet werden, sind unnatürliche chemische Stoffe, die das Nervensystem schädigen können. Der übermäßige Genuss von Süßigkeiten und denaturierten Kohlenhydraten fördert Überaktivität und Verhaltensstörungen bei Kindern.

Das Gleiche gilt für Phosphate, die in Nahrungsmitteln wie Würstchen, Hamburgern, Käsescheibletten, Schmelzkäse, Instantsuppen und -saucen sowie in Fertiggerichten und Cola-Getränken zu finden sind.

Fertigprodukte und Konserven sollten wegen der praktisch immer enthaltenen Zusatzstoffe und Konservierungsmittel nicht verwendet werden. Es empfiehlt sich, die Zutatenliste auf den Verpackungen immer genau zu lesen, damit klar ist, welche Bestandteile ein Produkt enthält (beispielsweise enthalten viele Lebensmittel Allergie auslösende Erdnussbestandteile oder Milchzucker).

Wichtig ist Nahrungsmittelgifte zu meiden, die das Immunsystem schwächen, wie z. B. Acrylamid, Benzpyrene oder Schimmelgifte. Werden Speisen auf sehr hohe Temperaturen erhitzt, entstehen Acrylamid und Benzpyrene. Dies kann in Toastern, im Mikrowellenherd oder im über 220° erhitzten Backofengrill mit Heizdrähten passieren, wenn zwischen den Speisen und der Wärmequelle keine Abschirmung vorhanden ist. Werfen Sie zu stark angebräunte Speisen weg.

Bereiten Sie das Frühstücksmüsli Ihres Kindes selbst zu und geben Sie ihm keine fertigen Flockenmischungen (Schimmelpilzgefahr). Verwenden Sie Honig oder Rohrohrzucker statt weißem Haushaltszucker. Für Kinder mit geschädigtem Immunsystem empfiehlt es sich sogar, das Brot selbst zu backen und daraus auch Semmelbrösel herzustellen.

Selbst zubereitetem Joghurt fügen Sie Honig oder frisch geschnittenes Obst hinzu oder geben Sie Ihrem Kind zum Frühstück gelegentlich ein weich gekochtes Ei, ein Glas Milch sowie frisch gepressten Obstsaft. Kochen Sie am besten alles selbst, einschließlich der Saucen, und verwenden insbesondere keine Fertigsaucen oder Brühen, die Geschmacksverstärker enthalten. Zwei bis drei Gemüsearten in Kombination sind für das Mittagessen ideal.

Bewährte Hausmittel für Kinder

Mit einfachen Zubereitungen aus der Küche kann man viele Beschwerden selbst behandeln. Diese Heilmittel sind sanft, wirkungsvoll, preiswert und ohne Nebenwirkungen.

Brustwickel mit Quark bei Husten und Bronchitis. Windel auf Brustkorbbreite vorfalten, ein Teil aufklappen, Quark (bei Zimmertemperatur) messerrückendick daraufstreichen, Teil wieder zuklappen. Dann um den Brustkorb des Kindes legen, so dass eine Windelschicht zwischen Brustkorb und Quark ist und unten zu ist. (Es geht auch mit einer 10 mal 10 cm großen Kompresse, in die man den Quark hineinstreicht.) Dann ein vorgewärmtes Handtuch darumwickeln. Dauer: über Nacht. Beim Quarkwickel muss der Quark am nächsten Morgen bröselig-trocken und das Handtuch außen feucht bis nass sein. (Keine Angst, Ihr Kind liegt nicht im Nassen!)

Brustwickel mit Öl und Lavendel bei Husten. 1 EL Olivenöl mit 2–3 Tropfen Lavendelöl vermischen, die Brust des Kindes damit einreiben und ein angewärmtes Handtuch darüber legen. Dauer: über Nacht.

Brustwickel mit Zitrone bei Bronchitis. 1 EL frisch gepressten Zitronensaft auf eine vorgewärmte Windel träufeln und um den Brustkorb des Kindes legen. Dauer: 1 Stunde. Der Zitronenwickel wirkt leicht hautreizend. Den Wickel bei Hautrötung bereits nach 5–10 Minuten abnehmen.

Zwiebelsäckchen bei Ohrenentzündung. 10 cm Schlauchverband von der Rolle abschneiden. Mit einem Bindfaden einseitig zubinden. ½ Zwiebel klein schneiden und in den Schlauchverband füllen. Dann mit einem zweiten Bindfaden verschließen (praktisch sind auch Mullfingerlinge). Das Zwiebelsäckchen über Wasserdampf leicht erwärmen (entweder auf einem umgedrehten Kochtopfdeckel oder im geöffneten Wasserkocher in ein Sieb legen). Das warme Zwiebelsäckchen in ein Taschentuch oder in Heilwolle einwickeln und auf das Ohr legen und mit einer Windel oder einem Baumwoll-Stirnband fixieren. Dauer: 1 Stunde. Der Zwiebelwickel wirkt stark schmerzlindernd – so lässt sich die Zeit bis zum Arztbesuch leichter überbrücken.

Teemischung bei schwerem Husten. 10 g Thymian, 10 g Huflattich und 20 g Fenchel (oder Anissamen), 10 g Spitzwegerich, dazu evtl. 10 g ägyptischer Schwarzkümmelsamen und 2 EL getrocknete Holunderbeeren oder Quittenkerne. 1 TL der Teemischung in eine kleine Teekanne geben, mit ½ l sprudelnd kochendem Wasser übergießen, etwa 10 Minuten ziehen lassen, danach abseihen, mit 1 EL Fichtennadelhonig süßen.

Teemischung bei Blähungen. 100 g Fenchelsamen, 15 g Anissamen, 5 g Kümmel, 5 g Korianderkörner – leicht angequetscht –, dazu evtl. 30 g Süßholz. 1 TL der Teemischung in eine kleine Teekanne geben, mit ½ l sprudelnd kochendem Wasser übergießen, etwa 10 Minuten ziehen lassen, danach abseihen.

Kamillentee. Bei sonnigem Wetter werden von Mai bis August Kamillenblüten gesammelt. Sie sollten einige Tage, bevor sie aufblühen, gepflückt werden. Anschließend werden sie im Schatten getrocknet.
1 gehäufter TL Kamillenblüten mit ½ l sprudelnd kochendem Wasser überbrühen und kurz ziehen lassen. Hilft bei Bauchschmerzen, Entzündungen und Erkältungen.

Ringelblumensalbe. 2 mal 2 übervolle Hände geschnittene Ringelblumen (Blätter, Blüte, Stiel), 500 g Schweinefett vom Metzger. Das Fett wird erhitzt. In das geschmolzene Fett die Ringelblumen geben. Mehrmals umrühren. Die Masse vom Herd nehmen und erkalten lassen. Zugedeckt über Nacht stehen lassen. Am folgenden Tag die Masse wieder leicht erwärmen und durch ein Leinentuch filtern. Auf Wunden aufgetragen beschleunigt die Salbe die Heilung.

Insektenstich. Eine Zwiebel quer durchschneiden und über der Einstichstelle verreiben.

Sonnenbrand. Den Saft einer geschälten, roh geriebenen Kartoffel mit 1 EL Olivenöl mischen und auf den Sonnenbrand auftragen. Im Notfall kann man auch Kartoffelscheiben auflegen.

Ernährung bei verschiedenen Beschwerden

Häufig ist kleinen gesundheitlichen Verstimmungen durch die richtige Ernährung besser beizukommen als mit Arzneimitteln. Diese Anregungen sind jedoch kein Ersatz für den Arztbesuch bei Krankheiten.

Durchfall. Leicht gesalzenes Reiswasser, Reisschleim (2 EL gemahlenen Reis in 300 ml Wasser 15 Minuten köcheln lassen), auf der Glasreibe geriebener Boskopapfel, geriebener Zwieback, Haferflockenschleim, Karottensuppe. Als Getränke Heidelbeertee, dünner schwarzer Tee, Rooibos-Tee (2 Minuten ziehen lassen), jeweils mit etwas Traubenzucker.

Verstopfung. Haferflockenbrei, z. B. mit geraspeltem Gemüse, Sahne, Butter bzw. Öl verfeinert. Haferflocken lösen die Verstopfung. Keine Milch geben, da Milch in Kombination mit Getreide schwer verdaulich ist! Stattdessen Wasser, Kräutertee, Kakaoschalentee. Kakao mit Milch verursacht Verstopfung, Kakao mit Wasser kann stuhlgangfördernd wirken.

Schnupfen. Bei Appetitstörungen sollten Sie lieber zwei als drei Mahlzeiten geben, bis sich der gesunde Appetit wieder einstellt: keine schwere Kost, wenig Eiweiß, wenig Getreideprodukte und Teigwaren bei starker Verschleimung, ausgenommen Reis und Graupen. Dem Kind ausreichend Flüssigkeit in Form von Suppen, Kräutertees, Brottrunk geben, damit der kleine Körper die Giftstoffe besser ausscheiden kann. Bewährt hat sich ein Haferflockengetränk: Dazu ¼ l Wasser mit 1 EL Haferflocken in einem kleinen Topf kalt aufsetzen und bei schwacher Hitze zum Kochen bringen. 1 Min. aufkochen und mit 1 Prise Salz würzen. Das Ganze fein mixen, nach Belieben mit etwas Honig süßen und das Haferflockengetränk warm trinken. Gut ist auch ein Tee aus Holunder- oder Lindenblüten. Keine Sauermilchprodukte geben (übermäßig viele Milchprodukte können die Infektanfälligkeit erhöhen)!

Infektionskrankheiten. Geriebener Apfel unterstützt den Heilungsprozess bei Entzündungen. Die Biostoffe sind wirksam gegen Bakterien- und Vireninfektionen. Der Verzehr von weichen, rohen Birnen dient zur Reinigung der Schleimhäute. Apfelschalentee (10 Minuten ziehen lassen) hilft bei Erkältung, Fieber und Bronchitis.

Fencheltee ist ein altes Hausmittel, er löst den Hustenschleim. Dazu 1 TL Fenchelsamen mit 1 l Wasser aufsetzen. Kurz vor dem Siedepunkt von der Herdplatte wegziehen und 2–3 Minuten ziehen lassen, danach abseihen. Gegen grippalen Infekt hilft Heiße Zitrone abends getrunken: ½ l Wasser mit 1 Streifen Zitronenschale (unbehandelt) 15–20 Minuten sprudelnd kochen. 1 EL Traubenzucker, den Saft einer frisch gepressten Zitrone dazurühren und heiß trinken. Der Traubenzucker setzt eine Verbrennung im Körper in Gang und die Zitrone bringt das nötige Vitamin C.

Praktische Hinweise zu den Rezepten

Unentbehrliche Helfer

Rohes Gemüse lässt sich blitzschnell klein schneiden mit einem Gemüsehobel (Börner) mit verschiedenen Einsätzen oder auf einer Rohkostreibe. Je feiner es geraspelt wird, umso kürzer sind die Garzeiten. Statt einer Rohkostreibe kann auch der Durchlaufschnitzler einer Küchenmaschine (z. B. Kartoffeln für Kartoffelpuffer) eingesetzt werden. Um Suppen zu pürieren, ist ein Pürierstab (besser noch ein Zauberstab) unentbehrlich. Eine flotte Lotte eignet sich ebenso zum Passieren von gegartem Gemüse wie für Rahmsuppen oder für Apfelmus. Mit dem Mixer kann man gut Rohrohrzucker in Puderzucker verwandeln oder Milchmixgetränke herstellen.

Mit dem Spätzlehobel sind selbst gemachte Spätzle im Nu fertig. Das Spätzlegeschirr sollte vor der Arbeit in kaltes Wasser gelegt werden und sofort nach Gebrauch gereinigt werden (das gilt im Übrigen für alle Geräte). Käse lässt sich besser aufreiben, wenn Sie die Reibe vorher mit Öl einpinseln. Für Salat empfiehlt sich eine Salatschleuder, damit die Salatsauce nicht zu wässrig wird, und ein Schüttelbecher (Dressing Shaker) für das Dressing.

Als Kochgeschirr ideal ist ein emaillierter Topf. Die Kasserolle von Le Creuset erhält am besten den Geschmack von Gemüse. Für Bratkartoffeln, Pfannkuchen und Crêpes eignet sich eine Eisenpfanne. Gemüse (z. B. Brokkoli) lässt sich schonend in einem Dämpfeinsatz dünsten. Für Vollwertkost mit frisch gemahlenem Getreide wäre die Anschaffung einer Getreidemühle sinnvoll. Ein Blitzhacker leistet gute Dienste, wenn es ums Zerkleinern von Sonnenblumenkernen, von Nüssen oder von Kräutern geht. Ein Apfelteiler ist genial einfach und besonders wichtig für die Pausenmahlzeit: 10 gleiche Stücke und Entfernen des Kerngehäuses mit nur einem Schnitt (am besten von Westmark). Karotten und Gurken lassen sich besonders schnell schälen mit einem Sparschäler, bei dem die

Klinge quer zum Griff angebracht ist. Andere Modelle (auch für Linkshänder) eignen sich eher für Kartoffeln und Obst. Ein Eierschneider ist ebenso hilfreich beim Aufschneiden von Pilzen. Mit einem Mörser kann man gut ungeschälten Knoblauch anquetschen, Kardamom zerstoßen (Hülsen entfernen) oder andere Gewürze reiben.

Vorratsküche

Am besten kochen Sie das Essen frisch. Falls Sie in der Gemüsesaison Gemüse einfrieren wollen, sollten die Portionen sofort schockgefroren werden, damit keine Vitamine verloren gehen und sich Keime vermehren können. Kartoffeln werden immer frisch zubereitet. Für Bratkartoffeln kann man sie einen Tag vorher kochen.

Einige haltbare Grundnahrungsmittel sollten immer vorrätig sein: Kartoffeln, Nudeln, Reis, Mehl, Öl, Zwiebeln, Senf, Salz, am besten frische Kräuter, Tomatenmark, pürierte Tomaten, Getreideflocken, Marmelade, Honig, Nüsse, Butter. Es reicht, wenn Sie einmal wöchentlich Eier, Käse, Joghurt, Quark, Frischkäse, Sahne oder Sauerrahm einkaufen. Was Sie stets frisch kaufen sollten, ist Gemüse, Salat, Obst, Milch, Brot, Fleisch und Fisch. Lassen Sie sich doch das Obst und Gemüse der Saison als Bio-Kiste ins Haus kommen. Das spart Zeit beim Einkaufen.

Küchen-Einmaleins: Maße und Abkürzungen

EL	= Esslöffel, leicht gehäuft, wenn nicht anders angegeben, bei Butter und Öl gestrichen
TL	= Teelöffel, leicht gehäuft, wenn nicht anders angegeben, bei Butter und Öl gestrichen
g	= Gramm
kg	= Kilogramm
ml	= Milliliter

l	= Liter
Prise	= das ist so viel, wie zwischen Daumen und Zeigefinger passt
Msp.	= 1 Messerspitze ist die Menge, die auf die Spitze des Messers passt (2–3 Prisen)
°	= Grad (Celsius)
1 Spritzer	= 3–5 Tropfen Zitronensaft
1 Schuss	= in etwa ½ Schnapsgläschen (z. B. Essig, beim Abschmecken die Flasche mit Daumen auf der Öffnung kurz kippen)
1 Gläschen	= 1 Schnapsglas = 2 cl = 20 ml
1 Glas	= 100–125 ml = 1/10–1/8 l
1 Schöpflöffel	= 100–125 ml = 1/10–1/8 l
1 Tasse	= 125–150 ml = 1/8–3/5 l

Für kleine Maße und wenn es schnell gehen muss, löffeln Sie am besten die Zutaten – das erspart aufwändiges Wiegen.

Elektroherd	Umluftherd	Gasherd*
150°	140°	Stufe 1
175°	160°	Stufe 2
200°	180°	Stufe 3
225°	200°	Stufe 4
250°	220°	Stufe 5

* Die Temperaturstufen bei Gasherden variieren von Hersteller zu Hersteller. Entnehmen Sie die entsprechende Stufe der Gebrauchsanleitung.

Mengenangaben

Wenn nicht eigens vermerkt, sind die Rezepte für 4 Personen gedacht. Kleine Kindergartenkinder brauchen im Allgemeinen nur eine halbe Portion, während Schulkinder meist genauso viel essen wie Erwachsene.

Lebensmittel in g	1 TL gestrichen	1 EL gestrichen	1 EL gehäuft
Wasser, Sahne, Milch	5	15	
Öl	4	10	
Quark, Sauerrahm,	10	20	30
Crème fraîche, Butter	6	15	25
Mehl, Stärkemehl	3	10	15
Kakao, Backpulver	3	5	8
Salz	4	10	20
Zucker	5	15	25
Grieß	5	10	20
Haferflocken, Semmelbrösel	3	6	10
Reis	4	10	15
Käse, gerieben	3	5	8
Nüsse, gerieben	3	8	16
Konfitüre	17	30	50
Honig	7	15	20

1 TL ist weniger als die Hälfte von 1 EL

Rezepte

Frühstück und Pausenbrot	82
Brot, Fladen, Pizza, Quiche	90
Suppen und Eintöpfe	100
Kartoffelgerichte	114
Gemüse und Salate	128
Spätzle, Nudeln, Reis	142
Saucen	158
Fleisch- und Fischgerichte	164
Fast food als Slow food	176
Eier- und Mehlspeisen	184
Milchspeisen	196
Obstdessert	206
Kuchen	214
Durststillende und energiereiche Getränke	230
Kindergartenbüffet, Schulfrühstück, Kindergartenfest, Kindergeburtstag	242

FRÜHSTÜCK

Ein gesundes Frühstück bringt einen kraftvollen Spurt in den Tag. Sorgen Sie dafür, dass Ihr Kind vor dem Kindergarten oder der Schule nie ganz ohne Frühstück aus dem Haus geht. Kinder, die frühmorgens ohne Frühstück zur Schule hasten, sind oft müde und ohne Energie.

Neben Milchprodukten und ab und zu einem weich gekochten Frühstücksei sollte immer frisches Obst auf dem Tisch stehen.

Die nötigen B-Vitamine für Gehirn und Nerven bekommen die Kinder durch ein kerniges Vollkornbrot und Getreideflocken im Müsli. Auch eine Getreide-Obst-Mischung bringt den kindlichen Körper auf Trab. Sie fördert gründliches Kauen und hält besonders lange vor.

Bei Kindern, die nach dem Aufstehen keinen Bissen herunterbringen, bietet sich eine Tasse Milch, Kakao oder ein Milchmix-Drink an, in dem Obst und die »lernstarken« Weizenkeime versteckt sind, oder ein frisch gepresster Fruchtsaft als Muntermacher.

Herzhaftes Mini-Müsli

3–4 EL Haferflocken, Groß- oder Kleinblatt
1 TL gehackte Mandeln
⅛ l Milch
3 EL Naturjoghurt
½ TL Ahornsirup
evtl. Obst der Saison, z. B. Blaubeeren, Himbeeren

Haferflocken und Mandeln in eine Schüssel geben. So viel Milch dazu gießen, dass die Haferflocken bedeckt sind, und etwa 30 Min. durchziehen lassen. Joghurt und Ahornsirup unterrühren. Nach Belieben mit Obst der Saison vermischen.
Für 1 Kind

Frühstücksmüsli

Das Frühstücksmüsli hält lange vor und das Kind hat nicht gleich wieder Hunger. Haferflocken sind wahre Muntermacher mit hohem Mineralstoffgehalt und reichlich B-Vitaminen.

8 EL Haferflocken, Kleinblatt
1 TL Sesam
¼ l Milch
1 roter Äpfel
½ Orange (wahlweise Zitrone), frisch gepresst
1 Msp. Bourbon-Vanille
Zimtzucker
1 EL Ahornsirup
3 EL flüssige Sahne

Haferflocken und Sesam in eine Schüssel geben. So viel Milch dazugießen, dass die Haferflocken bedeckt sind und etwa 30 Min. durchziehen lassen. Dann den Apfel mit der Schale dazureiben und mit dem frisch gepressten Orangen- oder Zitronensaft übergießen. Bourbon-Vanille, etwas Zimtzucker, Ahornsirup und Sahne unterrühren.
Für 2 Kinder

Nussige Knusperflocken für Joghurt

300 g Vierflockenmischung oder Haferflocken
50 g Haselnüsse
50 g Sonnenblumenkerne
50 g Kürbiskerne
3 EL Honig
3 EL Sesamöl

Backofen auf 180° vorheizen.
Vierflockenmischung oder Haferflocken und Haselnüsse, Sonnenblumen- und Kürbiskerne vermischen. Honig mit 3 EL warmem Wasser und dem Sesamöl verrühren, dann mit Haferflocken und Nüssen mischen.
Alles auf ein rechteckiges Blech mit Backpapier streuen und im vorgeheizten Backofen etwa 20 Min. goldgelb rösten. Das Ganze ab und zu wenden.
Das abgekühlte Müsli in ein Schraubglas geben und jeweils 3 EL pro Portion zu 150 g Naturjoghurt geben.
Tipp: Die Menge der nussigen Knusperflocken reicht als Vorrat für das tägliche Frühstück von 2 Kindern etwa eine Woche lang. Nach Belieben können die Nüsse und Kerne auch im Blitzhacker zerkleinert werden. Statt Haselnüsse eignen sich auch abgezogene Mandeln (1 Min. in kochend heißem Wasser ziehen lassen, dann lassen sie sich leichter schälen).

Honigbrötchen

1 EL Honig mit 1 EL Frischkäse oder Quark vermischen. Ein halbiertes Vollkornbrötchen mit Butter und dünn mit Honig-Quark bestreichen. Mit gehackten Walnüssen bestreuen.
Nicht zu süße Sorten sind: Löwenzahnhonig, Kleehonig, griechischer Honig der Erikaheide oder Lindenblütenhonig.

Variante: Honigcreme
250 g Blütenhonig unter ständigem Rühren langsam erwärmen, bis sich ein Schaum bildet. Diesen abschöpfen und 50 g

Kastanienmehl, 2 TL Kakao und ½ TL Zimt einrühren. Heiß in ein mit kochendem Wasser ausgespültes Schraubglas füllen, nach Belieben 50 g gehackte Mandeln, Haselnüsse, Walnüsse und Trockenfrüchte hinzufügen, auskühlen lassen und als Brotaufstrich verwenden. Diese Honigmischung schmeckt ähnlich wie Nussnougatcreme.

Milchmix-Drink

1 EL blütenzarte Haferflocken
¼ l Milch
1 Handvoll Beeren, frisch oder tiefgekühlt
1 TL Honig

Alles in den Mixer füllen und fein pürieren. Milchmix-Drink in zwei kleine Gläser füllen.
Für 2 Kinder

Morgensonne

Die Kombination mit Orangensaft verbessert die Aufnahme von Eisen aus den Haferflocken.

1 Orange
4 Aprikosen oder 1 Mango
50–100 ml Wasser
1 EL blütenzarte Haferflocken
1 EL Sahne

Orange halbieren und entsaften. Aprikosen halbieren und entkernen bzw. Mango schälen, das Fruchtfleisch vom Kern lösen und in Stücke schneiden. Das Fruchtfleisch im Mixer mit dem Orangensaft und den restlichen Zutaten fein pürieren. Morgensonne in zwei kleine Gläser füllen.
Für 2 Kinder

PAUSENBROT

Wenn Ihr Kind ausreichend gefrühstückt hat, kann das Pausenbrot klein sein. Oft reicht es aus, wenn es nur mundgerecht vorbereitete Äpfel (Apfelschnitze mit dem Apfelteiler geteilt), Knabbergemüse wie Karotten, Gurkenscheiben oder kleine Cocktailtomaten in einer bunten Brotbox mitnimmt. Bananen und Mandarinen, die sich leicht abschälen lassen, oder Aprikosen sind auch gut geeignet.

Zum Trinken geben Sie am besten Mineralwasser mit, ab und zu aromatisiert mit ein paar Tropfen Holunderblütensirup und Zitrone oder vielleicht mal eine Apfelsaftschorle. Zur Abwechslung auch Roiboos-Tee mit ein paar Tropfen frisch gepresstem Orangensaft oder Früchtetee.

Hat Ihr Kind zu wenig Zeit zum Frühstücken oder keinen Hunger, dann sollte das Pausenbrot entsprechend größer sein, z. B. Vollkornbrot mit Butter und einem eiweißreichen Belag.

Fragen Sie Ihr Kind, was es sich aufs Brot wünscht. Ein Tipp für Kinder, die Vollkornbrot ablehnen: Pausenbrot mixen, oben Weißbrot, unten dunkles Vollkornbrot oder ein Gemüse-Brot-Spieß. Der optische Eindruck wirkt bei Kindern oft appetitanregend.

Schinkenbrot

2 Scheiben Brot mit Butter schmieren, ½ TL Sesam darauf streuen und mit 1–2 Scheiben gekochtem Beinschinken belegen. 1 Stück Obst der Saison dazugeben (z. B. Apfelschnitze).
Varianten: 3–4 Scheiben Salami, 1–2 Scheiben Putenbrust, 1–2 Scheiben Butterkäse.

Liliputsemmel mit Mandelbutter

3 EL Mandelmus mit 125 g zimmerwarmer Butter verrühren. In Keramiktöpfchen füllen und kalt stellen. 1 EL der Masse entnehmen und eine halbierte Liliputsemmel (s. S. 92) damit bestreichen. 1 Stück Obst der Saison dazugeben (z. B. 1 Banane).

Vollkornbrötchen mit Frischkäsecreme

200 g Doppelrahm-Frischkäse mit 2–3 EL Sauerrahm verrühren. Nach Belieben kann man ein Drittel der Creme mit feingehackten Kräutern und 1 wachsweich gekochten Ei (feingehackt) und ein Drittel mit 1 TL Paprikapulver (edelsüß) würzen. 2–3 EL der Masse entnehmen und ein halbiertes Brötchen damit bestreichen. 1 Stück Obst der Saison dazugeben (z. B. 1 Mandarine).

Krustenbrot mit Tiroler Aufstrich

4 Scheiben Salami und 2 Scheiben rohen Schinken ganz fein hacken und mit 1 EL weicher Butter mischen, etwas gehackte Petersilie darunter mischen und 2 Scheiben Brot damit bestreichen. ½ TL Sesam darauf streuen.
1 Stück Obst oder Gemüse der Saison dazugeben (z. B. Melonenstücke oder 1 geschälte Karotte).

Gorgonzola-Frischkäse-Brot

2 Scheiben Brot mit Butter schmieren. 2 EL Frischkäse mit 1 TL Gorgonzola-Mascarpone (oder Blauschimmelkäse) und 1 EL Sahne mischen. Das Brötchen damit bestreichen. ½ TL gehackte Walnüsse darauf streuen. 1 Stück Obst der Saison dazugeben (z. B. Birnenschnitze).

Vollkornbrot mit Kräuterquark

2 Scheiben Brot mit Butter schmieren, ½ TL Sesam darauf streuen. 125 g Sahnequark, 2 EL Sahne, 1 EL lauwarmes Wasser, Salz mit 1 TL feingehackten gemischten Kräutern verrühren, 2–3 EL der Masse entnehmen und das Brot damit bestreichen.
1 Stück Gemüse der Saison dazugeben (z. B. 1 geschälte Petersilienwurzel).

Eierbrötchen

Vollkornbrötchen halbieren und mit Butter schmieren, ½ TL Sesam darauf streuen. 1 gekochtes Ei pellen und in Scheiben schneiden. 2 EL Doppelrahm-Frischkäse auf dem Brötchen verteilen und die Eierscheiben darauf legen. Mit Schnittlauchröllchen bestreuen.
Obst der Saison dazugeben (z. B. eine Hand voll Kirschen).

Tomatenbrot

2 Scheiben Brot mit Butter schmieren. ½ Tomate in feine Scheiben schneiden und aufs Butterbrot legen. Mit Schnittlauchröllchen oder gezupftem Basilikum bestreuen.
Obst der Saison dazugeben (z. B. Trauben).

Fruchtjoghurt / Fruchtquark

150 g Naturjoghurt in ein Schraubglas füllen. ½ Banane in Scheiben darüber schneiden, evtl. einige Tropfen Zitronensaft darüber träufeln, damit die Bananen nicht braun werden, und mit 1 TL Ahornsirup süßen. Statt Joghurt kann man auch 100 g Quark (Topfen) nehmen, mit 100 ml Milch und 1 TL Honig bzw. Sanddorn cremig gerührt. Es schmecken natürlich auch frische Beeren oder Obst der Saison in den Joghurt geschnibbelt.

Dazu *Studentenfutter* aus trocken gerösteten Haselnüssen, Mandeln, Cashewkernen und Rosinen extra mitgeben.

BROT, FLADEN, PIZZA, QUICHE

Unser täglich Brot ist für Kinder eines der wichtigsten Grundnahrungsmittel. Es schmeckt solo, mit süßen oder herzhaften Aufstrichen, als Beilage zum Stippen, verarbeitet zu Knödeln, Brösel, Suppen. Wenn Sie frisches Brot aus dem eigenen Backofen genießen wollen, werden Sie merken, dass die Herstellung weder kompliziert noch allzu zeitaufwändig ist. Wichtig für das Gelingen ist, dass der Teig richtig geht und alle Zutaten möglichst Zimmertemperatur haben. Zugluft verträgt ein Brotteig absolut nicht!

Schimmelpilze: Es handelt sich um Mikroorganismen, die bei Feuchtigkeit und Wärme gedeihen und bevorzugt Milchprodukte, Brot, Backwaren, Nüsse, Trockenfrüchte, Erdnussbutter, Obst und Gemüse befallen. Lebensmittel sollten stets kühl und trocken gelagert und nicht länger als ein halbes Jahr aufbewahrt werden. Angeschimmelte Lebensmittel müssen weggeworfen werden, da der Schimmelpilz – zunächst noch unsichtbar – schon das ganze Produkt durchzieht. Die Giftstoffe können Nervensystem und Organe schädigen. Am besten hält sich frisches Brot in einem Brotkasten oder einem Keramiktopf in Brotseide verpackt. Ein Würfelzucker dazugelegt verhindert Schimmelbildung und hält das Brot länger frisch. Brotreste und Krümel alle zwei bis drei Tage entfernen. Alle zwei Wochen mit Essig oder Essigessenz reinigen und gut trocknen. Verpacktes Brot hält sich in der Originalverpackung am längsten.

Dinkelbrot

Das ist ein wunderbares Brot, so wie es früher in Bauernfamilien zu Hause gebacken wurde. Es braucht etwas Zeit, aber der Aufwand lohnt sich. Die Teigmenge ergibt 2 Brote, die man auf ein Blech legen kann, außerdem 6 Liliputsemmeln oder 2 Dünne. Die Garzeit lässt sich durch das Klopfen auf den Brotboden testen. Der Ton sollte hell und hohl sein, wenn das Brot durchgebacken ist. Nicht benötigte Laibe lassen sich auch gut tiefkühlen. Hier eine Version mit dem hochwertigen Dinkel. Nimmt man nur helles Dinkelmehl, benötigt man 100 ml weniger Wasser.

600 g helles Dinkelmehl Type 630
600 g dunkles Dinkelmehl Type 1050
400 g Dinkelschrot
25 g Hefe
etwa 1,1 l lauwarmes Wasser
2–3 EL Salz
Öl für das Backblech

In einer großen Schüssel die zwei Mehlsorten und den Schrot mischen und in der Mitte eine Mulde hineindrücken. Hefe mit 100 ml lauwarmem Wasser in einer kleinen Schüssel auflösen und in die Mulde gießen. Die Hefemischung an einem warmen Ort etwa 15 Min. gehen lassen. Salz ringsherum verteilen. Nach und nach etwa 1 l lauwarmes Wasser dazugeben und den Teig etwa 15 Min. kräftig durchkneten, bis sich der Teig vom Schüsselrand löst (evtl. noch etwas Wasser oder Mehl zugeben). Das kräftige Kneten ist sehr wichtig, damit sich der Kleber richtig entfalten kann.

Den Teig zugedeckt bei Zimmertemperatur mindestens 2 Std. gehen lassen, bis sich das Teigvolumen verdoppelt hat. Den Teig nochmal kurz durchkneten. Danach etwa 1 kg schwere Laibe formen und diese auf einer bemehlten Arbeitsfläche mit einem Tuch bedeckt ruhen lassen. Beim Formen darauf achten, dass in das Innere des Laibes kein Mehl gelangt. Den Backofen

auf 230° erhitzen. Den Teig noch so lange gehen lassen, bis der Ofen heiß ist.
Die Laibe mit nassen Händen auf das geölte Backblech legen. Das Blech auf die mittlere Schiene einschieben, eine Tasse Wasser auf den Ofenboden schütten und die Türe sofort schließen. Der entstehende Wasserdampf gibt dem Brot den Glanz und treibt es in die Höhe. Nach 30 Min. die Temperatur auf 170° vermindern. So entsteht ein ähnlicher Garvorgang wie im Holzkohleofen. Die Hitze sinkt durch das Einschieben des Brotes und durch den Wasseraufguss, erholt sich dann wieder durch die gespeicherte Wärme des Ofens. Dies gibt dem Brot eine schöne Kruste. Nach 50 Min. das Blech unten einschieben und nach insgesamt 80–90 Min. die Brotlaibe herausnehmen.

Hefe: Um zu testen, ob Hefe treibkräftig ist, gibt man ein kleines Stück in heißes Wasser. Gute Hefe steigt sofort an die Oberfläche. Hefe besteht aus winzig kleinen Hefezellen. Mit Wärme und nach Belieben mit etwas Zucker vermehrt sich die Zahl der Hefezellen. Dabei entwickelt sich ein unschädliches Gas, das den Teig auflockert und ihn um das doppelte Volumen vergrößert. Dann muss der Teig gebacken werden. In einer luftdicht abgedeckten Glas- oder Plastikschüssel kann man den Teig auch über Nacht im Kühlschrank gehen lassen. Er darf auf keinen Fall austrocknen. Statt 1–2 Std. Gehzeit dauert es bei Kühlschranktemperatur 12 Std. Dabei erhält der Teig eine ganz feinporige Struktur.

Kernige Liliputsemmeln

Halten Sie für ein Kinderfest die gesamte Menge des gegangenen Brotteiges bereit. Daraus dürfen die Kinder kleine Brötchen, Brezeln, Stangen oder Hörnchen formen. Aus bereitstehenden Schüsselchen können sie Nüsse, Sesam oder

Sonnenblumenkerne in den Teig stecken. Für eine kleinere Portion gelten folgende Zutaten.

Teig:
250 g helles Dinkelmehl Type 630
250 g dunkles Dinkelmehl Type 1050
½ Würfel Hefe
400 ml lauwarmes Wasser
1 TL Salz
Zum Füllen und Verzieren:
Sesam, Sonnenblumenkerne, gehackte Nüsse
Pflanzenöl

Teig mit den genannten Zutaten nach dem Rezept zu Dinkelbrot kneten und gehen lassen. Backofen auf 230° vorheizen. Liliputsemmeln auf ein gefettetes Blech legen und neben dem Ofen nochmal gehen lassen. Danach mit etwas Öl bestreichen und die Oberfläche mit Sesam-, Kürbis- oder Sonnenblumenkernen bestreuen. Beim Einschieben des Blechs eine Tasse Wasser auf dem Boden des Ofens verzischen lassen, damit sich Dampf bildet, der die Brötchen zum Glänzen bringt. Liliputsemmeln etwa 15 Min. backen.
Zu den frisch gebackenen Semmeln passen Kräuterquark, Butter und knackige Radieschen.

Dünne

In Baden wurde früher traditionell einmal in der Woche Brot gebacken. Um den Brotbacktag voll auszunutzen, bereitete man zu Mittag mit demselben Teig »Dünne« zu, eine Art südbadischer Pizza. Außer salzigen Varianten belegt man sie mit feinen Apfelscheiben, bestreut mit einem Hauch Zimtzucker. Zur Zeit der Holunderblüte träufelt man etwas Traubenkernöl auf den Teig und verteilt locker einige abgezupfte Holunderblüten darauf. Gut passt auch Tomatensugo (s. S. 159) mit verschieden farbigen Paprikastreifen belegt.

Kürbisdünne

300 g Dinkelbrotteig (s. S. 91)

Kürbisbelag:
1 Zwiebel
1 EL Traubenkernöl
1 EL Butter
300 g Kürbisfleisch, grob geraspelt
1 TL Tomatenmark
4 EL Sahne
1 TL Petersilie
Salz

Dinkelbrotteig knapp ½ cm dick ausrollen. Ein rundes Backblech einölen, den ausgerollten Teig aufs gefettete Blech legen, dabei am Rand einen Wulst bilden. Teig kurz gehen lassen. Backofen auf 220° vorheizen.
Zwiebel schälen und fein hacken. Öl in einer Pfanne erhitzen, Butter darin schmelzen und die Zwiebeln darin glasig dünsten. Kürbisraspel hinzufügen und ebenfalls anschwitzen, Tomatenmark einrühren, mit 1 Schöpflöffel Wasser angießen und etwa 10 Min. köcheln, Sahne untermischen. Petersilie fein hacken und mit Salz darüberstreuen. Nach Belieben die Masse pürieren. Den ausgerollten Teig mit der Kürbismasse bestreichen und 15–20 Min. backen.
Der Kürbisbelag lässt sich nach der Hälfte der Backzeit gut ergänzen mit Schinken- oder Speckscheiben. Auch Raclettekäsescheiben passen gut.

Variante: Speckdünne
300 g Dinkelbrotteig wie beschrieben vorbereiten. 50 g feine Speckscheiben in Streifen schneiden und auf dem ausgerollten Teig verteilen. 75 g Crème fraîche mit 75 g Sahne verrühren. Mit Salz, Muskat und 1 TL fein gehackten Majoranblättchen würzen. Die Masse über dem Speck verteilen und wie die Kürbisdünne backen.

Brotfladen

Die doppelte Menge eignet sich gut für ein Kindergartenbuffet. Aus einem Teil des Brotteiges kann man gefüllte Fladenbrottaschen backen, die sich auch gut einfrieren lassen, aus dem anderen Stockbrot (s. S. 96).

500 g Weizenmehl Type 550
500 g Weizenmehl Type 880 oder 1050
1 Würfel Hefe
¾ – knapp 1 l lauwarmes Wasser
1 EL Salz
Öl für 2 Backbleche
evtl. Sesam zum Bestreuen

Teig mit den genannten Zutaten nach dem Brotrezept S. 91 kneten und zugedeckt ½–¾ Std. gehen lassen. Teig in zwei Portionen teilen. Ein rechteckiges Backblech einölen, eine Teigportion auf dem Blech zu einem Brotfladen ausbreiten, den Teig mit den Fingern glattstreichen. Nach Belieben mit Sesam bestreuen.
Den Backofen auf 250° erhitzen, einen Guss Wasser auf den Ofenboden schütten und die Türe sofort schließen. Nach 15–20 Min. den Brotfladen herausnehmen. Die restliche Portion ebenso verarbeiten.

Variante: Gefüllte Fladenbrottaschen
500 g Brotteig entnehmen.
Inzwischen 500 g Kartoffeln mit der Schale kochen, schälen und heiß durchdrücken. 1 kleine Zucchini putzen und mit der Rohkostreibe raspeln. 2 Frühlingszwiebeln klein hacken. Kartoffelschnee, Zucchiniraspel, Frühlingszwiebeln und Kräutersalz vermengen.
Backofen auf 220° vorheizen. Ein rechteckiges Backblech mit Olivenöl einfetten. Teig in acht Portionen teilen. Die Teigportionen auf bemehlter Fläche kräftig durchkneten und zu acht

dünnen, runden Fladen ausrollen. Je eine Hälfte der Fladen mit ¼ der Füllung bestreichen, dabei die Ränder frei lassen. Die übrigen Teigfladen darüber legen und die Ränder fest andrücken. Fladenbrottaschen auf das gefettete Blech legen, mit je 1 EL Olivenöl bestreichen und im Backofen (Mitte) etwa 20 Min. backen. Statt Zucchini kann man auch gehackte Tomaten verwenden. Eignet sich gut zum Einfrieren.

Stockbrot

Teigmenge je nach Anzahl der Kinder verdoppeln.

500 g Brotteig s. S. 95 Brotfladen
oder 500 g Weizenmehl Type 880
1 EL Weinstein-Backpulver
1 TL Salz
½ l Wasser

Brotteig vorbereiten und gehen lassen oder aus Mehl, Backpulver, Salz und Wasser einen Teig kneten.

Aus dem Teig kleine Kugeln rollen, diese zu Würsten formen und spiralförmig um nicht zu trockene Stöcke bzw. Stecken wickeln, dabei vorher die Rinde so gut wie möglich entfernen. Zwei Astgabeln links und rechts von der Feuerstelle in die Erde stecken, jeweils einen Stock einhängen und ständig drehen, damit nichts anbrennt.

Wenn der Teig braun wird, ist das Stockbrot auch schon fertig. Man kann das Stockbrot auch über dem Feuer in etwa 15 Min. backen, aber nicht zu tief ins Feuer halten, sonst verkohlt es.

Tipp: In den Teig eine Hand voll Speckwürfel oder Kräuter (z. B. Origano) mischen.

Gewürzter Salzfladen

200 g Weizenmehl Type 1050
200 g Dinkelmehl Type 630
100 g Hartweizengrieß
300 ml lauwarmes Wasser
⅛ l Milch
10 g Hefe
1 TL Salz
½ TL Gomasio-Salz

½ TL Fenchel
½ TL Anis
1 TL Thymianblättchen oder fein zerriebener Majoran
evtl. etwas Traubenkernöl oder Olivenöl zum Beträufeln
grobes Meersalz

Teig mit den genannten Zutaten nach dem Brotrezept S. 91 vorbereiten und zugedeckt 1 Std. gehen lassen. Den Teig noch einmal durchkneten, er ist ziemlich weich. Backofen auf 220° vorheizen. Den Teig noch so lange gehen lassen, bis der Ofen heiß ist. Teig in eine geölte Springform füllen, zuerst mit Wasser besprühen, dann nach Belieben mit einigen Tropfen Öl beträufeln und mit grobem Salz bestreuen. 1 Tasse Wasser auf den Ofenboden schütten und die Backform einschieben. Salzfladen bei 200° insgesamt 20–30 Min. backen.

Variante: Nussbrot
2 EL Nüsse (z. B. Walnusshälften, Mandeln oder Haselnüsse) in den Brotteig stecken. Nicht mit Öl beträufeln. Wie oben fertig backen.

Pizza Margherita

Teig:
½ Würfel Hefe
1 Prise Rohrohrzucker
200 g Weizenmehl Type 550
200 g Weizenvollkornmehl und Mehl zum Ausrollen
1 TL Salz
2 EL Olivenöl und Öl zum Einfetten

Belag:
12 EL Tomatensugo (s. S. 159)
3 EL Olivenöl
300 g Mozzarella
1 EL Basilikum

Die Hefe in einer kleinen Schüssel mit 4 EL lauwarmem Wasser und Zucker verrühren. 3 gestrichene EL Mehl untermischen und den Vorteig an einem warmen Ort etwa 15 Min. gehen lassen. Das restliche Mehl in eine Schüssel geben, Salz und Öl dem Rand entlang beigeben, im Mehl eine Vertiefung machen, die Hefe hineingeben. Mehl und Hefe durch Zugabe von ¼ l lauwarmem Wasser zu einem geschmeidigen glatten Teig kneten, bis er sich von der Schüssel löst, dann mit einem feuchten Tuch zugedeckt an einem warmen Ort ums Doppelte aufgehen lassen.

Backofen auf 220° vorheizen. Ein rechteckiges Backblech (oder vier Bleche mit 22 cm Durchmesser) mit Olivenöl einfetten. Teig auf bemehlter Fläche noch einmal kräftig durchkneten und leicht ausrollen, aufs Blech legen und mit den Händen gleichmäßig flachdrücken, den Rand etwas dicker lassen. Den Teig mit einer Gabel einstechen.

Für den Belag den vorbereiteten Tomatensugo mit dem Olivenöl verrühren. Mozzarella in Würfel schneiden. Basilikum fein zupfen und alles auf dem Teigboden verteilen.

Pizza im vorgeheizten Backofen 15–20 Min. backen.

Tipp: Man kann auch die doppelte Menge nehmen, wenn die Kinder großen Hunger haben. Falls ein Rest übrig bleibt, lässt er sich gut einfrieren.

Weiteres Rezept s. S. 182: *Pizza Salami*

Speckkuchen / Quiche Lorraine

Teig:
200 g helles Dinkelmehl Type 630
1 Ei
1 Prise Salz
1 Prise Rohrohrzucker
125 g kalte Butter und Butter
   für die Form

Belag:
100 g geräucherter Speck in dünnen Scheiben oder Schinkenreste
2 Eier
50–100 g Sahne und
   100–150 g Crème fraîche
Salz
Muskat, frisch gemahlen
evtl. 1 TL Thymianblättchen

Zutaten zu einem Mürbeteig rasch verkneten, die Butter darf sich dabei nicht erwärmen. Falls nötig, etwas Wasser hinzufügen. Den Teig zu einer Kugel formen, 30 Min. kalt stellen, messerrückendünn ausrollen und in eine gebutterte Quicheform geben. Den ausgerollten Teig mit einer Gabel einstechen.

Speck oder Schinken in feine Streifen schneiden und auf dem Teigboden verteilen. Eier verquirlen, Sahne und Crème fraîche unterrühren, mit Salz und Muskat würzen und über den Speck gießen. Nach Belieben mit Kräutern bestreuen. Die Quiche im vorgeheizten Backofen auf unterer Schiene bei 220° 20–30 Min. backen.

Varianten:

Dieses Rezept lässt sich gut abwandeln als *Gemüse-Quiche* mit etwa 300 g Gemüseresten (z. B. Karottengemüse oder fertiges Weißkraut) und Kartoffelscheiben von 2 geschälten Pellkartoffeln oder man mischt 2 gehackte Tomaten und 200 g fein geschnittene Zucchinischeiben in den Eierbelag. Für *Käsküchle* kann man 100 g geriebenen Emmentaler in den Eierbelag rühren und in 6 mit Teig ausgelegte Törtchenformen füllen.

SUPPEN UND EINTÖPFE

Fleisch gibt einer Brühe Kraft, Aroma und Würze erhält sie aber erst durch genügend Suppengemüse und Kräuter. Dann braucht man auch außer Salz keine extra Suppenwürze. Die wertvollen Brühen aus Huhn, Fleisch oder Gemüse lassen sich gut mit Suppeneinlagen zu einer kräftigen Mahlzeit anreichern: Fadennudeln, Buchstabennudeln, Kräuterflädle, Grießnockerln, Spätzle, in Butter angeröstete Brezelscheiben oder Brotcroutons, die man im Badischen »Kracherle« nennt, weil sie direkt aus der Pfanne noch heiß in der Suppe krachen und zischen. Man kann auch kalte Pellkartoffeln oder Wurzelgemüse grob in eine Suppe reiben oder ein Ei darin verkleppern. Klare Brühen werden vor dem Servieren mit Schnittlauchröllchen bestreut. Fast alle Kinder, die Gemüse ablehnen, essen es püriert als Suppe.

Klare Hühnerbrühe / Nudelsuppe

Suppenhühner sind meist Legehennen, die nicht mehr genügend Eier produzieren. Mit ihrem eingelagerten Fett verleihen sie der Hühnerbrühe den kraftvollen Geschmack. Die Zwiebel gibt man halbiert mitsamt der Schale in die Brühe, weil diese der Brühe eine schöne goldene Farbe verleiht.
Das Fleisch sollte man nie richtig kochen, sondern nur ziehen lassen, dann kann man es noch zu Hühnerfrikassee verarbeiten. Eine gute Hühnersuppe ist wie Medizin.

1 frisches Suppenhuhn
2 ¼ l Wasser
1 Zwiebel, besteckt mit 2 Nelken
1 Lauchstange
1 Petersilienwurzel oder 1 kleine Sellerieknolle
2 Karotten
1 Bund Petersilie
1 EL Salz
250 g Suppennudeln
Muskat, frisch gerieben

Suppenhuhn in einem großen Topf mit kaltem Wasser aufsetzen und aufkochen. Zwiebel ungeschält halbieren und mit Nelken bestecken. Geputztes, grob zerkleinertes Gemüse, Petersilie mit Stängeln und Salz hinzufügen und mindestens 1 Std. köcheln lassen. Je länger die Kochzeit, umso kräftiger wird die Suppe. Die Suppe durch ein Sieb gießen und die Brühe in den Topf zurückgeben. Suppennudeln in Salzwasser bissfest garen, dann abgießen und auf Teller verteilen. Die klare Hühnerbrühe mit Muskat würzen, zu den Nudeln schöpfen.
Tipp: Hühnerbrühe kann man auch mit einigen Safranfäden, 1 TL ägyptischem Schwarzkümmel oder mit ½ TL gehacktem Ingwer abschmecken. Das wirkt kräftigend auf das Immunsystem.

Rinderkraftbrühe

Wenn Sie eine kräftige Fleischbrühe wollen, die nicht aufschäumt und trübe aussieht, muss das Rindfleisch etwa 10 Min. in sprudelndem Salzwasser kochen, damit die Poren sofort geschlossen werden. Außerdem verhindert die Zugabe von Salz gleich beim Aufsetzen der Suppe, dass es eine fade, trübe Rinderkraftbrühe wird.

Nach dem erneuten Aufsetzen des Wassers darf die Brühe aber niemals kochen, sondern muss stets unterhalb des Siedepunktes bleiben.

*1 kg mageres Rindfleisch
  (Tafelspitz, Schaufelbug,
  Hohe Rippe oder Wade)
Salz
1 kleine Sellerieknolle
3 Karotten
1 Stange Lauch
1 Bund Petersilie
1 große Zwiebel, besteckt mit
  3 Nelken
1 Knoblauchzehe
1 EL getrocknete Pilze
  (z.B. Steinpilze)
2 Lorbeerblätter
schwarzer Pfeffer, im Ganzen
Kräutersalz
Muskat, frisch gerieben*

Rindfleisch in ein Sieb legen und mit kochendem Wasser übergießen. 1½–2 l Salzwasser in einem großen Topf zum Kochen bringen, das Fleisch einlegen und etwa 10 Min. sprudelnd kochen. Das Schaumwasser abgießen. Fleisch kalt in Salzwasser aufsetzen und knapp unter dem Siedepunkt etwa 45 Min. garen. Gemüse putzen, Zwiebel ungeschält halbieren und mit Nelken bestecken. Knoblauch leicht anquetschen. Geputztes grob zerkleinertes Gemüse, Petersilie mit Stängeln, Zwiebel, Knoblauch und die Gewürze zum Fleisch geben und 1½ Std. leise sieden lassen.

Das Fleisch aus der Brühe nehmen, alles durch ein Sieb gießen und die Brühe auffangen.

Das Suppenfleisch kann man auch für Rindfleischsalat verwenden.

Klare Gemüsebrühe

Die Brühe kann schon weiter verwendet werden, auch wenn das Gemüse noch nicht weich ist. Für die Geschmacksabrundung Erbsen oder leere Schoten bzw. Fenchelgrün, Petersilienstängel und 1 Handvoll getrocknete Pilze mitkochen.

Das gekochte Gemüse (ohne Erbsenschoten) kann man mit einem Teil der Brühe pürieren und mit 100 g Sahne zu einer gebundenen Gemüsesuppe verarbeiten. Übrige Brühe lässt sich gut einfrieren.

2 Zwiebeln
2 Knoblauchzehen
1 kg Suppengemüse (zu gleichen Teilen Karotten, Pastinaken, Petersilienwurzel, Sellerie, Lauch)
1 EL Olivenöl
1 EL Butter
1¼ l Wasser
2 Lorbeerblätter
1 EL Kräutersalz
Muskat, frisch gerieben

Zwiebeln schälen und fein hacken. Knoblauch schälen. Suppengemüse putzen, schälen und in kleine Würfel schneiden. Öl in einer Kasserolle erhitzen, die Butter darin schmelzen und Zwiebeln und Knoblauch glasig dünsten. Die Karotten darin schwenken, dann das restliche Gemüse hinzufügen und ständig rühren, bis es Farbe angenommen hat. Mit Wasser aufgießen und Lorbeerblätter dazugeben. 15–20 Min. köcheln lassen. Suppe durch ein Sieb gießen, salzen und mit Muskat abschmecken.

Variante: Haferflockensuppe/Geröstete Grießsuppe
2 EL Butter in einem Topf erhitzen, 3–4 EL Haferflocken oder Hartweizengrieß darin anrösten (Vorsicht: Grieß verbrennt schnell!), dabei mit dem Kochlöffel ständig rühren. Nach und nach mit 600–800 ml Gemüsebrühe oder Spargelsud ablöschen. 1 Schöpflöffel Suppe mit 1 Eigelb verrühren und in den Topf zurückgeben. 100 g Sahne dazugeben, mit Salz und Muskat abschmecken. Suppe nach Belieben fein mixen. Man kann die Haferflockensuppe auch nur mit Milch angießen. Bei der Grießsuppe das Eigelb weglassen!

Kräuterflädlesuppe

Man kann auch nur ein Teil des Teiges mit Kräutern vermischen, dann hat man grün-gelbe Flädle.

120 g Weizenmehl Type 880
200 ml Milch
Salz
2 Eier
2 EL zerlassene Butter und Butter zum Ausbacken
2 EL Kräuter (Rucola, Bärlauch, junger Spinat oder Petersilie)
800 ml Rinderkraftbrühe (s. S. 101)

Mehl, Milch, Salz und Eier verrühren. Einen Teil des Pfannkuchenteigs ganz kurz mit den Kräutern im Mixer verrühren und wieder zum übrigen Teig geben.
Pfanne erhitzen, wenig Butter darin schmelzen und die Pfannkuchen nacheinander ausbacken.
Pfannkuchen leicht abkühlen lassen, aufrollen und in feine Streifen schneiden. Jeweils 1 Handvoll Kräuterflädle in einen tiefen Teller legen, mit heißer Suppe auffüllen.

Grießklößchensuppe

1¼ l Milch
40 g Butter
Salz
Muskat, frisch gerieben
80 g Dinkelgrieß
1 Ei
2 EL Parmesan, frisch gerieben
800 ml Rinderkraftbrühe (s. S. 101)

Milch, Butter, Salz und Muskat in einem kleinen Topf aufkochen lassen. Den Grieß einrühren und so lange rühren, bis sich der Brei vom Boden löst, auskühlen lassen. Ei und Parmesan unter die Masse rühren. Masse noch etwas ausquellen lassen. Mit Hilfe von 2 nassen Esslöffeln Klößchen abstechen, in die siedende Fleischbrühe legen, etwa 5 Min. ziehen lassen.
Tipp: Falls die Klößchenmasse zu weich ist, noch 1–2 EL feinen Hartweizengrieß untermischen.

Blumenkohlcremesuppe

1 kleiner Blumenkohl
1 Msp. ganze Anissamen
2 EL Butter
1 EL Vollkornmehl

½ l Milch
Salz
Muskat, frisch gerieben
evtl. 1 Eigelb

Blumenkohl waschen, putzen, den Strunk entfernen und in Röschen zerteilen. Wasser mit den ganzen Anissamen und 1 TL Butter in einem Topf zum Kochen bringen und die Blumenkohlröschen zugedeckt 15–20 Min. bei mittlerer Hitze garen. Das Gemüse in ein Sieb geben und abtropfen lassen. Bei biologischem Blumenkohl kann man das Garwasser weiter verwenden, bei nicht biologischem das Wasser weggießen. Die Hälfte der Blumenkohlröschen mit etwas Garwasser oder heißem Wasser fein pürieren, so dass die Masse dickflüssig ist.
1 EL Butter in einer Kasserolle erhitzen. Mehl mit einem Schneebesen einrühren und anschwitzen. Mit Garwasser oder heißem Wasser ablöschen, glatt rühren und kurz einkochen lassen. Milch hinzufügen. Blumenkohlpüree und die restlichen Röschen in die weiße Schwitze geben und weitere 6–8 Min. köcheln lassen. Mit Salz und Muskat würzen. Einen Teil der Suppe nach Belieben zusammen mit dem Eigelb pürieren und zurück in die Kasserolle geben.
Tipp: Auf die gleiche Weise lassen sich Fenchel und Kohlrabi verarbeiten.

Variante: Wirsingrahmsuppe
¼ Wirsing (300 g) in Streifen schneiden und in kochendem Salzwasser 5–10 Min. sprudelnd kochen. In ein Sieb gießen und die Wirsingstreifen mit kaltem Wasser abschrecken und mit 2–3 Schöpflöffeln Milch pürieren. Die Mehlschwitze wie beschrieben zubereiten, mit dem Wirsingpüree kurz aufkochen, mit 1–2 EL Sahne, Salz und Muskat abschmecken. Genauso kann man auch Spinat (nur 1–2 Min. blanchiert), Rosenkohl oder Reste von Weißkraut zubereiten.

Kartoffelsuppe mit Brotkruspeln

Diese Kartoffelsuppe ist ein komplettes Mittagessen. Im Frühjahr schmecken statt Pastinaken auch Kohlrabistifte. Dann passt als Gewürz Safran sehr gut dazu. Im Sommer kann man halb Kartoffeln, halb geschälte Zucchini, wenig Lauch nehmen und mit Sahne und Estragon abschmecken. Mit dem Brot kann man auch Speckwürfel mitbraten. Manche Kinder lieben in Scheiben geschnittene Wiener Würstchen als Suppeneinlage.

600 g Kartoffeln, mehlig kochend
200 g Karotten
200 g Pastinaken oder Petersilienwurzeln
1 Zwiebel oder 2 Frühlingszwiebeln
3 EL Butter
1–1¼ l Wasser oder Hühnerbrühe
1 EL Petersilie
etwas Majoran, frisch oder getrocknet
Salz
2 EL Crème fraîche oder Sahne
1–2 Scheiben Brot oder 2 Brezeln
1 EL Sesam

Kartoffeln und Gemüse schälen und in Stifte hobeln. Zwiebeln schälen und klein hacken. 2 EL Butter in einer Kasserolle erhitzen. Gehackte Zwiebeln darin glasig dünsten. Die Gemüsestifte dazugeben und im geschlossenen Topf hin und her schwenken, bis sie rundherum von Butter umgeben sind, dann mit wenig Wasser etwa 10 Min. ziehen lassen. Petersilie fein hacken. Restliche Flüssigkeit angießen, Kräuter hinzufügen und alles etwa 15 Min. bei mittlerer Hitze köcheln lassen. Mit Salz würzen und mit Crème fraîche oder Sahne abschmecken. Die Suppe zerstampfen oder einen Teil mit dem Pürierstab fein mixen und zurück in die Kasserolle geben.

1 EL Butter in einer Pfanne erhitzen. Brot in Würfel bzw. Brezeln in Scheiben schneiden und mit dem Sesam knusprig braten. Brotkruspeln bzw. angeröstete Brezenscheiben getrennt zur Kartoffelsuppe reichen.

Variante: Lauchcremesuppe
400 g gewürfelte Kartoffeln, 350 g gewürfelte Karotten, 100 g gewürfelte Petersilienwurzel, evtl. 1 TL gehackten Ingwer und 1 fein geschnittene Lauchstange in einer Kasserolle in 2 EL Butter andünsten. Das Gemüse mit 1¼ l Wasser oder Hühnerbrühe übergießen und etwa 20 Min. köcheln. Suppe salzen, fein pürieren, 100 ml Milch und 2 EL Crème fraîche oder Sahne dazugeben und noch einmal erhitzen. Mit gehackter Petersilie bestreuen. Dazu passen gebratene Speckwürfel.

Kürbiscremesuppe

Kürbissuppe mögen fast alle Kinder, weil sie so mild schmeckt. Bei Kindern, die den feinen Kürbisgeschmack noch nicht kennen, sollte man zunächst eine Kürbis-Kartoffel-Suppe ausprobieren oder den Kürbis mit einem Drittel Karotten mischen (statt mit Muskat mit Kardamom würzen).

1,5 kg Muskat- oder Hokkaido-Kürbis	*Salz*
	Muskat, frisch gerieben
2 Schalotten	*2 Scheiben Weißbrot vom Vortag*
4–5 EL Butter	*1 EL Kürbiskerne, gehackt*
1 TL Vollrohrzucker	*evtl. einige Tropfen Kürbiskernöl*
125 g Sahne	

Kürbis vierteln, mit einem Löffel Kerne und Fasern entfernen. Die Viertel in Spalten schneiden. Das Fruchtfleisch von der Schale lösen. Kürbisfleisch grob raspeln. Schalotten schälen und fein hacken.
2–3 EL Butter erhitzen. Die gehackten Schalotten glasig dünsten, mit Zucker leicht karamellisieren, dann die Kürbisraspel hinzufügen und alles kurz schwenken. Nach und nach 250–500 ml Wasser angießen und bei mittlerer Hitze etwa 15 Min. köcheln. Mit Sahne auffüllen und zugedeckt weitere 5 Min. ziehen lassen. Suppe mit Salz und Muskat würzen.
Weißbrot in Würfel schneiden. Restliche Butter schmelzen und die Brotwürfel mit den Kürbiskernen unter Rühren anrösten.

Kürbissuppe mit dem Pürierstab fein mixen. Mit den knusprigen Weißbrotwürfeln und den gerösteten Kürbiskernen bestreut anrichten. Nach Belieben einige Tropfen Kürbiskernöl darüber träufeln.

Variante: Kürbis-Kartoffel-Suppe
Man halbiert die Menge des Kürbis und nimmt stattdessen 4–5 große mehlig kochende Kartoffeln dazu, schält sie und kocht sie wie beschrieben mit dem Kürbis weich. Evtl. 1 leicht angequetschte Knoblauchzehe mitkochen. Etwa 5 Min. vor Ende der Garzeit 1 EL frische Majoranblättchen und evtl. 1 EL gehackte Petersilie dazu geben. Wer mag, kann auch ⅛ l Apfelsaft mitziehen lassen. Mit Kräutersalz und Muskat abschmecken und die Suppe mit dem Pürierstab fein mixen.
Verrühren Sie 4 EL Sauerrahm mit 4 EL Schlagsahne und setzen Sie pro Teller einen Klecks in die Mitte zu einem Eisberg. Das gefällt kleineren Kindern.

Pürierte Erbsensuppe / Brokkolisuppe

Statt Erbsen passen auch gut geschälte und in Stifte geschnittene Brokkolistiele. Zum Würzen nimmt man 1 EL Petersilie.

600 g Kartoffeln, mehlig kochend
1 Zwiebel
1 EL Olivenöl
1 EL Butter
300 g Erbsen, frisch ausgelöst oder tiefgekühlt
1 TL Rohrohrzucker

1 EL mittelgrob gemahlener Hafer
¾ l Wasser oder Fleischbrühe
Kräutersalz
⅛ l Milch
100 g Sahne
Muskat, frisch gerieben

Kartoffeln schälen, waschen und in Stifte schneiden. Zwiebel schälen und fein hacken. Öl in einem Topf erhitzen, Butter darin schmelzen. Zwiebel darin glasig dünsten, Erbsen andünsten, etwas Zucker darüber streuen und leicht karamellisieren, die Kartoffelstifte hinzufügen. Nach und nach mit Wasser oder Fleischbrühe angießen, salzen und köcheln lassen, bis das Gemüse nach etwa 20 Min. gar ist. Suppe fein mixen. Mit ⅛ l Milch auffüllen. Alles durch ein Haarsieb passieren, mit Sahne verfeinern und mit Muskat würzen.

Variante: Paprikarahmsuppe
Statt Erbsen kann man 300 g gelbe Paprikaschoten oder Spitzpaprika nehmen. Statt der Zwiebel 1 leicht angequetschte Knoblauchzehe verwenden. Die passierte Suppe mit gerösteten Speck- und Brotwürfeln anrichten.

Milde Linsensuppe

200 g rote Linsen
300 g Kartoffeln
1 Knoblauchzehe
1 ¼ l Gemüsebrühe
1 Msp. Safranfäden oder
  Safranpulver
½ TL Kurkuma (Gelbwurz) oder
  Curry
1 TL Zitronensaft
3–4 EL gemahlene Mandeln
Salz
1 TL Petersilie

Linsen in einem Sieb mit warmem Wasser übergießen. Die Kartoffeln schälen und klein würfeln. Knoblauch leicht anquetschen. Kartoffelwürfel mit Knoblauch, Brühe und Linsen in etwa 15 Min. weich kochen. Knoblauch entfernen. Suppe mit Safran und Kurkuma oder Curry würzen.
Den Zitronensaft und die Mandeln unterziehen, mit Salz abschmecken. Die Hälfte der Suppe evtl. pürieren und zum Rest zurückgießen. Petersilie fein hacken und über die Suppe streuen.

Tomatenreissuppe

1 Zwiebel
1 EL Petersilie
1 TL Thymianblättchen
2 EL Olivenöl
1 TL Rohrohrzucker
140 g Tomatenmark
800 ml Wasser oder Gemüsebrühe
Salz
100–200 g vorgegarter Reis
  (Arborio- oder Vialone-Reis oder
  Parboiled Reis)
evtl. Parmesan, frisch gerieben

Zwiebel schälen und in feine Würfel schneiden. Kräuter fein hacken. Öl in einem Topf erhitzen. Die Zwiebel darin glasig dünsten. Zucker dazugeben und leicht karamellisieren lassen. Kräuter andünsten und das Tomatenmark hinzufügen. Gut umrühren und mit Wasser oder Gemüsebrühe aufgießen, evtl. nachsalzen und aufkochen. Die Tomatensuppe etwa 15 Min. ziehen lassen. Vorgegarten Reis einrühren und die Tomatenreissuppe nach Belieben mit Parmesan bestreuen.

Variante: Bohnensuppe
100–200 g weiße Bohnen (z. B. Cannellini oder gesprenkelte Borlotti-Bohnen) über Nacht in reichlich kaltem Wasser einweichen. Einweichwasser abgießen, die Bohnen in kaltem Wasser aufsetzen und mit 1 Zweig Bohnenkraut oder Thymian, 1 Lorbeerblatt und 2 angequetschten Knoblauchzehen und Salz langsam zum Kochen bringen, 2–3 Min. siedend kochen, dann die Bohnen bei geringster Hitze gar ziehen lassen (das dauert 30–60 Min. je nach Alter der Bohnen). Kochwasser abgießen. Tomatensuppe wie beschrieben vorbereiten: Statt Olivenöl nimmt man Butter und statt der Gemüsebrühe Spätzlewasser. Man kann außerdem noch 100 g geschnittene Pilze mitdünsten. Weich gekochte Bohnen einrühren. Mit Majoran und Salz würzen. 2–3 Schöpflöffel Dinkelknöpfle (s. S. 144) in die Suppe geben.
Tipp: Mit 1 Msp. Natron werden lange gelagerte Bohnen schneller weich. Man kann die Bohnen gekühlt zwei bis drei Tage im Kochwasser aufbewahren.

Kerbelsuppe

Statt Kerbel kann man auch Sauerampfer oder Bärlauch verwenden, wobei es günstig ist, den Bärlauch in eine Kartoffelsuppe zu mischen, weil der an Knoblauch erinnernde Geschmack für Kinder gewöhnungsbedürftig ist.

50 g abgezupfter Kerbel
1 kleine Zwiebel
2 EL Butter
2 EL Vollkornmehl
¾ l heiße Hühnerbrühe
1 Eigelb
3 EL Sahne
3 EL in Butter geröstete Brotwürfel

Kerbel verlesen und fein hacken. Zwiebel schälen und klein hacken. Butter in einem Topf erhitzen, die gehackte Zwiebel glasig dünsten, Kerbel dazu geben und kurz mitdünsten. Mehl darüber stäuben und anschwitzen. Nach und nach mit Hühnerbrühe ablöschen, dabei mit dem Schneebesen ständig rühren und 10 Min. leicht köcheln lassen. Suppe fein mixen. Eigelb mit Sahne verrühren, 1 Schöpflöffel Suppe untermischen und zur restlichen Suppe gießen. Mit in Butter gerösteten Brotwürfeln bestreuen.

Variante: Frühlings-Kräutl-Suppe
200 g Sauerrahm in einem Topf vorsichtig erhitzen, 2 EL Vollkornmehl einrühren. 1 Hand voll gemischte Frühlingskräuter (Bärlauch, Sauerampfer, Löwenzahn, Spinat) im Mixer mit ½–¾ Spargelsud oder Spätzlewasser fein pürieren und nach und nach in den erhitzten Sauerrahm rühren. Salzen und mit Muskat würzen. Die Suppe 5–10 Min. ziehen lassen. Nach Belieben 1 Eigelb unterziehen und mit gerösteten Brezelscheiben und/oder Speckwürfeln anrichten.

Gulaschsuppe

Für 8–10 Kinder:
1,3 kg Kalb- oder Rindfleisch (Schulter)
1 TL Majoran, frisch, oder 1 Msp. getrocknet
½ TL abgeriebene Zitronenschale (unbehandelt)
2 TL Paprikapulver, edelsüß
Salz
4–5 mittelgroße Zwiebeln
2 Knoblauchzehen
2–3 EL Butter
1 TL Tomatenmark
1 TL Apfelessig
1 Glas (690 g) passierte Tomaten
einige Petersilienstängel, 1 Lorbeerblatt, 1 Rosmarin- und 1 Thymianzweig
750 g Kartoffeln, mehlig kochend
Koriander, frisch gemahlen

Eintöpfe

Das Fleisch in kleine Würfel schneiden und mit Majoran, Zitronenschale, 1 TL Paprikapulver und Salz würzen. Zwiebeln schälen und fein hacken. Knoblauch leicht anquetschen.
Butter in einer Kasserolle erhitzen, die gehackten Zwiebeln mit den Knoblauchzehen glasig dünsten, mit 1 TL Paprikapulver bestreuen und das Tomatenmark unterrühren. Apfelessig mit 50 ml Wasser vermischen und die Zwiebeln damit ablöschen und einkochen lassen. Das gewürzte Fleisch dazugeben und etwa 20 Min. im eigenen Saft dünsten. Mit passierten Tomaten aufgießen und wieder etwas einkochen lassen. Das Kräutersträußchen dazulegen.
Backofen auf 150° vorheizen. Kartoffeln schälen, in längliche Stücke schneiden und in die Suppe geben. Mit 1 l Wasser auffüllen und in der Kasserolle im vorgeheizten Backofen mindestens 1½ Std. offen garen lassen. Dazwischen immer wieder etwas Wasser nachgießen. Mit Salz, Koriander und Majoran nachwürzen und dazu Brotfladen (s. S. 95) reichen.

Dinkel-/Grünkerneintopf

Noch feiner wird der Eintopf, wenn man entweder 5 getrocknete Tomaten oder eine Handvoll getrocknete Pilze mitkocht.

100 g Dinkelkörner oder Grünkern *1 Lauchstange, weißer Teil*
1 Lorbeerblatt *1 EL Butter*
1¼–1½ l Wasser oder Spargelsud *Kräutersalz*
3 Karotten *50–100 g Sahne*
3 Kartoffeln *1 EL Petersilie*

Getreidekörner etwa 3 Std. in kaltem Wasser einweichen und dann abgießen. Eingeweichte Körner und Lorbeerblatt in Wasser oder Spargelsud zum Kochen bringen und 15 Min. sprudelnd kochen. Karotten und Kartoffeln schälen und in Stifte schneiden. Lauch putzen, vierteln, waschen und in Stücke schneiden. Butter in einer Kasserolle erhitzen, Karotten und Lauch darin schwenken, die Kartoffeln hinzufügen, mit dem gekochten Dinkelsud aufgießen und weitere 30 Min. köcheln lassen. Mit

Salz würzen. Die Hälfte der Suppe pürieren und zum Rest zurückgießen. Sahne unterrühren. Petersilie fein hacken und darüber streuen.

Variante: Graupeneintopf
100 g Gerstengraupen mit kaltem Wasser bedeckt und 1 TL Butter in einem Topf zum Kochen bringen. Wenn die Graupen alles Wasser aufgesogen haben, schöpflöffelweise heißes Wasser angießen und zweimal einkochen lassen. Die Graupen zum Gemüse geben, mit 1¼ l Wasser aufgießen und weitere 30 Min. köcheln. Der Graupeneintopf schmeckt auch ohne Sahne gut.

Fleisch-Kartoffel-Eintopf

500 g Kalbfleisch
4 Zwiebeln
3 EL Olivenöl
2 große Tomaten
1 EL Tomatenmark

6 Kartoffeln
4 Karotten
Salz
2 EL Koriandergrün oder Petersilie

Kalbfleisch in große Würfel schneiden. Zwiebeln schälen und fein hacken. 2 EL Öl in einer Kasserolle erhitzen, gehackte Zwiebeln darin glasig dünsten. Die Fleischstücke dazugeben und goldbraun anbraten, dabei ständig rühren. Den Deckel aufsetzen, die Hitze reduzieren und das Fleisch im eigenen Saft dünsten. Inzwischen Tomaten mit kochend heißem Wasser überbrühen, enthäuten und klein hacken.
In einer Pfanne 1 EL Öl erhitzen, die gehackten Tomaten darin andünsten, Tomatenmark einrühren. Kartoffeln schälen und vierteln, Karotten schälen und in grobe Stifte schneiden. Kartoffelschnitze und Karottenstifte zu den Tomaten geben, mit ¾ l kochendem Wasser angießen. Die Masse zum Fleisch geben, salzen und bei geringer Hitze gar kochen. Koriandergrün oder Petersilie fein hacken und in das fertige Eintopfgericht geben.
Dazu passt Brot und ein Tomaten-Gurken-Salat mit Frühlingszwiebelringen, angemacht mit dem Saft einer Zitrone und Salz.

KARTOFFELGERICHTE

Kartoffeln in allen Variationen bereichern jede Familien-Küche, weil die Kartoffel ein so hochwertiges Nahrungsmittel ist, das alles enthält, was der kindliche Körper braucht – ohne jegliches allergene Potenzial. Ist Ihr Kind in der Kartoffelphase? Seien Sie beruhigt – kombiniert mit Ei decken Kartoffeln alle wichtigen Nährstoffe ab, auf nervöse Kinder wirken sie sogar beruhigend. Die wertvollen, zum Teil wasserlöslichen Mineralstoffe liegen direkt unter der Schale, deshalb ist es besser, die Kartoffeln wenn möglich mit der Schale zu kochen. Wegen des hohen Vitamin-C-Gehaltes wird die Knolle auch die »Zitrone des Nordens« genannt.

> **Kartoffelsorten:** Die *mehlig kochenden* Kartoffeln Agria, Christa und Hansa sind ideal für Kartoffelsuppe, Reibekuchen, Kartoffelknödel und Kartoffelpüree. Gratins, Ofenkartoffeln, Pellkartoffeln, vorgekochte Bratkartoffeln, Salzkartoffeln und Pommes frites gelingen gut mit *vorwiegend fest kochenden* Kartoffeln. Die *fest kochenden* Sorten Sieglinde und Nicola sind am besten geeignet für Kartoffelsalat und Bratkartoffeln. Irmgard platzt leicht, wenn sie nicht auf den Punkt gekocht wird. Linda (hervorragend auch für Kartoffelsalat), Agatha und Désirée sind nicht so empfindlich. Lagern Sie Ihre Kartoffeln stets dunkel und kühl, denn bei Licht werden sie grün. Diese grünen Stellen enthalten giftiges Solanin und sollten großzügig weggeschnitten werden.

Pellkartoffeln mit Schnittlauchquark

1 kg Kartoffeln, mehlig kochend
250 g Quark (Topfen)
100 ml Milch
Kräutersalz
Schnittlauch
evtl. 2 EL Butter

Kartoffeln mit Schale sauber bürsten und in einem Topf knapp mit Wasser bedeckt etwa 20 Min. kochen. Wasser abgießen. Pellkartoffeln ausdampfen lassen. Inzwischen den Quark in einer Schüssel mit Milch anrühren, salzen.
Schnittlauch mit der Küchenschere über den Quark schneiden. Pellkartoffeln heiß schälen, mit Salz bestreuen, nach Belieben hauchdünne Butterscheiben über die heißen Kartoffeln legen, damit die Butter auf den Kartoffeln schmilzt, und zum Schnittlauchquark anrichten.

Kartoffelrösti / Bratkartoffeln

1 kg Pellkartoffeln, fest kochend, vom Vortag
2 EL Olivenöl
2 EL Butter oder Sonnenblumenöl
Salz

Die kalten Pellkartoffeln schälen und auf einer Kartoffelreibe grob raffeln oder in feine Blättchen schneiden. In einer Eisenpfanne 1 EL Olivenöl mit 1 EL Butter oder 1 EL Sonnenblumenöl heiß werden lassen. Dann gibt man nur so viel Kartoffeln (ungefähr die Hälfte) hinein, dass der Boden 3–4 cm dick bedeckt ist und brät sie, bis sie eine goldgelbe Kruste haben. Alles wenden und die andere Seite goldgelb braten. Mit Salz bestreuen. Für die zweite Portion entweder eine zweite Pfanne nehmen oder nacheinander anbraten. Dazu passen Rahmschnitzelchen (s. S. 167).
Trick: Bei Bratkartoffeln von Pellkartoffeln wird Salz immer erst nach der Fertigstellung hinzugefügt. Dadurch werden die Bratkartoffeln schön knusprig. Das Wenden der geriebenen Kartoffeln ist am einfachsten, wenn man sie entweder auf ei-

nen Teller oder auf einen flachen Deckel stürzt und langsam wieder in die Pfanne gleiten lässt. Je weniger Kartoffeln in der Pfanne sind, um so besser ist das Ergebnis. Frisch gekochte mehlige Kartoffeln reibt man am besten in grobe Stifte, bevor man sie anbrät. Oder man schneidet sie in ½ cm dicke Scheiben, die man aber einzeln wenden sollte.

Variante: Goldene Röstinchen
5 große neue Kartoffeln schälen, auf einer Rohkostreibe fein reiben, salzen und etwa 10 Min. ziehen lassen. Kartoffeln in ein Sieb geben und mit der Hand ausdrücken. 1 Ei verqirlen und unter die Kartoffelmasse mischen (es geht auch nur mit Eiweiß oder ganz ohne Ei).
3–4 EL Kokosfett oder Traubenkernöl in einer Pfanne erhitzen, jeweils 1 gut gehäuften EL Kartoffelmasse wie ein Nestchen in das heiße Fett hineinsetzen, kurz anbraten lassen und dann mit dem Bratenwender flachdrücken. Kartoffelnestchen auf beiden Seiten goldgelb ausbacken und auf Küchenpapier abtropfen lassen. Die Röstinchen kann man aus der Hand essen.

Rahmkartoffeln

1 kg Kartoffeln, fest kochend
Salz
2 EL Butter
3 gestr. EL Vollkornmehl
½ l Gemüsebrühe
375 ml Milch
125 g Sahne
1 EL Petersilie

Kartoffeln schälen, in messerrückendicke Scheiben schneiden und in Salzwasser in 15–20 Min. knapp gar kochen. Abgießen und warm stellen.
Butter in einer Kasserolle erhitzen, Mehl darüber streuen und unter Rühren eine helle Mehlschwitze herstellen. Sobald das Mehl nach frisch gebackenem Brot riecht, mit heißer Gemüsebrühe, dann mit der Milch unter ständigem Rühren ablöschen und salzen. Flüssigkeit gut durchkochen. Die Kartoffelblättchen hineingeben. Kurz vor dem Anrichten Sahne und fein gehackte Petersilie untermischen.

Kartoffelgemüse

1 kg Kartoffeln, fest kochend
1 Zwiebel
1 EL Butter
50 g geräucherter Speck, durch-
    wachsen
evtl. 1 EL Tomatenmark

1 EL Vollkornmehl
½–¾ l Fleisch- oder Gemüsebrühe
Salz
1 EL Petersilie
1 EL Sauerrahm
Muskat, frisch gerieben

Kartoffeln waschen, in der Schale kochen, abgießen, mit kaltem Wasser abschrecken und noch heiß schälen, dann in ½ cm dicke Scheiben schneiden. Inzwischen Zwiebel schälen und klein hacken. Butter in einem Schmortopf schmelzen. Speck würfeln und in der Butter auslassen. Gehackte Zwiebel dazugeben und unter Rühren darin glasig dünsten. Nach Belieben Tomatenmark einrühren. Mehl hinzufügen. Mit wenig Fleisch- oder Gemüsebrühe ablöschen und dicklich einkochen lassen. Salzen, dann die restliche Brühe angießen. Das Ganze 20–30 Min. offen einkochen. Petersilie fein hacken und kurz vor Ende der Garzeit hinzufügen. Mit Sauerrahm und Muskat abschmecken. Kartoffelscheiben einlegen. Dazu passen Fleischpflanzerl (s. S. 169) oder mit Mehl bestäubte und in Butter angebratene Bratwurst.

Kartoffel-Fenchel-Gratin

1 kg Pellkartoffeln, fest kochend,
    vom Vortag
400–500 g Fenchel
4 EL Butter
125 g Sahne oder Sauerrahm
⅛ l Milch

Salz
Muskat, frisch gerieben
50–100 g mittelalter Gouda,
    frisch gerieben

Die kalten Pellkartoffeln schälen und in Scheiben schneiden. Fenchel putzen und in kleinste Würfel schneiden.
Backofen auf 180° vorheizen.
2 EL Butter in einem Topf erhitzen und den Fenchel darin etwa 5 Min. schwenken. Mit wenig Wasser ablöschen. Sahne oder

Kartoffelgerichte

Sauerrahm mit Milch, Salz und Muskat vermischen und darüber gießen.
Fenchelmasse in eine gebutterte Auflaufform geben und die Kartoffelscheiben darüber schichten. Mit Butterflöckchen belegen und mit geriebenem Käse bestreuen. Im vorgeheizten Backofen etwa 30 Min. goldgelb überbacken.
Tipp: Für Kinder, die kein sichtbares Gemüse mögen, kann man den Fenchel 5 Min. länger vorgaren und mit weiteren 125 ml Milch pürieren. Diese Masse über die Kartoffelscheiben gießen und überbacken.

Variante: Kartoffel-Käse-Auflauf
1 kg kalte Pellkartoffeln (fest kochend) schälen und in Scheiben schneiden. Knoblauchzehe schälen. 100 g Allgäuer Emmentaler oder gemischten Käse reiben. Backofen auf 180° vorheizen. Eine gebutterte Auflaufform mit Knoblauch ausreiben und die Hälfte der Kartoffelscheiben und des geriebenen Käses hinein schichten. Mit Kräutersalz und frisch geriebenem Muskat würzen. ¼ l Milch, 200 g Sahne und 1 EL Sesam mischen. Die Kartoffeln damit gleichmäßig bedecken. Die restlichen Kartoffelscheiben einschichten und das verbliebene Milch-Sahne-Gemisch darüber gießen. Den restlichen Käse darüber streuen, mit einigen Butterflöckchen belegen.
Kartoffel-Käse-Auflauf im vorgeheizten Backofen etwa 30 Min. goldgelb überbacken. Nach Belieben mit Origano oder gehackter Petersilie bestreuen.

Acrylamid: Seit 2002 weiß man, dass sich beim Fritieren (über 175°), Braten, Rösten und Backen (über 200°) kohlenhydratreicher Lebensmittel (vor allem in Kartoffeln und Getreide) Acrylamid bildet. Es entsteht in erster Linie, wenn Stärke und der Eiweißbaustein Asparaginsäure ohne Wasser stark erhitzt werden. Acrylamid ist ein Nebenprodukt der so genannten Bräunungsreaktion. Je nach Temperatur und Dauer der Erhitzung entsteht der knusprige

Schadstoff durch den Herstellungsprozess in Keksen, Pommes, Chips, Knäckebrot. Die Grenzwerte werden oft weit überschritten. Riskant sind auch zu braun gebratene hausgemachte Bratkartoffeln aus gelagerten Kartoffeln. Es empfiehlt sich, die Kartoffeln vorzukochen, dann entsteht viel weniger Arcylamid, als wenn man sie roh in der Pfanne brät. Für Ofenkartoffeln und Pommes sollte man Backpapier verwenden; sie werden dann nicht so heiß wie beim direkten Kontakt mit dem Blech. Das Gift gilt als Krebs erregend und das Erbgut schädigend.

Kartoffel-Pilz-Gratin

1 kg Pellkartoffeln, fest kochend
1 Zwiebel
250 g Pilze (Pfifferlinge oder Austernpilze)
3 EL Butter und Butter für die Form
Salz
⅛ l Milch
125 g Sahne
100 g Käse, frisch gerieben
 (z. B. Allgäuer Emmentaler)
1 EL Petersilie

Gekochte Kartoffeln schälen und in feine Scheiben schneiden. Zwiebel schälen und fein hacken. Pilze putzen und fein hacken. 2 EL Butter in einer Pfanne erhitzen und die Zwiebel darin glasig dünsten. Pilze dazugeben und etwa 5 Min. mitdünsten. Backofen auf 180° vorheizen. Steingutform mit Butter ausstreichen, die Kartoffelscheiben ziegelförmig anordnen und mit Salz bestreuen. Pilze darüber verteilen. Milch, Sahne und geriebenen Käse vermischen und darüber gießen. Mit Butterflöckchen belegen. Pilzgratin im Backofen etwa 30 Min. überbacken. Petersilie fein hacken und über das fertige Gratin streuen.

Variante: Kartoffel-Birnen-Gratin
Backofen auf 180° vorheizen. 600 g rohe Kartoffeln (mehlig kochend) und 2 feste Birnen schälen und mit einem kleinen Hobel in feine Scheibchen schneiden, in die gebutterte Auflaufform

geben (nicht schichten, sonst läuft die Sahne nicht so gut durch). 200 g Sahne mit Salz verquirlen und über die Kartoffel-Birnen-Masse geben. Alles muss halb bedeckt sein. 50–100 g frisch geriebenen Emmentaler und einige Butterflöckchen darüber geben und im vorgeheizten Backofen 30–40 Min. überbacken.

Trick: Auflaufform vor dem Einfüllen erwärmen, dann lässt sich das Gratin problemlos aus der Form stürzen.

Ofenkartoffeln

Die Ofenkartoffeln sind ein guter Ersatz für Pommes frites, die durch das Acrylamid in Verruf geraten sind. Am besten eignet sich die Kartoffelsorte Agria. Kleinere Kinder lieben Ketchup (s. S. 163) dazu, für größere kann man auch einen Joghurt-Sauerrahm-Dip (halb Joghurt, halb Sauerrahm, leicht gesalzen) dazu reichen und roh geschnittenes Lieblingsgemüse (s. S. 141).

9 große Kartoffeln (1300–1500 g), mehlig kochend
3 EL Olivenöl
Kräutersalz
frische Kräuter (z. B. Thymian, Salbei, Majoran, Rosmarin)
1 TL Sesam

Kartoffeln gut waschen und abbürsten, nach Belieben schälen und längs in ½–1 cm dicke Scheiben schneiden. Backofen auf 200° vorheizen. 2 rechteckige Backbleche mit Backpapier belegen und jedes Blech mit 1 EL Olivenöl beträufeln. Die Kartoffelscheiben auf den Blechen verteilen und etwa 25 Min. im vorgeheizten Backofen backen. Die goldgelb gebackenen Kartoffeln salzen, wenden und mit Kräuterzweigchen oder -blättchen belegen oder mit Sesam bestreuen. Mit dem restlichen Olivenöl beträufeln. Auf der mittleren Schiene weitere 20 Min. backen.

Bunte Kartoffelpfanne

1 große Zwiebel
2 Knoblauchzehen
1 große rote Paprikaschote
3 große Tomaten
500–750 g Kartoffeln, vorwiegend fest kochend
4–5 EL Olivenöl
Salz
1 EL frisches Koriandergrün oder Petersilie

Zwiebel schälen und fein hacken. Knoblauch leicht anquetschen. Paprika waschen, putzen und in kleine Stücke schneiden. Tomaten mit kochend heißem Wasser überbrühen, enthäuten und fein hacken. Kartoffeln schälen und längs vierteln. Öl in einer Kasserolle erhitzen, gehackte Zwiebeln und Knoblauch im Ganzen glasig dünsten. Paprika und Tomaten hinzufügen und leicht andünsten. Die Kartoffelviertel dazugeben, alles gut durchmischen, salzen.

Die Kartoffelpfanne zugedeckt bei geringer Hitze etwa 45 Min. garen. (Man kann notfalls etwas Wasser dazugeben, aber besser schmeckt es, wenn man ohne auskommt.) Knoblauchzehen herausnehmen. Koriandergrün oder Petersilie fein hacken und über das fertige Gericht streuen.

Kartoffelsalat

1 kg Kartoffeln, fest kochend (Sieglinde oder Linda)
¼–½ l warme Fleischbrühe oder heißes Wasser
2 EL milder Essig (z. B. Melfort oder Apfelessig)
Kräutersalz
2–3 EL Traubenkern- oder Sonnenblumenöl

Kleinere Kartoffeln waschen, in kaltem Wasser aufsetzen, kochen, heiß schälen und in feine Blättchen schneiden.

Sauce aus Brühe, Essig, und wenig Salz so lange rühren, bis sie glasig-trüb aussieht. Die Sauce über die warmen Kartoffeln geben, leicht vermischen und den Salat etwa 10 Min. stehen lassen. Je nach Feuchtigkeitsgehalt der Kartoffeln muss man evtl. noch etwas Brühe zugeben. Wenn die Kartoffeln schwimmen, überschüssige Brühe abgießen, dann erst das Öl untermischen. Mit Salz abschmecken und den Salat mindestens 1 Std. ziehen lassen.

Tipp: Kartoffelsalat schmeckt sehr gut, wenn man ihn mit Spätzlewasser und einem milden Essig mit wenig Säure (z. B. Apfel- bzw. ein leichter Weißweinessig) anmacht. Man kann auch Zwiebel in Butter anbraten, mit etwas Mehl anstäuben und mit Fleischbrühe ablöschen und statt dem Spätzlewasser an den Kartoffelsalat geben.

Kartoffelpüree mit goldbrauner Butter

1 kg Kartoffeln, mehlig kochend	*4–5 EL Butter*
Salz	*evtl. 1 Eigelb*
½–¾ l Milch	*Muskat, frisch gerieben*

Kartoffeln schälen, waschen und der Länge nach in 4 Teile schneiden. In einem Topf mit Salzwasser knapp bedeckt zum Kochen bringen, dann die Kartoffeln bei schwacher Hitze in 15–20 Min. zugedeckt garen. Wenn die Schnitze weich sind, überschüssiges Wasser abgießen und die Kartoffelstücke 3–4 Min. ausdampfen lassen.

Milch zu den gekochten Salzkartoffeln gießen und mit 1 EL Butter vorsichtig erhitzen. Kartoffelschnitze mit dem Kartoffelstampfer heiß zerstampfen. (Die etwas arbeitsaufwändigere aber feinere Variante geht so: heiße Pellkartoffeln schälen und durch die Presse drücken, Milch in einem Topf erhitzen, über den Kartoffelschnee gießen, alles kräftig mit dem Schneebesen schlagen, die Butter stückchenweise hineinarbeiten, bis das Püree ganz glatt wirkt). Nach Belieben ein Eigelb unterschlagen. Mit Muskat und Salz würzen.

3–4 EL Butter zerlassen und unter Rühren mit einem Kochlöffel goldbraun werden lassen. Das Kartoffelpüree auf dem Teller zu einer Pyramide aufhäufen und Stufen bilden. Goldbraune Butter über die Stufen gießen. Dazu passt Erbsen- und Karottengemüse.

Variante: Kartoffelpüree tricolor
Mit 100 g frisch gekochtem und püriertem Spinat färbt man ⅓ des Kartoffelbreies grün, mit 2 EL Kürbispüree oder Tomatenrahm (s. S. 146) ⅓ des Kartoffelbreies orange und den Rest lässt man gelb. Dazu passt in 1½ cm dicke Scheiben geschnittene beidseitig angebratene Fleischwurst (wenn man die Schale dran lässt, wölbt sich die Fleischwurst wie ein Körbchen, das man z. B. mit gekochten Erbsen füllen kann).

Kartoffel-Karotten-Püree

500 g Kartoffeln, mehlig kochend *¼ l Milch*
500 g Karotten *2 EL Butter*
Salz *1 EL Petersilie*
250 g Sahne

Kartoffeln und Karotten schälen und in grobe Stücke schneiden. Das Gemüse in eine Kasserolle geben, nach und nach mit ½ l Wasser auffüllen, salzen und in etwa 20 Min. weich kochen. Dann die Masse fein zerstampfen, Sahne und Milch dazugeben, noch einmal kurz aufkochen.
Butter unter das heiße Püree rühren und mit fein gehackter Petersilie anrichten.
Nach Belieben gebratene Speckwürfel oder Brotkrusteln darüberstreuen. Das Püree ist eine hervorragende Beilage zu Würstchen, Schnitzel oder Spiegeleiern.
Tipp: Sehr gut schmeckt zum Kartoffel-Karotten-Püree eine Béchamelsauce (s. S. 161) mit wachsweich gekochten Eiern. Pro Portion eine Eihälfte auf das Püree geben und mit Béchamelsauce umfließen lassen.

Fingernudeln / Kartoffelbankerl

Fingernudeln oder Kartoffelbankerl gelingen nur mit stärkereichen mehlig kochenden Kartoffeln (z. B. Agria). Fingernudeln aus zu neuen Kartoffeln kleben leicht an den Händen. Je älter die Lagerkartoffeln, desto größer ist der Stärkeanteil. Wenn die letzten Lagerkartoffeln besonders stärkereich sind, kann man die Mehlmenge verringern. Kurz vor der neuen Kartoffelernte braucht man gar kein Mehl mehr zum Binden. Dann kann man sogar das Eigelb weglassen.

*500 g Pellkartoffeln, mehlig
  kochend, vom Vortag
50–150 g Dinkelmehl und etwas
  Mehl zum Bestäuben
1–2 Eigelbe*

*Salz
Muskat, frisch gerieben
2 EL Butterschmalz
evtl. 2 EL Speckwürfel*

Pellkartoffeln schälen und durch die Kartoffelpresse drücken. Mit Mehl, Eigelb, Salz und Muskat zu einem Kartoffelteig verkneten. Fingerlange Röllchen formen.
Butterschmalz erhitzen und die Fingernudeln auf beiden Seiten in 3–5 Min. goldgelb anbraten. Nach Belieben Speckwürfel mitbraten. Dazu passt grüner Salat. Als süße Hauptspeise in Butter anbraten und Apfelkompott (s. S. 125) dazu reichen.

> **Butterschmalz**, das es fertig zu kaufen gibt, schmeckt vielen Kindern nicht. Wenn Ihr Kind diesen Geschmack nicht gewöhnt ist, nehmen Sie lieber Traubenkernöl und Butter gemischt. Sie können die Butter aber auch selbst klären: Dazu setzt man die Butter in einem hohen eisernen Topf auf und lässt sie ganz langsam bei milder Hitze so lange kochen, bis sich unten im Topf ein gelblicher Satz niederschlägt. Das sind Eiweißbestandteile, die in der frischen Butter enthalten sind und ihre Haltbarkeit sehr beeinträchtigen. Oben bildet sich ein Schaum, der zuerst weiß ist und später, wenn das Schmalz fertig ist, gelblich wird. Der Schaum wird abgeschöpft und das Schmalz in einen vorgewärmten Steinguttopf abgesiebt. Schaum und Rückstand nimmt man für Bratkartoffeln. Butterfett lässt sich stärker erhitzen, ohne zu verbrennen, und ist länger haltbar.

Kartoffelklöße

1 kg Pellkartoffeln, mehlig kochend, vom Vortag
2 Eier
160 g Weizenmehl Type 550
1 gehäufter TL Salz
Muskat, frisch gerieben
70 g Weißbrot
3–4 EL Butter

Kartoffeln mit der Schale kochen. Am nächsten Tag schälen und fein reiben oder mit der Kartoffelpresse durchdrücken. Mit Eiern, Mehl (die Menge hängt vom Stärkegehalt der Kartoffeln ab), Salz und Muskat zu einem festen Kartoffelteig verarbeiten. Teig in zwei Portionen teilen. Jede Portion zu einem 1 cm dicken Rechteck ausrollen. Weißbrot in feine Würfel schneiden. Butter in einer Pfanne erhitzen und die Brotwürfel leicht anrösten. Abgekühlt auf den Teigplatten verteilen, aufrollen und mit bemehltem Messer in 3–4 cm dicke Stücke schneiden. Klöße portionsweise in reichlich siedendes Salzwasser legen und nach dem Aufsteigen an die Oberfläche noch etwa 10 Min. gar ziehen lassen. Dazu passen Sauerkraut oder Bratensauce.
Tipp: Bleibt von den 12 Klößen etwas übrig, schneidet man die erkalteten Klöße in 1–2 cm dicke Scheiben und röstet sie in Fett von ausgelassenen Speckstreifen mit aufgeschäumter Butter an.

Himmel und Erde

In den Himmel wachsen die Äpfel, unter der Erde gedeihen die Kartoffelknollen. Den Zutaten für das Kartoffelpüree mit *Apfelkompott* aus dem Rheinland verdankt dieses Gericht seinen Namen.

Kartoffelpüree (s. S. 122)
800 g Äpfel (z. B. Boskop)
3 EL Butter
1 EL Rohrohrzucker
evtl. 1 Zwiebel
50 g geräucherter Speck, durchwachsen

Kartoffelpüree vorbereiten.
Die Äpfel schälen, vierteln, das Kerngehäuse entfernen, in

Schnitze teilen. 1 EL Butter in einer Pfanne erhitzen, Apfelschnitze dazugeben, mit Zucker bestreuen und etwas karamellisieren lassen. Den Deckel aufsetzen und die Apfelschnitze weich dämpfen.
Nach Belieben Zwiebel schälen und in Ringe schneiden. Speck ohne Schwarte in Streifen schneiden. 2 EL Butter in einer zweiten Pfanne erhitzen, die Speckstreifen knusprig braten, dann die Zwiebelringe darin anrösten. Speckstreifen und Zwiebelringe herausnehmen und über das Kartoffelpüree in eine Schüssel geben. Apfelkompott dazu reichen.

Variante: Kartoffelpüree mit Speckbirnen
1 feingehackte Zwiebel in Butter dünsten, 100 g Speckwürfel darin knusprig anbraten und mit wenig Wasser ablöschen. Alles zu einer sämigen Sauce einkochen. 500 g nicht zu weiche Birnen schälen, vierteln, das Kerngehäuse entfernen und die Viertel mitgaren, bis sie weich sind. Die Speckbirnen zum fertigen Kartoffelpüree reichen.

Kartoffeltaler

400 g Pellkartoffeln vom Vortag *Muskat, frisch gerieben*
50 g Weißbrot vom Vortag *Salz*
50–70 ml lauwarme Milch *2 EL Butter*
1 TL Petersilie

Pellkartoffeln schälen und durch die Kartoffelpresse drücken. Weißbrot in Würfel schneiden, in Milch einweichen, die Masse in ein Haarsieb geben, überschüssige Milch abgießen.
Petersilie fein hacken und mit Muskat und Salz in die Masse einkneten. 8 Taler formen. Butter in einer Pfanne erhitzen, die Kartoffeltaler darin goldbraun braten.

Variante: Spinat-Kartoffeltaler
100 g Spinat nach dem Rezept von S. 144 vorbereiten. Jeweils 1 TL der Spinatblätter in die Mitte der Kartoffeltaler füllen. Nach Belieben jeweils 1 Mozzarellawürfel dazustecken.

In gefüllten Kartoffeltalern kann man auch Reste von geschmortem Weißkraut verstecken.

Kartoffelgnocchi in Salbeibutter

300 g Kartoffeln, mehlig kochend
80 g Ricotta
90–100 g feiner Hartweizengrieß
1 Eigelb
evtl. 1 EL Basilikum
evtl. 1–2 EL Parmesan, frisch gerieben

Salz
Muskat, frisch gerieben
2 EL Butter
1 EL Salbei

Kartoffeln kochen, heiß schälen und durch die Kartoffelpresse drücken. Ricotta, Hartweizengrieß und Eigelb untermischen. Nach Belieben feingezupftes Basilikum und 1 EL Parmesan in die Masse einarbeiten. Mit Salz und Muskat würzen. Kartoffelteig zu einer 2 cm dicken Rolle formen. Mit einem Messer Stücke in Gnocchigröße abschneiden. Mit etwas Hartweizengrieß bestreuen und die Gnocchi kurz ruhen lassen.

Die abgeschüttelten Gnocchi im leicht siedenden Salzwasser garen, bis sie an die Oberfläche steigen. Gnocchi mit dem Schaumlöffel aus dem Wasser heben.

Butter in einer Pfanne erhitzen, die Salbeiblätter kurz darin schwenken und die Gnocchi mit Salbeibutter übergießen. Nach Belieben mit Parmesan bestreuen. Auch ein Tomatensugo (s. S. 159) passt gut dazu.

Weitere Kartoffelrezepte:
Kartoffelsuppe s. S. 106
Kürbis-Kartoffel-Suppe s. S. 108
Fleisch-Kartoffel-Eintopf s. S. 113
Kartoffel-Brokkoli-Gratin s. S. 133
Kartoffelpuffer s. S. 181
Kartoffelpizzette s. S. 181

GEMÜSE UND SALATE

Damit Ihr Kind Freude an abwechslungsreichen, gesunden Gemüsegerichten entwickelt, bieten Sie immer wieder etwas Neues an. Kinder, die von klein auf von allem einen Happen probieren dürfen, bekommen Spaß an der Vielfalt. Gut und gesund zu essen ist vor allem eine Frage der Gewöhnung und des Trainings. Vorlieben werden nicht angeboren, sondern anerzogen. Wenn Ihr Kind kein gekochtes Gemüse mag, versuchen Sie es in Kombination mit Kartoffeln oder »verstecken« das Gemüse in einem Püree oder in einer Gemüsesuppe. Die Ampelfarben eines Knabbertellers rot, grün, gelb bringen Ihr Kind möglicherweise dazu, rohes Gemüse zu testen. Erzwingen Sie aber nichts, sonst erreichen Sie nur, dass Gemüse noch unattraktiver wird. Zeitweilige Vorlieben oder Abneigungen sind nichts Ungewöhnliches, mit 7 Jahren erweitert Ihr Kind von sich aus seinen Speisezettel. Ein Kind, das eine Weile kein Gemüse isst, muss nicht zwangsläufig unter Vitaminmangel leiden: Wenn es Kartoffeln mag, gibt es aus ernährungswissenschaftlicher Sicht überhaupt kein Problem. Die meisten Kinder mögen Karotten als Rohkost, weil sie leicht süß schmecken und weil es beim Kauen knackt.

Wiener Pilzschnitzel

250 g große Austernpilze
1 Ei
Salz
6 EL Semmelbrösel
2 EL Sesam
2 EL Traubenkernöl und 2 EL Butter zum Ausbacken
Zitronenschnitze zum Garnieren

Austernpilze leicht abreiben. In einem tiefen Teller das Ei verquirlen und salzen. In einem flachen Teller Semmelbrösel mit Sesam vermischen. Die Austernpilze zuerst im Ei, dann in den Semmelbröseln wälzen. In einer Pfanne Öl erhitzen, Butter darin schmelzen und die panierten Pilze beidseitig goldgelb backen. Auf Küchenpapier entfetten. Mit Zitronenschnitzen anrichten. Dazu passt Kartoffelpüree.
Tipp: Auch gesalzene und mit Dinkelmehl bestäubte Kürbisscheiben kann man so zubereiten.

Gedämpfter Spinat

Dieser Spinat passt gut zum Füllen von Pfannkuchen oder als Beilage zu Ochsenaugen mit Kartoffelpüree. Richtig schöne Ochsenaugen gelingen mit Metallringen, die man in die Pfanne legt, innerhalb deren Eingrenzungen man die Eier aufschlägt.

1 kg Blattspinat
1 weiße Zwiebel
2 EL Butter
1 TL Vollkornmehl
Salz
Muskat, frisch gerieben
3 EL Sahne

Spinat verlesen, putzen, waschen und tropfnass in einem großen Topf etwa 5 Min. im eigenen Saft zugedeckt dünsten. Den gegarten Spinat in ein Sieb abgießen, mit kaltem Wasser überbrausen, ausdrücken und pürieren. Zwiebel schälen und fein hacken.
In einem Topf Butter erhitzen, die gehackte Zwiebel glasig dünsten, mit etwas Mehl bestäuben, verühren und den pürierten Spinat darunter mischen. Einige Sekunden aufkochen lassen, mit Salz, Muskat und Sahne abschmecken.

Karotten-Kohlrabi-Gemüse mit Reis

Statt Kohlrabi passt auch Sellerie oder Pastinake oder beides gemischt.

4 große Karotten
2 Kohlrabi (ca. 300 g)
1 Zwiebel
2 EL Butter
1 TL Rohrohrzucker

4 Kardamomkapseln, ausgelöst
Salz
250 g Reis
50 g Sahne

Karotten und Kohlrabi schälen und in Würfel schneiden. Zwiebel schälen und fein hacken. Butter in einem Topf erhitzen, die Zwiebel darin glasig dünsten. Das Gemüse und den Zucker hinzufügen und unter ständigem Rühren andünsten. Mit wenig Wasssser angießen und garen, dabei immer wieder wenig Wasser angießen. Mit Kardamom und Salz würzen.
Inzwischen Reis in ein Haarsieb geben und mit kaltem Wasser abbrausen, bis das Wasser klar wird. Mit der dreifachen Menge Wasser aufsetzen, salzen und gar kochen. Einen Teil des Gemüsesuds unter den Reis mischen. Das Karotten-Kohlrabi-Gemüse mit Sahne verfeinern und zum Reis servieren.

Variante: Süße Karotten

1 kg Karotten schälen und in ½ cm dicke Scheiben schneiden. 2 EL Butter in einer Kasserolle schmelzen lassen, 1 EL Rohrohrzucker hinzufügen. Wenn der Zucker karamellisiert ist, die Karottenscheiben dazugeben und durch Schütteln des Topfes bei geschlossenem Deckel intensiv mit Karamell überziehen. Mit soviel Wasser ablöschen, dass die Flüssigkeit die Karotten gerade bedeckt. 1 EL Honig und Salz dazugeben und auf kleiner Flamme köcheln lassen. Nicht rühren, sonst würden die Karotten zerfallen. Immer wieder den Topf schütteln und das verdunstete Wasser ersetzen, damit die Karotten nicht anbrennen. Zum Schluss lässt man die Karotten die Flüssigkeit aufsaugen. Passt gut zu Kartoffelbrei oder Reis.

Kohlrabi-Fenchel-Gemüse

600 g kleine Kohlrabi
200 g Fenchel
1 Zwiebel
2 EL Butter
1 TL Rohrohrzucker

1 EL Mascarpone
⅛ l Milch
Salz
Muskat, frisch gerieben

Die Kohlrabi putzen, schälen und in 1 cm dicke Stifte hobeln. Fenchel ohne Strunk in längliche Streifen schneiden. Zwiebel schälen und fein hacken. Butter in einem Schmortopf erhitzen, die Zwiebel darin glasig dünsten. Zucker, Kohlrabi und Fenchel dazugeben und mitschwenken. Mit ⅛ l Wasser angießen und etwa 20 Min. köcheln lassen. Mascarpone und Milch dazugeben und weitere 10 Min. sämig köcheln, bis das Gemüse weich ist. Mit Salz und Muskat abschmecken. Dazu passen Linguine mit frisch geriebenem Parmesan.

Variante: Kohlrabistreifen mit Sesam
Geschälte Kohlrabi in streichholzgroße Streifen schneiden, in einer Pfanne mit 3 EL Butter anschwitzen, 100 g Sahne angießen. Alles kurz ziehen lassen. Mit Salz und Muskat abschmecken und mit 1 TL Sesam bestreuen.

Pilz-Ratatouille

1 Lauchstange, weißer Teil
2 kleine Zucchini
250 g Pfifferlinge
1 EL Olivenöl
1 EL Butter
6 Tomaten

1 TL Petersilie, Basilikum oder
  Estragon
Salz
1 Spritzer Zitronensaft
1–2 EL Sahne

Lauch und Zucchini waschen. Lauch vierteln und in 1 cm große Stücke schneiden. Zucchini evtl. schälen, achteln und in kleine Würfel schneiden. Pfifferlinge putzen und fein hacken. Öl in einem Schmortopf erhitzen, Butter darin schmelzen und den Lauch andünsten, bis er Farbe annimmt, zuerst die Pfiffer-

linge, dann die Zucchini dazugeben und mit dem Holzlöffel ständig wenden.
Inzwischen die Tomaten überbrühen, enthäuten und würfeln. Tomaten einige Minuten mitköcheln lassen. Kräuter fein hacken und dazugeben. Mit Salz, Zitronensaft und Sahne abschmecken.
Dazu passen Hirse (s. S. 157) oder Nudeln.

Wurzelgemüse aus dem Wok

2 EL Steinpilze, getrocknet
6 Karotten
1 Pastinake
2 Frühlingszwiebeln
1 Knoblauchzehe
1 Mangold, weißer Teil

2 EL Sojaöl
1 EL Sesam
1 TL Rohrohrzucker
4 ausgelöste Kardamomkapseln
3 EL Sojasauce
Salz

Steinpilze in 100 ml kaltem Wasser einweichen. Karotten und Pastinake schälen und in Stifte hobeln. Frühlingszwiebeln in grobe Stücke schneiden. Knoblauch leicht anquetschen. Die weißen Teile des Mangolds putzen, mit dem Sparschäler faserige Teile schälen und das Gemüse in feine Streifen schneiden. Öl im Wok erhitzen. Knoblauchzehe, Sesam und Zwiebelstücke hineingeben, dann Karotten- und Pastinakenstreifen dazugeben, dabei ununterbrochen rühren. Mangoldstreifen mitdünsten, Zucker und Kardamom hinzufügen. Die Steinpilze mitsamt dem Wasser angießen, weiter rühren. Gemüse höchstens 10 Min. unter Rühren anbraten, es muss noch knackig sein. Dann Sojasauce angießen und noch kurz ziehen lassen. Knoblauchzehe entfernen. Salzen und mit Basmatireis anrichten.

Variante: Gemüseragout
2 EL getrocknete Steinpilze in 100 ml kaltem Wasser einweichen. 1 Petersilienwurzel schälen und in Stifte schneiden. 1 kleinen Fenchel und 2 Frühlingszwiebeln putzen und in

längliche Stücke schneiden. 1 Mangold (grüner Teil) und 2 EL Rucola waschen und in Streifen schneiden. 1 Knoblauchzehe leicht anquetschen.

3 EL Sonnenblumenöl im Wok erhitzen, nacheinander Knoblauch, 1 EL Sonnenblumenkerne, Petersilienwurzel und Fenchel unter ständigem Rühren anbraten. Dann den Mangold hinzufügen und zusammenfallen lassen. Steinpilze mit Einweichwasser angießen und 5 Min. unter Rühren köcheln lassen. Mit 1 EL Sojasauce und Kräutersalz abschmecken. Knoblauchzehe entfernen. Zum Gemüseragout passt Brotfladen (s. S. 95).

Kartoffel-Brokkoli-Gratin

500 g Brokkoli
500 g Kartoffeln
Salz

Gratin-Sauce:
1 EL Butter
1 EL Vollkornmehl

200 g Sauerrahm (24% Fett)
1 Msp. Safranfäden oder Safranpulver
1 Eigelb
200 g Naturjoghurt
1 TL Zitronensaft
50 g Schlagsahne

Gemüse putzen und waschen. Vom Brokkoli nur die holzigen Stielteile wegschneiden, den Rest des Stieles mit dem Sparschäler abschälen und in Scheiben schneiden, die Röschen abschneiden. Kartoffeln schälen, waschen und etwa 20 Min. in Salzwasser garen. Brokkoli in kochendem Salzwasser (am besten im Dünsteinsatz) etwa 4 Min. garen.

Inzwischen für die Gratin-Sauce die Mehlbutter kneten, d. h. Butter mit Mehl zu einer geschmeidigen Masse vermischen und beiseite stellen. Sauerrahm in einem kleinen Topf vorsichtig erhitzen und mit Safran gelb färben. Die Hälfte der Mehlbutter nach und nach in den Rahm bröseln und unterrühren. Bei schwacher Hitze unter ständigem Rühren etwa 10 Min. ausquellen lassen. Das Eigelb unterrühren. Die Sauce vom Herd nehmen, den Joghurt unterrühren, wieder auf den Herd stellen, aber nicht kochen lassen. Sauce mit Salz und wenig Zitronensaft abschmecken.

Backofen auf 225° vorheizen. Den gegarten Brokkoli abgießen, kalt abschrecken und gut abtropfen lassen, die Kartoffeln abgießen. Gemüse und Kartoffeln in eine gebutterte Quicheform füllen.
Für die Sauce die Sahne steif schlagen und unterheben. Sauce gleich über das Gemüse verteilen. Den Gratin im Backofen 10–15 Min. goldbraun überbacken.

Zucchinirösti

Das Rezept eignet sich auch für Pastinaken oder Karotten. Man kann das Gemüse jeweils zur Hälfte mit Kartoffeln mischen, dann benötigt man kein Ei zur Bindung. Sehr fein schmecken Kartoffelraspel gemischt mit fein gehackten, in Butter angerösteten Pilzen.

800 g kleine Zucchini
Salz
1 Ei
Muskat, frisch gerieben
1 EL Traubenkernöl und 3 EL Butter zum Ausbacken

Die Zucchini schälen und auf einer Rohkostreibe fein reiben. Salz über die Masse streuen und sie etwa 15 Min. stehen lassen, damit ihr Flüssigkeit entzogen wird.
Die Zucchinimasse auf ein Sieb geben, ausdrücken und gut abtropfen lassen. Das Ei aufschlagen, verquirlen, mit der Zucchinimasse vermischen und mit Muskat abschmecken.
Öl in einer Pfanne erhitzen, die Butter darin schmelzen, 1 gut gehäuften EL der Zucchinimasse entnehmen, zu kleinen Fladen formen und diese im heißen Fett auf beiden Seiten knusprig ausbacken.

Leipziger Allerlei

300 g Erbsen, tiefgekühlt
300 g Karotten
1 junger Kohlrabi
300 g Stangenspargel
Salz
1 TL Rohrohrzucker
4 EL Butter

Muskat, frisch gerieben
2 EL Vollkornmehl
1 Eigelb
1 EL Petersilie
400 g Fleischwurst

Erbsen auftauen lassen. Karotten und Kohlrabi schälen. Karotten in Scheiben schneiden. Kohlrabi stifteln, Spargelstangen schälen und in 5 cm lange Stücke schneiden. Spargelstücke in einem extra Topf mit ½–¾ l Salzwasser und etwas Zucker vermischt zugedeckt garen. Spargelstücke herausnehmen und den Spargelsud aufheben.

2 EL Butter mit etwas Zucker in einem Schmortopf erhitzen. Erbsen, Karottenscheiben und Kohlrabistifte darin schwenken. Wenig Spargelsud angießen. Mit Salz und Muskat würzen. Gemüse zugedeckt garen, Spargelstücke hineingeben und alles noch einmal ziehen lassen. In einem anderen Topf 1 EL Butter erhitzen, Mehl dazugeben und anschwitzen. Dann mit so viel Spargelsud ablöschen und mit dem Schneebesen ständig rühren, dass eine sämige Sauce entsteht. Eigelb verquirlen, 1 Schöpflöffel heiße Sauce dazurühren. Das Gemüse in die Sauce schütten und kurz erhitzen, aber nicht mehr kochen. Petersilie fein hacken und darüber streuen.

Fleischwurst in 1½ cm dicke Scheiben schneiden. 1 EL Butter in einer Pfanne erhitzen, die Wurstscheiben beidseitig anbraten. Dadurch wölben sich die Wurstscheiben wie Körbchen.

Dazu passt Kartoffelpüree.

Apfelrotkraut

1 mittelgroßer Kopf Rotkraut
2 EL Himbeeressig
Salz
3 Nelken
2 Lorbeerblätter
1 Zwiebel
1 EL Vollrohrzucker
2 EL Butter
250 ml Johannisbeersaft (oder Apfelsaft) mit 250 ml Wasser vermischt
2 Äpfel
Nelkenpfeffer, frisch gemahlen
2–3 EL Johannisbeermarmelade

Rotkraut bis zum Strunk fein hobeln. Mit 1 EL Essig, Salz und den Gewürzen marinieren. Zwiebel schälen und fein hacken. In einer Kasserolle 1 EL Essig, Zucker und 1–2 EL Wasser einkochen, Butter darin schmelzen lassen und die Zwiebeln glasig dünsten. Das Rotkraut hinzufügen und zusammenfallen lassen. Mit der Hälfte der Flüssigkeit angießen und etwa 15 Min. köcheln. Äpfel schälen und mit einem kleinen Hobel zum Rotkraut hobeln. Den restlichen Saft hinzufügen, mit Salz und Nelkenpfeffer würzen und weitere 20–25 Min. offen köcheln lassen, dabei immer wieder umrühren. Am Schluss Johannisbeermarmelade dazugeben und wenige Minuten ziehen lassen. Dieses Rotkraut passt besonders gut zu Fingernudeln oder Spätzle. Rotkraut kann mehrfach aufgewärmt werden.

Sauerkraut

Sauerkraut ist ein sehr vitaminreiches Wintergemüse. Es passt besonders gut zu Kassler, Würstchen und Kartoffelpüree. Sauerkraut sollte weder gewässert noch ausgedrückt werden, sonst verliert es erhebliche Anteile an Vitamin C und der für die Verdauung günstigen Milchsäure. Wenn das offene Sauerkraut gegen Ende des Winters etwas strenger ist, kann man es milder machen, indem man 1 rohe Kartoffel hineinreibt oder zum Garen Nudel- oder Spätzlewasser verwendet.

1 kg frisches Sauerkraut (aus dem Naturkosthaus)
1 Zwiebel
2 Knoblauchzehen
1 EL Honig- oder Apfelessig
1 EL Vollrohrzucker
3 Lorbeerblätter
3 Nelken
1 TL Wacholderbeeren
1 TL Pfefferkörner
Salz
500–750 ml Apfel- oder Birnensaft
2 Äpfel oder Birnen

Frisches Sauerkraut mit zwei Gabeln auseinanderzupfen. Zwiebeln schälen und fein hacken. Knoblauch schälen.
In einem Schmortopf Essig, Zucker und 1–2 EL Wasser einkochen, dann die Butter darin schmelzen. Knoblauchzehen und gehackte Zwiebeln darin glasig dünsten. Das Sauerkraut locker einschichten. Gewürze hinzufügen, mit etwas Salz bestreuen. Die Hälfte des Saftes angießen und das Sauerkraut leise köcheln lassen. Äpfel oder Birnen schälen und mit einem kleinen Hobel in Scheibchen dazuhobeln. Den Deckel auf den Topf setzen und das Sauerkraut ¾–1 Std. sanft köcheln lassen. In der Zwischenzeit eventuell etwas Saft oder warmes Wasser (Nudel- oder Spätzlewasser) nachgießen. Gewürze und Knoblauch herausnehmen und das Sauerkraut abschmecken.

Geschmortes Weißkraut/Spitzkraut

3 Karotten
½ Kopf Weißkraut (700 g geputzt) oder 1 Kopf Spitzkraut
1 Zwiebel
1 Knoblauchzehe
1 EL Vollrohrzucker
1 EL Himbeer- oder Apfelessig
2–3 EL Butter
Salz

Karotten putzen, schälen und in Stifte schneiden. Weißkraut putzen und halbieren, den halben Kopf vierteln, Strunk und Blattrippen herausschneiden und die Viertel in 1 cm breite Streifen schneiden. Zwiebel schälen und fein hacken. Knoblauch leicht anquetschen.
In einem Schmortopf Zucker in 1 EL Wasser schmelzen und leicht braun werden lassen. Mit Essig ablöschen und einko-

chen, bis fast keine Flüssigkeit mehr übrig ist. Butter darin schmelzen, gehackte Zwiebel und Knoblauchzehe darin glasig dünsten. Karottenstifte dazugeben und im Topf mit geschlossenem Deckel schütteln. Dann das Weißkraut unter ständigem Rühren etwas zusammenfallen lassen. Das Kraut nach und nach mit 150 ml Wasser angießen und offen etwa 20 Min. einkochen lassen, dabei mit dem Kochlöffel ständig rühren. Notfalls noch etwas Wasser nachgießen. Salzen, Knoblauch herausnehmen.

Dazu passen Salzkartoffeln mit Würstchen, die man zugedeckt kurz vor Ende der Garzeit noch etwas mitziehen läßt.

Krautnudeln heißt das Gericht, wenn man Spätzle mit etwas Garflüssigkeit vorsichtig untermischt.

Wirsing

Als sahniges Püree zu Kartoffeln sind Kinder diesem Gemüse nicht abgeneigt.

1 kleiner Kopf Wirsing
1 Schalotte
Salz
2 EL Butter

1 EL Vollkornmehl
2 EL Sahne
Muskat, frisch gerieben

Wirsing putzen, von den äußeren Blättern befreien, den Kopf halbieren, dann vierteln, Strunk und die dicken Ansätze der Blattrippen großzügig wegschneiden. Viertel in 2 cm breite Streifen schneiden. Schalotte schälen und fein hacken.

Reichlich Salzwasser zum Kochen bringen, 1 TL Butter dazugeben und die Wirsingstreifen etwa 5 Min. sprudelnd kochen, kalt abschrecken und nach Belieben durch den Wolf drehen.

Restliche Butter erhitzen, die gehackte Schalotte darin glasig dünsten, mit Mehl bestäuben und zu einer Schwitze rühren. Wirsing hinzufügen, mit wenig heißem Wasser angießen und weitere 3–5 Min. köcheln lassen. Mit etwas Sahne verfeinern und mit Muskat und Salz abschmecken.

Karottensalat

500 g Karotten mit einer feinen Rohkostreibe raspeln. 2 EL Rohrohrzucker, 1 EL Traubenkernöl, 1 EL Zitronen- oder Orangensaft und Salz hinzufügen. Den Karottensalat mit der Hand kräftig durchdrücken. Mindestens 1 Std. durchziehen lassen.

Variante: Karotten-Apfel-Salat
Karotten in gröbere Raspeln schneiden. Kurz vor dem Anrichten des fertigen Karottensalates 1 rotbackigen Apfel mit Schale dazu reiben. Salatsauce herstellen aus 4–5 EL flüssiger Sahne und evtl. 1 EL Joghurt, 2 EL Zitronensaft, ½ TL Salz und ½ TL Honig. Das Ganze kräftig schütteln und über den Salat gießen. Ohne Fett geröstete Sonnenblumenkerne darüber streuen.

Gurkensalat in Dillrahm

Viele Kinder mögen überhaupt kein Dressing. Wenn Ihr Kind dazu gehört, machen Sie es sich ganz einfach und bieten ihm die Gurken nur mit etwas Kräutersalz bestreut an.

3 Gärtnergurken	*1 Msp. süßer Senf*
3 EL Sauerrahm	*1 TL Rohrohrzucker*
2 EL Joghurt	*1 TL Kräutersalz*
2 EL Traubenkernöl	*1 EL Dillspitzen*

Gurken schälen und mit dem Gurkenhobel fein hobeln. Salatsauce herstellen aus Sauerrahm, Joghurt, Traubenkernöl, süßem Senf, Zucker und Salz. Das Ganze kräftig schütteln und über die Gurken gießen. Dill mit der Schere darüber schneiden. Gurkensalat vermischen und etwas ziehen lassen. Sehr gut passt Gurkensalat zu Kartoffelpüree.

Knackig frischer Blattsalat

Blätter von ½ Kopfsalat, ½ Eissalat,
Burgunder- oder Eichblattsalat
und 50 g Feldsalat, evtl. 1 Apfel
in dünnen Scheiben

Salatsauce:
4 EL Joghurt
2 EL Zitronensaft
1 TL Salz
1 TL Rohrohrzucker
Schnittlauch

Falls Ihr Kind Salat ablehnt, versuchen Sie nur ein paar Tropfen Olivenöl darüber zu träufeln. Wenn es den Salat so akzeptiert, kann man einige Spritzer Zitronensaft hinzufügen.
Blätter vom Salat putzen, waschen und in mundgerechte Stücke teilen. Feldsalat putzen und waschen. Apfelscheiben vorbereiten. Salatsauce herstellen aus Joghurt, Zitronensaft, Salz und Zucker. Das Ganze kräftig schütteln und über den Salat gießen. Schnittlauch mit der Küchenschere darüber schneiden.

Variante: Salatsauce
2 EL Traubenkernöl, 2 EL Olivenöl, 2 EL Zitronensaft, 1 TL Salz, 1 TL Ahornsirup kräftig miteinander schütteln.

Bunter Marktsalat

2 Tomaten
1 Salatgurke
1 Kopfsalat

Salatsauce:
1 EL Zitronensaft
   oder Apfelessig
4 EL Pflanzenöl (halb
   Olivenöl, halb
   Traubenkernöl)

1 TL Rohrohrzucker
1 TL Salz
1 TL Petersilie

Tomaten waschen und achteln, dabei die Stielansätze entfernen. Salatgurke schälen, mit einem Teelöffel entkernen und in feine Scheiben schneiden, Salat putzen, waschen, die Blätter in mundgerechte Stücke teilen.
Salatsauce herstellen aus Zitronensaft oder Apfelessig, Öl, Zucker und Salz. Das Ganze kräftig schütteln und über den Salat gießen. Petersilie fein hacken und über den Salat streuen.

Knabbergemüse mit Joghurt- und Avocado-Dip

2 Karotten, 1 Kohlrabi, 1 Gartengurke, 1 Fenchel, 1 rote und 1 gelbe Paprika

Joghurt-Dip:
250 g Naturjoghurt (wahlweise Quark)
100 g Sauerrahm oder 50 ml Milch

Saft ½ Zitrone
Salz

Avocado-Dip:
1 reife Avocado
Saft ½ Zitrone
Salz
1 Fleischtomate

Karotten, Kohlrabi und Gurke schälen und in längliche Stücke schneiden. Fenchel und Paprika putzen, evtl. die harte Schale mit dem Sparschäler entfernen und in Achtel schneiden.

Joghurt oder Quark mit Sauerrahm oder Milch verrühren, Zitronensaft darunter rühren, salzen.

Avocado halbieren und den Kern entfernen. Das Fruchtfleisch herauslösen, mit einer Gabel zerdrücken, mit Zitronensaft verrühren, salzen. Tomate mit kochend heißem Wasser überbrühen, enthäuten, das Fruchtfleisch fein hacken und unter das Avocadomus mischen.

Gemüse auf einer Platte anrichten, die beiden Dips in jeweils einem Schälchen dazustellen.

Als Beilage Brotfladen (s. S. 95) oder Pellkartoffeln.

Tipp: Ein Teil der Avocadocreme kann ohne Tomatenstücke mit etwas Joghurt vermischt werden. Ist die Avocado noch nicht ganz reif, sollte man sie in eine mit Mehl gefüllte Schüssel legen, so reift sie schneller aus.

SPÄTZLE, NUDELN, REIS

Diese Favoriten der kindlichen Essgelüste sollten Sie nutzen, um den Kindern Gemüse in begleitenden Saucen schmackhaft zu machen.
Grundsätzlich unterscheidet man Nudeln mit und ohne Ei. Während man hierzulande lieber Eiernudeln isst, ziehen die Italiener die eierlosen Nudeln vor. Diese Pasta besteht aus 100-prozentigem Hartweizengrieß. Hartweizen enthält mehr vollwertige Inhaltsstoffe, Vitamine und Mineralien als das übliche Weißmehl. Man erkennt die gute Qualität der Nudeln am Biss. Wer seine Eiernudeln selber macht, kann auch Mehl aus Weichweizen verwenden. Die frischen Eier sorgen dann für die Bindung des Teiges.
Reis und Risotto sind ebenfalls beliebte Sattmacher bei Kindern. Wenn Ihre Kinder keinen Naturreis mögen, der natürlich viel ballaststoffreicher ist als der weiße geschälte Reis, bieten Sie als Kompromiss Parboiled Reis an. Durch ein besonderes Verfahren bleiben viele Vitamine und Mineralstoffe erhalten. Man kann auch zur Hälfte Naturreis kochen und 10 Min. vor Ende der Garzeit noch etwas weißen Reis untermischen.

Eierspätzle

400 g Weizenmehl Type 550 oder
 doppelt griffiges Spätzlemehl
5–6 Eier
1 gestrichener TL Salz
8 EL Wasser oder Mineralwasser

Zum Servieren:
3 EL Butter
2 EL Brösel aus geriebener Brezel

Mehl, Eier und Salz mit Knethaken zu einem dickflüssigen, glatten Spätzleteig verkneten. Je nach Größe der Eier nach Bedarf Mineralwasser hinzufügen.
Inzwischen reichlich Salzwasser zum Kochen bringen. Eine große Schüssel mit lauwarmem Salzwasser vorbereiten, ein Sieb hineinhängen. Kaltes Wasser für Löffel und den Spätzlehobel bereitstellen. Spätzlehobel mit kaltem Wasser anfeuchten. Mit dem in Wasser getauchten Löffel 3 EL vom Spätzleteig in den Spätzlehobel geben und ins sprudelnd kochende Salzwasser schaben. Sobald die Spätzle gar sind, steigen sie an die Oberfläche. Die Spätzle mit dem Schaumlöffel herausnehmen, in das Sieb im lauwarmen Wasser geben. Sieb aus dem Wasser nehmen, Spätzle abtropfen lassen. Jede Teigportion zügig verarbeiten, bis der ganze Teig verbraucht ist.
Butter in einer Pfanne erhitzen und die Brösel darin anrösten. Spätzle damit abschmälzen.

Variante: Allgäuer Kasspatzen
Backofen auf 200° vorheizen. Spätzleteig mit Milch statt Wasser anrühren. Frisch gekochte Spätzle in eine gebutterte Auflaufform schichten. Dazwischen in 2 Lagen insgesamt 100–150 g frisch geriebenen Emmentaler mit 1 Prise Muskat streuen, mit etwas Spätzlebrühe angießen und im vorgeheizten Backofen in etwa 20 Min. überbacken, bis der Käse schmilzt.
1 Zwiebel schälen, halbieren und in Ringe schneiden, die zu Streifen auseinanderfallen, mit wenig Mehl bestäuben. 2 EL Traubenkernöl in einer Pfanne erhitzen und die Zwiebelringe goldbraun anbraten. Zusammen mit Schnittlauch über die Kasspatzen streuen. Dazu passt Gurkensalat in Dillrahm (s. S. 139).

Blitzschnelle Variante: 1 EL Butter in einer Pfanne schmelzen, die Spätzle darin schwenken, mit 1 Schöpflöffel Spargelsud oder Spätzlewasser angießen, Käse untermischen.

Dinkelknöpfle

250 g helles Dinkelmehl Type 630
5 Eier
Salz
Muskat, frisch gerieben
1 EL Butter

Mehl in eine große Schüssel sieben. Die Eier leicht aufschlagen, mit Salz und 1 Prise Muskat zum Mehl hinzufügen. Mit dem Knethaken alles zu einem geschmeidigen Teig verrühren und mit dem Knöpflehobel portionsweise in kochendes Salzwasser geben. Der Teig fällt durch die Löcher in Tropfen ins kochende Wasser und verfestigt sich zu knopfartigen Nudeln. Sobald die Knöpfle an die Oberfläche aufsteigen, mit dem Schaumlöffel herausnehmen und in eine Schüssel mit lauwarmem Wasser geben. Die Knöpfle abgießen und in einer Pfanne mit heißer Butter schwenken.

Tipp: Die Knöpfle kann man grün färben, indem man die Eier mit einer Handvoll Kräuter (z. B. Basilikum, Bärlauch, Sauerampfer, Minze) fein mixt und dann zum Mehl gibt.

Spinatknöpfle/Brennnesselknöpfle

Kinder, die grünes Gemüse verweigern, essen oft Spinatknöpfle.

200 g Blattspinat oder junge Brennnesseln, frisch gepflückt
Knöpfleteig s. oben
Muskat, frisch gerieben
2 EL Butter
2 EL Semmelbrösel

Blattspinat oder Brennnesseln verlesen, waschen und putzen. Verlesenen Spinat tropfnass etwa 5 Min. zugedeckt dünsten, in

ein Sieb abgießen, mit kaltem Wasser überbrausen, gut ausdrücken und pürieren. Knöpfleteig mit 1 Ei weniger zubereiten, abgekühlten Spinat untermischen, mit Muskat würzen und wie beschrieben Knöpfle zubereiten.
Butter in einer Pfanne schmelzen, Semmelbrösel darin goldbraun abschmälzen und über die Spinatknöpfle/Brennesselknöpfle geben.

Variante: Kürbisknöpfle
Statt Spinat kann man auch 2–3 EL Kürbispüree unterrühren. Fertige Knöpfle mit frisch geriebenem Parmesan bestreuen. Dazu passt grüner Salat.

Makkaroni in Steinpilzrahm

300 g Makkaroni
Salz
1 Knoblauchzehe
1 EL Petersilie und 2 EL Selleriegrün oder fein geschnittenen Staudensellerie
2 EL Butter

2 EL getrocknete Steinpilze
1 TL Vollkornmehl
200 g Sahne
100 g Schinkenspeck
50–100 g Parmesan, frisch gerieben

Makkaroni in kochendes Salzwasser geben und bissfest kochen.
Knoblauch leicht anquetschen. Kräuter fein hacken. 1 EL Butter in einem Topf erhitzen, Knoblauch und Kräuter darin dünsten. Steinpilze leicht zerbröselt hinzufügen und mitdünsten, das Mehl einrühren und nach und nach mit 2 Schöpfkellen Nudelwasser ablöschen, dabei ständig rühren und einkochen lassen, nachsalzen. Mit Sahne auffüllen und die Sauce noch leicht ziehen lassen. Das Ganze fein mixen und evtl. durch ein Haarsieb streichen.
Schinkenspeck in feine Streifen schneiden. 1 EL Butter in einer Pfanne erhitzen und den Schinkenspeck glasig auslassen.
Makkaroni abgießen, mit dem Steinpilzrahm und den Speck-

streifen vermischen und anrichten. Geriebenen Parmesan extra dazu reichen. Dazu passt ein bunter Marktsalat.

Variante: Pesto
½ Bund Basilikum mit 1 Schöpflöffel Nudelwasser, 2 EL Olivenöl und 2 EL Sahne fein pürieren, nach Belieben 50 g geriebenen Parmesan unterrühren und unter die heißen Makkaroni mischen.

Fusilli in Tomatenrahm

500 g Fusilli
Salz
Für die Sauce:
2 EL Butter
2 EL Tomatenmark
1 TL Rohrohrzucker
1 Thymianzweig
150 g Sahne
50–100 g Parmesan,
  frisch gerieben

Fusilli in schwach siedendem Salzwasser gar kochen.
Inzwischen Butter in einem kleinen Topf erhitzen, Tomatenmark und Zucker einrühren und bei ständigem Rühren etwas anziehen lassen. Nach und nach mit 3–4 Schöpflöffeln Nudelwasser angießen und sämig einkochen lassen. Thymianzweig dazulegen. Mit Sahne binden, nachsalzen und die Nudeln mit dem Tomatenrahm vermischen. Thymianzweig entfernen. Fusilli mit frisch geriebenem Parmesan anrichten.

Reibkäse: Der richtige Käse ist wie das Tüpfelchen auf dem i. Verwenden Sie stets erstklassigen, gut gereiften Parmesankäse, am besten Parmigiano Reggiano oder Grana Padano am Stück. Reiben Sie ihn stets frisch. Man lagert Parmesan am besten in Pergamentpapier, das man alle 4 Tage wechseln sollte. Geeignet ist auch eine Frühstückstüte aus Butterbrotpapier. So hält Parmesan am längsten, ohne Schimmel anzusetzen.

Spaghetti mit Räucherlachs

500 g Spaghetti
Salz
½ Lauchstange, weißer Teil,
   oder 1 kleine Zucchini
1 EL Petersilie
1 Zwiebel

100 g Räucherlachs
2 EL Butter
1 TL Vollkornmehl
250 ml Milch (bzw. 100 g Sahne
   und 150 ml Nudelwasser)
1 EL Petersilie

Spaghetti in Salzwasser bissfest kochen, mit einem Holzlöffel immer wieder umrühren. Inzwischen Lauch achteln, waschen und schmale Streifen schneiden bzw. Zucchini in feine Stifte hobeln. Etwa 1 Min. bevor die Spaghetti bissfest sind, die Lauchstreifen bzw. Zucchinistifte hinzufügen. Inzwischen Zwiebel schälen und klein hacken. Räucherlachs in Streifen schneiden.

Butter in einer Kasserolle erhitzen, bis sie aufschäumt. Gehackte Zwiebel darin glasig dünsten, mit Mehl bestäuben und Lachsstreifen hinzufügen. Dann mit 1–2 Schöpfkellen Nudelwasser ablöschen, dabei ständig rühren. Milch nach und nach angießen und die Lachssauce dicklich einkochen. Spaghetti abgießen. Lachssauce mit zwei Gabeln unter die Spaghetti mischen. Petersilie fein hacken und darüber streuen.

Tipp: Ein blitzschnelles Mittagessen sind Spaghetti mit Zitronenbutter (s. S. 174), die mit etwas Nudelwasser verdünnt wird, dazu Räucherfischstücke (z. B. Forelle, Schillerlocke). Mit frischen Kräutern (z. B. Estragon oder Brunnenkresse) anrichten.

Variante: Spaghetti Carbonara
500 g Spaghetti in kochendem Salzwasser bissfest kochen. 1 EL Butter in einer Pfanne erhitzen, 100 g Speckwürfel darin glasig braten. 2 Eier mit 3 EL Sahne in einer großen Schüssel verrühren, 4 EL frisch geriebenen Parmesan, Muskat und Salz hinzufügen. Spaghetti abgießen, in die Eier-Sahne-Mischung schütten und alles mit zwei Gabeln gut durchmischen. Die

Speckwürfel mitsamt dem Fett dazugeben und mit fein gehackter Petersilie bestreuen.

Tagliatelle mit Spinatsauce

500 g Tagliatelle
500 g frischer Blattspinat
1 Zwiebel
1 EL Butter
150 g geräucherter Speck, durchwachsen

200 g Sahne
evtl. 1 TL Gorgonzola
50–100 g Parmesan, frisch gerieben

Tagliatelle in kochendem Salzwasser bissfest kochen. Inzwischen Spinat verlesen, putzen, waschen und tropfnass in einem großen Topf etwa 5 Min. im eigenen Saft zugedeckt dünsten. Den gekochten Spinat in ein Sieb abgießen, mit kaltem Wasser überbrausen, ausdrücken und fein hacken. Zwiebel schälen und fein hacken.
Butter in einer Kasserolle erhitzen, gehackte Zwiebel darin glasig dünsten, Speck in feine Streifen schneiden, hinzufügen und auslassen. Den gehackten Spinat dazugeben und kurz mitziehen lassen. Mit Sahne auffüllen und nach Belieben Gorgonzola einrühren. Die Spinatsauce über die Tagliatelle gießen. Mit frisch geriebenem Parmesan anrichten.

Variante: Fettuccine mit Brokkoli-Schinken-Sahne
500 g Fettucine in kochendem Salzwasser bissfest kochen. Von 3 kleinen Brokkoli nur die holzigen Stielteile wegschneiden, den Rest der Stiele mit dem Sparschäler abschälen und in Scheiben schneiden, die Röschen abschneiden. Brokkoliröschen 3–4 Min. im Dämpfeinsatz garen. 1 kleine Zwiebel schälen und fein hacken. 50 g Beinschinken in Streifen schneiden.
1 EL Olivenöl in einer Pfanne erhitzen, 1 EL Butter darin schmelzen, gehackte Zwiebeln glasig dünsten, Brokkolischeiben andünsten, bis sie knapp gar sind. Mit 3–4 EL Wasser und 100 g Sahne angießen und einige Minuten leise köcheln, salzen.

Nudeln abgießen. Brokkoliröschen abgießen und abschrecken. 1 Ei mit 1 Schöpflöffel Brokkolisahne verquirlen und in die übrige Sauce einrühren, diese mit zwei Gabeln unter die Fettuccine mischen. Die Schinkenstreifen und 2–3 EL frisch geriebenen Parmesan dazugeben. Fettucine mit den Brokkoliröschen garnieren.

Butternudeln

500 g Tagliatelle
Salz
1 Zwiebel
Mehl zum Bestäuben
3 EL Butter
50 g Parmesan, frisch gerieben

Tagliatelle in kochendem Salzwasser bissfest kochen. Zwiebel schälen, halbieren, in Ringe schneiden und mit Mehl bestäuben.
2 EL Butter in einer Pfanne erhitzen und die Zwiebelstreifen anbräunen. Nudeln abgießen. Die abgetropften Tagliatelle mit 1 EL Butter und der Hälfte des Parmesan mit zwei Gabeln vermischen. Butternudeln mit restlichem Parmesan bestreuen und mit den gerösteten Zwiebeln anrichten. Dazu passt grüner Salat.

Variante: Tagliatelle in Eierrahm
Wenn Nudeln übrig bleiben, kann man sie als Abendessen so zubereiten: 1 EL Butter in einer Pfanne schmelzen, die Nudeln darin erwärmen. 1 Eigelb, 50 ml Milch und 50 g Sahne miteinander verrühren, mit Salz und Muskat abschmecken und über die Nudeln geben. Bei geringer Hitze stocken lassen.

Linguine mit Lauch-Fenchel-Sauce

500 g Linguine
Salz
1 Lauchstange, weißer Teil
1 großer Fenchel mit Fenchelgrün
1–2 EL Olivenöl oder Butter
1 TL Rohrohrzucker
1 TL Vollkornmehl
¼ l Milch
50 g Sahne

Linguine in Salzwasser bissfest kochen. Lauch und Fenchel putzen, waschen und grob zerteilen. Fenchelgrün beiseite legen.
Öl oder Butter erhitzen, das Gemüse mit Zucker 2–3 Min. andünsten, mit Mehl bestäuben und dabei mit dem Kochlöffel rühren. Mit Milch angießen und weitere 3–4 Min. köcheln. Mit Sahne und Salz abschmecken. Nach Belieben pürieren. Die Sauce mit gehacktem Fenchelgrün bestreuen und zu den Nudeln reichen.

Röhrennudeln mit Lauch-Tomaten-Sauce

500 g Penne
Salz
1 Lauchstange, weißer Teil
4 Tomaten
2 EL Butter
1 TL Rohrohrzucker
2 EL Tomatenmark
1 EL Rucola
125 g Sahne
Kräutersalz
Parmesan, frisch gerieben

Penne in kochendem Salzwasser bissfest kochen.
Inzwischen Lauch achteln, waschen und in kleinste Stücke schneiden. Tomaten überbrühen, enthäuten und fein hacken.
Butter in einem Topf erhitzen, Lauch darin andünsten, mit Zucker bestreuen. Tomatenmark einrühren. Tomatenstücke mitdünsten. Mit Nudelwasser angießen und mindestens 15 Min. leise köcheln lassen. Rucola fein hacken und untermischen. Nach Belieben alles fein mixen. Mit Sahne und Kräutersalz abschmecken.
Penne abgießen, salzen. Tomatensauce dazugeben, alles mit zwei Gabeln gut durchmischen. Mit Parmesan bestreuen.

Tipp: In der Sauce kann man auch gebratene Hähnchenbrüstchen einlegen.

Gemüselasagne

Es gibt Lasagneblätter, die man wie Nudeln vorkocht, und Lasagne, die man ohne Vorgaren weiterverwenden kann: dann sollte die Sauce flüssiger sein. Zudem dauert die Backzeit 10–15 Min. länger. Sehr gut schmeckt die Lasagne belegt mit feinen Scheiben von geräuchertem Speck.

250 g Lasagneplatten
Salz
einige Tropfen Olivenöl

2 EL Olivenöl
1 EL Butter
1 EL getrocknete Pilze

Ragoutsauce:
1 Zwiebel
2 Frühlingszwiebeln
250 g Karotten
500 g Tomaten

Butter für die Form und 2 EL Butterflöckchen
Béchamelsauce (s. S. 161)
5 EL Sahne oder Crème fraîche
50 g Parmesan, frisch gerieben

Lasagneplatten in kochendem Salzwasser mit einigen Tropfen Öl 2–3 Min. vorgaren.
Backofen auf 170° vorheizen. Zwiebel und Frühlingszwiebeln schälen bzw. putzen und fein hacken. Karotten schälen und in kleinste Würfel schneiden. Tomaten überbrühen, enthäuten und fein hacken.
Öl in einer Kasserolle erhitzen, Butter darin schmelzen. Die Zwiebeln darin glasig dünsten. Karotten und Pilze hinzugeben und kurz darin schwenken. Die Tomatenstücke dazugeben, mit 1–2 Schöpflöffeln Nudelwasser angießen und die Sauce zugedeckt 15–20 Min. leicht köcheln lassen.
Inzwischen eine Béchamelsauce zubereiten.
Eine rechteckige Auflaufform mit Butter ausstreichen, den Boden mit den abgetropften Lasagneplatten auslegen. Sie sollten nicht überlappen. Ragoutsauce darüber geben, mit Béchamelsauce begießen und mit Parmesan bestreuen. In dieser Reihen-

folge drei Schichten einfüllen. Die letzte Nudelschicht mit etwas Béchamelsauce, Sahne oder Crème fraîche bedecken. Grob geriebenen Parmesan und Butterflöckchen darauf verteilen. Lasagne im Backofen 20–30 Min. überbacken.

Variante: Lasagne mit Hackfleischfüllung
2 EL Olivenöl in einer Kasserolle erhitzen, 1 EL Butter darin schmelzen. 1 gehackte Zwiebel, 1 leicht angequetschte Knoblauchzehe und 50 g Speckwürfel darin glasig dünsten. 2 EL getrocknete Pilze und 1 EL Sonnenblumenkerne hinzugeben und kurz darin schwenken. 500 g gemischtes Hackfleisch mitbraten und ständig rühren, bis es bröselig wird. 3 enthäutete, gehackte Tomaten, 1 EL Frühlingszwiebelröhrchen und 1 Handvoll frische Majoranblättchen dazugeben. Nach Belieben 1 EL Tomatenmark oder 2 EL Sojasauce unterrühren. Mit Salz und Muskat würzen. Die Hackfleischfüllung auf den Lasagneplatten verteilen, mit 50 g geriebenem Emmentaler bestreuen und mit der Béchamelsauce übergießen. Wie Gemüselasagne fertigstellen.
Tipp: Man kann auch Cannelloni-Röllchen mit einigen frischen Spinatblättern und je 1 Käsewürfel oder mit Hackfleischmasse füllen und mit Béchamelsauce überbacken.

Nudelsalat

Für 8–10 Kinder:
4 Schöpflöffel Tomatensugo
500–750 g Hörnchennudeln
1 gelbe und 1 rote Paprika
4 Tomaten
150 g Emmentaler

7–8 EL Olivenöl
2 EL Rotweinessig
Salz
Schnittlauch
1 Handvoll Basilikum

Tomatensugo nach dem Rezept S. 159 vorbereiten und erkalten lassen.
Nudeln in kochendem Salzwasser bissfest kochen, abgießen und in eine große Schüssel geben. Mit 2 EL Olivenöl beträufeln, damit die Nudeln nicht aneinander kleben, salzen.

Gemüse putzen und in kleine Würfel schneiden. Käse in Streifen schneiden. Alle Zutaten zu den Nudeln geben, die Sauce aus restlichem Öl, Tomatensugo, Essig und Salz darüber gießen und durch Schütteln der Schüssel alles miteinander vermengen. Schnittlauch in Röllchen schneiden, Basilikum fein zupfen und die Kräuter über den Nudelsalat streuen.

Tipp: Man kann 1–2 EL Naturjoghurt unter den Tomatensugo mischen. Das macht den Nudelsalat etwas säuerlicher.

Zucchini-Risotto

Für Risotto eignen sich am besten die Sorten Arborio, Vialone und Carnaroli (im italienischen Fachgeschäft). Beim Garen gibt der Rundkornreis Stärke ab und wird weich und klebrig. Ein gelungener Risotto ist buttrig glänzend und dickflüssig, die Reiskörner bleiben dabei körnig.

2 Schalotten oder Frühlingszwiebeln
2 kleine Zucchini
2 EL Butter
600–650 ml heißes Wasser, Spargelsud oder Hühnerbrühe

250 g Arborio- oder Vialone-Reis
Salz
1 Msp. Safranfäden oder Safranpulver
1 EL Petersilie
Parmesan, frisch gerieben

Zwiebeln schälen bzw. putzen und fein hacken. Zucchini nach Belieben schälen und fein raspeln.

Butter in einer Kasserolle erhitzen, gehackte Zwiebeln darin glasig dünsten. Reis bei mittlerer Hitze mit dem Holzlöffel einrühren. Wenn die Reiskörner glasig sind, schöpfkellenweise heißes Wasser, Spargelsud oder Hühnerbrühe angießen, dabei ständig rühren. Immer erst dann wieder Flüssigkeit nachgießen, wenn sie vom Reis aufgesogen ist. Mit Salz und Safran würzen. Nach etwa 15 Min. die fein geraspelten Zucchini dazugeben und weitere 5 Min. zugedeckt köcheln. Petersilie fein hacken. Risotto mit gehackter Petersilie bestreuen und nach Belieben mit frisch geriebenem Parmesan anrichten.

Variante: Risotto mit Blattspinat
500 g frischen Blattspinat etwa 5 Min. im eigenen Saft zugedeckt dünsten. Den gekochten Spinat in ein Sieb abgießen, mit kaltem Wasser überbrausen, ausdrücken und fein hacken. Den Spinat statt der Zucchini in den fertigen Risotto rühren und mit 1 EL Sahne abschmecken.

Paprika-Risotto

Statt Paprikaschoten kann man auch 300 g aufgetaute Erbsen nehmen; diese Variante heißt »Risibisi«.

2 Schalotten oder Frühlingszwiebeln
2 EL Butter
600–650 ml heißes Wasser oder Spargelsud
250 g Arborio- oder Vialone-Reis
Salz
2 rote Paprikaschoten
1 EL Petersilie

Zwiebeln schälen bzw. putzen und fein hacken.
Butter in einer Kasserolle erhitzen, gehackte Zwiebeln darin glasig dünsten. Reis bei mittlerer Hitze mit dem Holzlöffel einrühren. Wenn die Reiskörner glasig sind, schöpfkellenweise heißes Wasser oder Spargelsud angießen, dabei ständig rühren. Immer erst dann wieder Flüssigkeit nachgießen, wenn sie vom Reis aufgesogen ist. Salzen.
Inzwischen Paprikaschoten mit dem Sparschäler schälen, das Kerngehäuse entfernen und die Stücke im Mixer fein pürieren. Das Paprikapüree nach 15 Min. unter den Risotto geben und noch weitere 5 Min. ziehen lassen. Petersilie fein hacken und darüber streuen.

Variante: Tomatenrisotto
1 EL Olivenöl und 1 EL Butter in einer Kasserolle heiß werden lassen, 1 leicht angequetschte Knoblauchzehe dazugeben und mit 250 g Reis glasig dünsten. 4 große Tomaten überbrühen,

enthäuten und fein hacken. Gehackte Tomaten hinzufügen, einige Minuten köcheln lassen. 250 ml heißes Wasser oder heiße Fleischbrühe schöpflöffelweise dazugeben, dabei ständig rühren. Mit Kräutersalz würzen. Nach etwa 20 Min. ist der Risotto fertig. 50 g frisch geriebenen Pamesan darunter ziehen und zugedeckt noch ein paar Minuten stehen lassen.

Gelber Reis

Statt Karotten eignet sich auch 1 große gelbe Paprikaschote in Streifen geschnitten. Für Kinder, die kein sichtbares Gemüse mögen, kann man die Karotten mit dem Entsafter auspressen und den Karottensaft etwa 5 Min. vor Ende der Garzeit untermischen. Als Gewürz passt zum gelben Reis auch sehr gut Kardamom.

400 g Parboiled Reis
1 Schalotte
400 g Karotten
1 EL Butter
2 EL Mandelblättchen oder gemahlene Mandeln
1 l Spargelsud oder Gemüsebrühe
Salz
1 Msp. Safranfäden oder Safranpulver
evtl. 1 TL Sojasauce
1 EL frisches Koriandergrün oder Petersilie

Reis unter fließendem Wasser abspülen, bis das Wasser klar ist. Schalotte schälen und klein hacken. Karotten schälen und in Scheiben schneiden. Butter in einem Topf erhitzen, die gehackte Schalotte glasig dünsten. Karotten hinzufügen und kurz hin und her schwenken, dann die Mandeln dazugeben. Den Reis einrühren und mit der dreifachen Menge Spargelsud oder Gemüsebrühe aufgießen. Salz und Safran dazugeben und den Reis zugedeckt bei geringer Hitze etwa 20 Min. fertig garen. Nach Belieben mit Sojasauce abschmecken. Koriandergrün oder Petersilie fein hacken und über den Reis streuen.

Reispfanne

300 g Langkornreis
1 EL getrocknete Pilze (z. B. Steinpilze)
Salz
2 Knoblauchzehen
1 walnussgroßes Stück Ingwer
1 Lauchstange, weißer Teil
5 Karotten
100 g Sellerie
2 EL Sesamöl oder Traubenkernöl
1 TL Sesam
½ TL Rohrohrzucker
4–5 ausgelöste Kapseln Kardamom
2–3 EL Sojasauce
1 EL Butter
1 EL Petersilie

Reis in einem Sieb mit kaltem Wasser überspülen, bis das Wasser klar ist. In einem Topf mit der 2–3fachen Menge kaltem Wasser angießen und zum Kochen bringen. Pilze dazugeben. Reis salzen und bei geringer Hitze garen.
Inzwischen Knoblauchzehen leicht anquetschen, Ingwer schälen und fein hacken. Lauch waschen, achteln und klein schneiden. Karotten und Selleriestück schälen und in längliche Streifen schneiden.
Öl im Wok erhitzen, Sesam und den Knoblauch sowie die Ingwerstücke anbraten. Zucker darüberstreuen und Kardamom dazugeben. Lauch andünsten, dann das restliche Gemüse hinzufügen. Dabei mit einem Kochlöffel ständig rühren.
Sojasauce hinzufügen, dann nach und nach 2 Gläser Wasser (¼ l) angießen und kurz köcheln. Knoblauch entfernen. Die Flüssigkeit zum knapp gar gekochten Reis gießen und diesen noch etwas nachquellen lassen. Das Gemüse mit Butter verfeinern. Petersilie fein hacken und über das Wurzelgemüse streuen.

Gebratene Hirsetaler

100 g Hirse
600 ml Wasser
1 Ei
2 große EL Mascarpone
3 EL Haferflocken
1 EL Sesam
Salz
2 EL Traubenkernöl
1 EL Butter

Hirse unter lauwarmem fließendem Wasser in einem Haarsieb gründlich waschen, damit die Bitterstoffe der Hirse herausgelöst werden. Hirse in einer Pfanne ohne Fett etwa 2 Min. unter Rühren rösten, mit kaltem Wasser – schöpflöffelweise abgelöscht – so lange offen einkochen, bis die ganze Flüssigkeit eingekocht ist.

Inzwischen Ei, Mascarpone, Haferflocken und Sesam verrühren. Die abgekühlte Hirse untermischen und salzen. Die Hirsemasse mit einem Löffel abstechen.

Öl in einer Pfanze erhitzen, Butter darin schmelzen und die Hirsetaler auf beiden Seiten goldgelb braten, dabei die Taler etwas flachdrücken. Dazu passt ein Gemüse aus dem Wok.

Hirsotto

200 g Hirse
850 ml Wasser
1 Zwiebel
1 walnussgroßes Stück Ingwer
¼ Stängel Zitronengras
400 g Karotten

200 g Petersilienwurzel
2 EL Butter
1 TL Vollrohrzucker
Gomasio-Salz
1 TL Petersilie, gehackt

Die Hirse wie im Rezept »Gebratene Hirsetaler« vorgaren. Zwiebel, Ingwer und Zitronengras fein hacken. Karotten und Petersilienwurzel schälen und in feine Scheiben schneiden. Butter in einer Kasserolle erhitzen, Zwiebeln darin glasig dünsten. Zitronengras, Ingwer und Vollrohrzucker dazugeben. Das Gemüse einrühren und unter ständigem Rühren anschmoren. Die gegarte Hirse zum Gemüse geben, mit ¼ l Wasser angießen und 10 Min. zugedeckt köcheln, bis die Hirse körnig und das Gemüse gar ist. Mit Gomasio-Salz würzen und mit Petersilie bestreuen.

SAUCEN

Nudeln mit Tomatensauce – damit kann man Kinder immer glücklich machen. Abwechslung spielt dabei nicht die entscheidende Rolle. Wichtig ist, dass das Essen gut »rutscht«, dass die Sauce nicht zu kräftig gewürzt ist, sondern dem etwas milderen Geschmacksempfinden der Kinder angepasst ist. Die Rezepte für Tomaten- und Hackfleischsauce lassen sich natürlich je nach individuellen Familiengewohnheiten abändern. Und sie können in größeren Mengen zubereitet werden, da sie sich leicht einfrieren lassen.

Saucen sind auch eine wichtige Ergänzung zu kurz gebratenem Fleisch, bei dem selbst kaum Sauce entsteht.

Weitere Vorschläge für Saucen enthält das Kapitel »Spätzle, Nudeln, Reis« ab S. 142.

Schnelle Tomatensauce

1 Zwiebel	1 EL Olivenöl
1 EL Rucola oder 1 TL Petersilie	1 TL Rohrohrzucker
1 EL Basilikum	1 Glas (690 g) passierte Tomaten

Zwiebel schälen und fein hacken. Kräuter fein hacken. Öl in einer Kasserolle erhitzen. Gehackte Zwiebel mit Zucker darin glasig dünsten und Kräuter hinzufügen. Passierte Tomaten dazugeben und 10–15 Min. köcheln lassen. Mit etwas Nudelwasser verdünnen, salzen und nach Belieben mit dem Zauberstab fein mixen. Dazu passen Spaghetti.
Tipp: Wenn Sie Gemüse wie Lauch, Fenchel oder Staudensellerie zu Hause haben, dünsten Sie es fein geschnitten mit.

Variante: Tomatenmarksauce
Statt passierte Tomaten kann man auch eine kleine Dose (140 g) Tomatenmark nehmen. Das Ganze mit ½ l Nudelwasser aufgießen und mit 1 EL Sahne abschmecken.

Tomatensugo

1,5 kg sehr reife Eiertomaten	3 EL Olivenöl
3 Zwiebeln	1–2 EL Rohrohrzucker
2 Knoblauchzehen	1 Thymianzweig
1 EL Petersilie	2–3 EL Tomatenmark (evtl. 1 rote
1 Hand voll Basilikumblätter	gewürfelte Paprika)

Tomaten mit kochend heißem Wasser überbrühen, enthäuten und im Mixer pürieren. Zwiebeln schälen und fein hacken. Knoblauch leicht anquetschen. Petersilie und Basilikumblätter klein zupfen.
Öl in einer Kasserolle erhitzen. Zwiebeln, Knoblauch mit Zucker darin glasig dünsten. Die Hälfte der Kräuter, Thymian und Tomatenmark und nach Belieben gewürfelte Paprika mitdünsten und mit den pürierten Tomaten ablöschen, salzen. Das Ganze mindestens 45 Min. leise köcheln, dabei immer wieder

rühren (man kann zudem 1 Glas geschälte Tomaten à 340 g mitkochen). 2 Min. vor Ende der Garzeit die restlichen gehackten Kräuter untermischen. Knoblauch und Thymianzweig entfernen.
Tomatensugo mit frisch geriebenem Parmesan und gezupftem Basilikum zu Spaghetti geben oder zusammen mit gewürfeltem Mozzarella als Pizzabelag verwenden. Man kann den Sugo gut im Vorrat herstellen, da er sich mehrere Tage im Kühlschrank hält. Er schmeckt auch mit Gemüsebrühe verdünnt und mit einem Klecks Schlagsahne verfeinert als Tomatensuppe. Was nicht gebraucht wird, friert man ein.
Tipp: Diesen Tomatensugo sollten Sie während der Tomatenzeit einmachen (dabei die frischen Kräuter außer Thymian weglassen): 2–3 Gläser à 500 g mit kochendem Wasser ausspülen (auch die Deckel) und den Sugo heiß einfüllen, auf den Kopf stellen und so dunkel und kühl aufbewahren. Hält mindestens 4 Monate.

Hackfleischsauce für Spaghetti bolognese

1 Zwiebel
1 Knoblauchzehe
2 EL hellgrüne Staudensellerieblätter
2 EL Olivenöl
500 g gemischtes Hackfleisch

1 EL getrocknete Pilze
1 EL Tomatenmark
1 TL Paprikapulver, edelsüß
Kräutersalz
1 Thymianzweig
1 Glas (500 g) passierte Tomaten

Zwiebel schälen und fein hacken. Knoblauch leicht anquetschen. Blätter der Staudensellerie waschen und klein hacken. Öl in einer Pfanne erhitzen. Gehackte Zwiebeln und Knoblauch darin glasig dünsten und an den Rand schieben. Hackfleisch anbraten. Pilze und Staudensellerieblätter mitbraten. Mit Tomatenmark, Paprikapulver, Salz und Thymian würzen, dann passierte Tomaten hinzufügen und leise köcheln lassen. 1–2 Schöpfkellen Nudelwasser angießen und einkochen lassen. Knoblauch und Thymianzweig entfernen.

Spargelsauce

Spargel als Gemüse essen meist erst Schulkinder, Kindergartenkinder mögen nur die Sauce. Zu dieser Spargelsauce passen geschälte Pellkartoffeln mit Schinkenröllchen oder breite Nudeln.

½ l Spargelsud (aus 500 g Spargel,
   1 TL Salz, 1 TL Rohrohrzucker,
   1 TL Zitronensaft)
2 EL Butter
3 gestr. EL Vollkornmehl

¼ l Milch
1 Eigelb
50 g Sahne
Salz
Schnittlauch oder Bärlauch

Für den Spargelsud Spargel schälen, in Stücke schneiden und in ½ l Wasser mit Salz, Zucker und Zitronensaft etwa 15 Min. garen.
Inzwischen Butter in einem Topf erhitzen, mit Mehl bestäuben. Spargelsud nach und nach angießen, dabei mit einem Schneebesen ständig rühren, Milch dazugeben und einkochen lassen, bis die Sauce sämig ist. Eigelb mit Sahne verschlagen und in die Sauce einrühren (nicht mehr kochen!), salzen. Mit der Küchenschere Schnittlauch oder Bärlauch darüber schneiden.

Béchamelsauce

3 EL Butter
3 gestr. EL Vollkornmehl
¾ l Milch

1 Eigelb (oder 100 g Sahne)
Salz
Muskat, frisch gerieben

Butter in einem Topf erhitzen, bis sie aufschäumt. Mehl mit einem Schneebesen einrühren, bis es sich mit der Butter glatt verbunden hat. Dann löscht man nach und nach mit Milch ab, dabei immer nur so viel Flüssigkeit angießen, dass ein dicker, glatter Brei entsteht. Wenn dieser wieder kocht, erneut angießen, bis alle Milch verbraucht ist. Einige EL Sauce entnehmen und das Eigelb darin glattrühren. Das Eigemisch in die Sauce rühren, aber nicht kochen lassen, sonst gerinnt sie und wird flockig. (Man kann das Eigelb auch weglassen und mit Sahne auffüllen.) Mit Salz und Muskat abschmecken. Man kann in die Béchamelsauce in Dampf gegartes Gemüse (z. B. Blumenkohl- oder Brokkoliröschen, Spinat, Mangold, Fenchel und Kohlrabi) mischen. Außerdem passen Salzkartoffeln gut dazu.

Pilzsauce

250 g Pilze (Egerlinge)
1 Zwiebel
1 Knoblauchzehe
evtl. 50 g geräucherter Speck
3–4 getrocknete Tomaten
2 EL Butter
1 TL Majoranblättchen oder Petersilie
250 ml Spätzlewasser
2 EL Sojasauce
Salz
Muskat, frisch gerieben

Pilze putzen und in Scheiben schneiden. Zwiebel schälen und fein hacken. Knoblauch anquetschen. Speck und getrocknete Tomaten in Streifen schneiden. Butter in einem Topf erhitzen. Zwiebel, Knoblauch und Speck darin glasig dünsten. Pilze mitdünsten, bis sie zusammenfallen. Mit Majoran oder Petersilie würzen. Spätzlewasser nach und nach angießen und offen einkochen. Mit Sojasauce, Salz und Muskat abschmecken.

Selbst gerührte Mayonnaise

Die selbst gerührte Mayonnaise hält sich einige Tage im Kühlschrank. Man kann sie mit Joghurt strecken oder einen geriebenen Apfel untermischen.

1 ganz frisches Eigelb
½ TL Ketchup oder Senf
1 EL Zitronensaft
¼ l Sonnenblumen- oder Traubenkernöl
Salz

Eigelb, Ketchup bzw. Senf und Zitronensaft im Mixer pürieren. Esslöffelweise das Öl darunter rühren, bis die Mayonnaise eine cremige Konsistenz hat, salzen.

Selbst gerührtes Tomatenketchup

2 kg vollreife Tomaten
3 große Zwiebeln
250 ml milder Obstessig
400 g Rohrohrzucker
1 Zweig frischer Rosmarin
1 Zweig frischer Thymian
1 Salbeiblatt
1 Lorbeerblatt
20 g englisches Senfpulver (gibt's z. B. in Feinkostläden oder in der Apotheke)
½ Tube Tomatenmark
1 TL Paprikapulver, edelsüß
Kräutersalz

Tomaten mit kochend heißem Wasser überbrühen und enthäuten. Zwiebeln schälen und fein hacken. Tomaten und Zwiebeln im Mixer pürieren. Die Tomatenmasse in einen Topf geben und zum Kochen bringen und etwa 20 Min. köcheln lassen.

Inzwischen Essig, Zucker und die Kräuter so lange köcheln, bis sich der Zucker aufgelöst hat, und durch ein Sieb gießen. Senfpulver einrühren. Die Tomatenmasse durch ein Sieb in den Essig-Kräutersud streichen, alles offen einkochen lassen, bis die Sauce die gewünschte Konsistenz hat. Mit Salz abschmecken. Sofort in heiß ausgespülte Flaschen mit Deckel abfüllen (ergibt etwa ¾ l). Kühl und trocken gelagert ist dieses Ketchup 1 Jahr haltbar.

Tipp: Milder schmeckt das Ketchup, wenn man noch einige Apfelschnitze 10–15 Min. mitköchelt und dann entfernt, oder man verwendet gleich 200 ml Obstessig und 50 ml Apfelsaft. Auch einige ausgelöste Kardamomkapseln oder 1 TL Currypulver geben einen guten Geschmack. Für Kinder, die dennoch auf gekauftes Ketchup programmiert sind, kann man ½ Flasche herkömmliches Ketchup mit dem selbstgemachten mischen, um sie nach und nach an den neuen Ketchup-Geschmack zu gewöhnen.

FLEISCH- UND FISCHGERICHTE

Um Ihr Kind ausgewogen zu ernähren, genügt es vollkommen, wenn Sie ein- bis zweimal pro Woche ein Fleisch- oder hin und wieder ein Fischgericht auf den Tisch bringen. Schon eine kleine Portion Fleisch in Kombination mit einem Gemüse erhöht die Eisenaufnahme aus der ganzen Mahlzeit.
Achten Sie beim Kauf von Fleisch und Geflügel darauf, dass es aus artgerechter Tierhaltung stammt. Die beste Qualität dürfen Sie bei Bio-Fleisch aus alternativen Haltungsformen, deren Produktion lückenlos kontrolliert wird, erwarten (vgl. S. 54f.). Fisch sollten Sie Kindern nur als grätenfreies Filet anbieten. Besonders Seefisch aus größeren Tiefen wie Kabeljau ist ein ökologisch unbedenklicher Lieferant von leicht verdaulichem Eiweiß.

Wiener Schnitzel

Es muss nicht immer Kalbfleisch sein – ein Schweineschnitzel ist genauso geeignet für die Zubereitung des Wiener Schnitzels. Wichtig ist, dass es mit Mehl bestäubt wird, das nimmt dem Schweinefleisch den leicht schweinischen Geschmack.

4 Kalbs- oder Schweineschnitzel à 150 g
Salz
Mehl zum Bestäuben
1 Ei
5 EL Semmelbrösel
1 EL Sesam
Traubenkernöl zum Ausbacken
Zitronensaft zum Beträufeln
Zitronenscheiben zum Garnieren

Gegen die Faser geschnittene Schnitzel noch einmal fast durchschneiden, so dass sie aufgeklappt werden können, leicht klopfen und salzen. Leicht mit Mehl bestäuben. In einem tiefen Teller Ei mit der Gabel verquirlen. Auf einem flachen Teller Semmelbrösel und Sesam verteilen. Die Schnitzel zuerst im Ei wenden, abtropfen, dann in den Semmelbröseln wälzen und diese leicht anklopfen. Öl in einer Pfanne erhitzen. Schnitzel schwimmend darin ausbacken, bis der Rand goldgelb ist, dann wenden. Fertige Schnitzel auf Küchenpapier legen, damit das überschüssige Fett entfernt wird.

Schnitzel mit Zitronensaft beträufeln und mit 1–2 Zitronenscheiben garnieren. Auf einem extra Teller grünen Salat oder Kartoffelsalat reichen. Für Kinder, die Gurken mögen, kann man auch geschälte und in feine Scheiben geschnittene Gurken unter den Kartoffelsalat mischen.

Variante: Schnitzel im Sesamkleid
4 kleine Putenschnitzel kann man genauso zubereiten. Salzen, mit Mehl bestäuben, in Ei wenden, 4 EL Maisgrieß mit 4 EL Sesam mischen und wie beschrieben knusprig ausbacken. Dazu passen ein lockeres Kartoffelpüree (s. S. 122) oder Ofenkartoffeln (s. S. 120).

Putencurry mit Bananen

4 Putenschnitzel à 150 g	1–2 EL Vollkornmehl
1 Msp. Safranfäden oder Safranpulver	3–4 EL Butter
	1 Schalotte
2 TL mildes Currypulver	200 ml Apfelsaft
3–4 ausgelöste Kardamomkapseln	100 g Sahne
Salz	2 Bananen

Putenschnitzel in Streifen schneiden, mit Safran, Currypulver, Kardamom und Salz würzen und leicht in Mehl wenden. 2 EL Butter in einer Pfanne erhitzen, die Fleischstücke 3–4 Min. darin anbraten, bis sie leicht gebräunt sind. Aus der Pfanne nehmen und warm stellen.
Schalotte schälen, fein hacken und in der gleichen Pfanne glasig dünsten. Mit Apfelsaft und wenig Wasssser ablöschen und einkochen lassen. 1 EL Butter mit dem Schneebesen einrühren. Mit Currypulver nachwürzen und mit Sahne binden, die Fleischstücke wieder in die Sauce geben. Dazu geschälte längs geschnittene Bananen kurz in 1 EL Butter anbraten und mit Basmatireis anrichten.

Variante: Putenröllchen Spring-in-den-Mund
Dünne kleine Putenschnitzel aus ca. 400 g Fleisch vorsichtig flachklopfen, mit 1 Salbeiblatt und 1 Scheibe San-Daniele- oder Frühstücksschinken belegen, aufrollen und mit einem Zahnstocher feststecken. Die Röllchen leicht mit Mehl anstauben. In einer großen Pfanne 3–4 EL Butter aufschäumen lassen und die Röllchen 6–8 Minuten von allen Seiten rundherum knusprig braten, salzen, herausnehmen und warm stellen. Den Bratensatz mit 4–5 EL Apfelsaft und 1–2 EL Wasser lösen, kurz aufkochen und über die Putenröllchen, aus denen der Zahnstocher vorsichtig entfernt wurde, gießen. Sofort mit Reis und Salat anrichten.

Geschnetzeltes Kalbfleisch

500 g Kalbfleisch (Schnitzelfleisch)
Salz
1 Schalotte
3 EL Butter
1–2 EL Vollkornmehl
½ l Fleisch- oder Gemüsebrühe
evtl. 1 TL Zitronensaft zum Beträufeln

Das vom Metzger geschnetzelte Kalbfleisch salzen. Schalotte schälen und fein hacken. Butter in einer Pfanne erhitzen, die gehackten Schalotten unter Rühren anbraten, bis sie hellbraun sind. Das geschnetzelte Fleisch dazugeben und ständig bewegen, bis es rundherum weiß ist. Mehl darüber streuen und rösten, bis das Fleisch alle Flüssigkeit aufgenommen und eine hellbraune Farbe angenommen hat. Mit warmer Fleisch- oder Gemüsebrühe ablöschen. Sobald unter ständigem Rühren die Sauce zu kochen beginnt, die Hitze reduzieren, die Pfanne zudecken und alles noch einmal 5–10 Min. ziehen lassen. Nach Belieben mit Zitronensaft beträufeln.

Dazu passen Goldene Röstinchen (s. S. 116) oder Reis und Salat.

Variante: Rahmschnitzelchen
400 g ½ cm dünne Kalbsschnitzelchen vorsichtig flachklopfen. 2–3 EL Butter in einer Pfanne erhitzen, die Schnitzel nacheinander schnell auf beiden Seiten hellbraun andünsten. Notfalls noch etwas Butter hinzufügen. Die Schnitzelchen herausnehmen und zugedeckt auf einen tiefen Teller legen. Den Bratensatz in der Pfanne mit 1 EL Vollkornmehl bestreuen und leicht bräunen, dann mit 200 ml Gemüsebrühe ablöschen und rühren, bis eine hellbraune Sauce entstanden ist. 200 g Sahne und 2 EL Sauerrahm unterrühren. Den abgelaufenen Saft der Schnitzelchen hinzufügen und alles mit Salz abschmecken. Dazu passen Eierspätzle (s. S. 143) und Salat.
Tipp: Man kann auch noch 200 g in feine Scheiben geschnittene Champignons mitdünsten (vorher leicht salzen, um das Wasser zu entziehen) und 1 TL Tomatenmark einrühren.

Fleischgerichte

Schweinemedaillons in Paprikasahne

2 Schweinefilets im Ganzen
(à ca. 380 g)
12 dünne Scheiben geräucherter
  Speck, durchwachsen
400 g Sahne

2 EL Tomatenmark
100 ml Gemüsebrühe oder Wasser
Salz
1 EL Paprikapulver, edelsüß

Backofen auf 225° vorheizen. Schweinefilets in 12 Scheiben schneiden und leicht mit Mehl bestäuben. Die 12 Medaillons mit jeweils 1 Scheibe Speck umwickeln und in eine gebutterte Auflaufform legen. Sahne mit Tomatenmark, Gemüsebrühe oder Wasser, Salz und Paprikapulver unter Rühren aufkochen lassen und etwas eindicken. Paprikasahne über das Fleisch gießen und im vorgeheizten Backofen etwa 30 Min. garen. Dazu passt Reis oder Baguette und Salat.

Kaninchen-Ragout

4 Filets vom Kaninchenrücken
  (à 80 g)
1 Zwiebel
2 EL Traubenkernöl
1 EL getrocknete Pilze
3 getrocknete Tomaten
Muskat, frisch gerieben

3–4 Kardamomkapseln, ausgelöst
Salz
100 ml Apfelsaft
100 ml Karottenbrühe (s. S. 130)
2 EL Sojasauce
50 g Sahne
Estragon

Kaninchenfilets von den Sehnen befreien und in 2 cm große Stücke schneiden. Zwiebel schälen und fein hacken. In einer Pfanne Öl erhitzen, Zwiebel dazugeben, kurz andünsten, dann das Fleisch rundherum anbraten. Pilze und getrocknete Tomaten mitbraten. Mit Muskat, Kardamom und Salz würzen. Etwas Wasser angießen und einkochen lassen. Mit Apfelsaft ablöschen. Karottenbrühe und Sojasauce dazugeben und zugedeckt leise köcheln lassen, bis das Fleisch gar ist. Sahne angießen. Mit gehacktem Estragon bestreuen. Dazu passt Karottengemüse (von dem man den Saft zum Aufgießen entnimmt) und Safranreis oder Spätzle (Spätzlewasser für Sauce verwenden).

Variante: Ragout aus Schweinelendchen oder Lammfilet
400 g Schweinelendchen oder Lammfilet in 2 cm dicke Scheiben schneiden und anbraten. Als Gewürz beim Schweinefleisch zusätzlich Koriander und Curry verwenden, beim Lamm 1 TL Tomatenmark und 1 Zweig Rosmarin. Mit 2 Schöpflöffeln Spargelsud ablöschen, dann das Ragout etwa 10 Min. köcheln. Dazu passt Spargelgemüse und Nudeln.

Fleischpflanzerl/Buletten

1 Zwiebel oder 2 Frühlingszwiebeln
2 EL Petersilie
1 EL Butter
1–2 Brötchen vom Vortag
500 g Schweinehackfleisch
1 Ei
Gomasio-Salz
Muskat, frisch gerieben
½ TL Paprikapulver, edelsüß
2 EL Sonnenblumenöl und
1 EL Butter

Zwiebel schälen und klein hacken, Petersilie fein hacken. Butter in einem Topf erhitzen, gehackte Zwiebel darin glasig dünsten, Petersilie kurz mitschwenken. Inzwischen Brötchen in Würfel schneiden, mit 125 ml kaltem Wasser übergießen und quellen lassen. Hackfleisch in einer Schüssel mit Ei, gedünsteten Zwiebeln und dem eingeweichten sowie leicht ausgedrückten Brötchen vermischen. Mit Salz, Muskat und Paprika würzen. Hände anfeuchten und kleine Taler formen.
Pfanne mit Öl erhitzen, Butter darin schmelzen. Fleischpflanzerl beidseitig anbraten. Auf Küchenpapier entfetten. Als Beilage Kartoffelpüree, Kartoffelsalat oder Mischgemüse.
Tipp: Fleischpflanzerl in doppelter Menge herstellen. Sie können aufs Pausenbrot gelegt und ohne Qualitätsverlust eingefroren werden. Man kann sie auch mit frischem Majoran würzen.

Variante: Hackfleischbällchen
2 Brötchen in Würfel oder 2 Brezeln in Scheiben schneiden und mit 125 ml kaltem Wasser übergießen, quellen lassen und leicht ausdrücken. 1 EL Butter in einer Pfanne erhitzen, 1 gehackte Zwiebel darin andünsten und mit 1 TL Paprikapulver

Fleischgerichte

(edelsüß) bestreuen, 1 EL Petersilie oder Selleriegrün kurz mitschwenken. 750 g Schweinehackfleisch oder gemischtes Hackfleisch in eine Schüssel geben. Die abgekühlte Zwiebelmischung, 1 Ei, 1 EL Sesam, 1 EL Kräutersalz, 3 ausgelöste Kardamomkapseln und die leicht ausgedrückten Brötchen bzw. Brezeln hineingeben. Man kann außerdem 1 Msp. abgeriebene Zitronenschale (unbehandelt) untermischen.

Die Masse mit feuchten Händen zu kleinen Bällchen formen, diese ringsherum mit etwas Mehl bestäuben, bis sie überall weiß überzogen sind. Dadurch bekommen die Hackfleischbällchen eine knusprige Kruste. In einer Pfanne 2 EL Traubenkernöl erhitzen, 1 EL Butter darin schmelzen. Hackfleischbällchen beidseitig anbraten oder 3 kleine Bällchen auf einen Schaschlikspieß aufstecken und grillen.

Salmonellen: Krankheitsverursachende Bakterien, die durch fehlende Hygiene in die Nahrungskette gelangen. Besonders anfällig sind rohe Fleischwaren (vor allem Hackfleisch, Gefrierhähnchen), Eierprodukte (Mayonnaise, Speiseeis, Cremes, vorgefertigte Salate und fertige Salatsaucen). Eier mit beschädigter Schale sofort verbrauchen und nur für erhitzte Speisen verwenden. Aufgetaute Hähnchen vor der Weiterverarbeitung mit kaltem Wasser gut abspülen. Bei Temperaturen ab 80° sterben Salmonellen ab, im Gefrierfach vermehren sie sich nicht weiter. Bei höheren Temperaturen werden sie allerdings wieder aktiv, z. B. wenn die Kühlung ausfällt. Dann können sich Salmonellen wieder vermehren. Sie verursachen Erbrechen und Durchfall. Waschen Sie stets die Hände nach dem Umgang mit rohem Fleisch und Eiern.

Hackbraten

1 Brötchen vom Vortag
3 Frühlingszwiebeln
2 EL Petersilie oder Selleriegrün
1 EL Butter und Butter für die Form
500 g gemischtes Hackfleisch
1 Ei
1 EL Sesam

1 EL Gomasio-Salz
Pfeffer, frisch gemahlen
Muskat, frisch gerieben
1 EL frische Majoran- oder Thymianblättchen
10 dünne Scheiben geräucherter Speck, durchwachsen
Schnittlauch

Nach dem Rezept von S. 169 eine Fleischmasse mit den angegebenen Zutaten zubereiten. Backofen auf 180° vorheizen. Kastenform mit Butter ausstreichen. Fleischteig in die Form füllen. Oberfläche mit 1 EL heißer Butter übergießen und die Speckscheiben darauf legen. Fettpfanne im Backofen mit Wasser füllen. Kastenform in die mit Wasser gefüllte Fettpfanne stellen und in die untere Schiene des Backofens schieben. Hackbraten im vorgeheizten Backofen etwa 45 Min. garen. Hackbraten in Scheiben schneiden und mit Kartoffelpüree oder Butterkartoffeln servieren. Mit Schnittlauchröllchen bestreuen.
Varianten: Man kann auch 100 g Zucchinistifte und/oder 3–4 EL Tomatensugo (s. S. 159) in den Fleischteig mischen.

Maishähnchenbrust in Tomatensauce mit Tagliatelle

Maishähnchen werden mit Mais gefüttert, daher ist ihr Fett ganz gelb. Kinder mögen Geflügel besonders gerne, weil das Fleisch so schön weich ist.

4 Maishähnchen-Bruststücke à ca. 200 g
Salz
3 EL Olivenöl
1 Lauchstange, weißer Teil
4 Tomaten

300 g Tagliatelle
2 EL Butter
2 EL Tomatenmark
125 g Sahne
Kräutersalz

Fleischgerichte

Maishähnchen-Bruststücke mit Salz bestreuen. Öl in einer Pfanne erhitzen und die Bruststücke rundherum knusprig anbraten.

Lauch putzen, längs vierteln, waschen und in feine Stücke schneiden. Tomaten mit kochend heißem Wasser übergießen, enthäuten und klein hacken. Gleichzeitig die Nudeln in kochendem Salzwasser bissfest garen.

Inzwischen 1 EL Butter in einer Kasserolle erhitzen, den Lauch darin andünsten und das Tomatenmark einrühren. Tomatenstücke dazugeben und leise köcheln lassen. Mit ⅛ l Nudelwasser angießen und eindicken lassen. Mit Sahne und Kräutersalz abschmecken.

Die gebratene Hähnchenbrust noch einige Minuten in der Tomatensauce ziehen lassen. Nudeln abgießen, mit 1 EL Butter vermischen und dazu reichen.

Knuspriges Hähnchen

1 Hähnchen (ca. 1000–1300 g)
Salz
2 EL Honig
2 EL Butter und Butter für die Auflaufform
1 Stück Lauchstange, grüner Teil
Petersilienstängel
1 Zitronenscheibe und Zitronensaft zum Beträufeln

1 Zwiebel
2–3 Karotten
2 EL getrocknete Pilze oder 4 getrocknete Tomaten
3–4 Schöpflöffel Wasser oder Spargelsud
2 EL Sojasauce

Backofen auf 200° vorheizen. Hähnchen außen und innen mit Salz bestreuen. Honig mit ¼ l warmem Wasser und etwas Salz mischen. Hähnchen mit 1 EL Butter einschmieren, den Bauch füllen mit gewaschenem Lauch, Petersilienstängel und Zitronenscheibe.

Auflaufform mit der restlichen Butter ausstreichen. Zwiebel schälen und fein hacken. Karotten schälen und würfeln, alles neben das Hähnchen (mit der Brust nach unten) in die Form legen und in den heißen Backofen (Mitte) schieben. Das Hähnchen immer wieder mit Honigwasser begießen. Nach 30–35 Min. Wasser oder Spargelsud dazugeben, damit eine Sauce entsteht, das Hähnchen umdrehen und weitere 30–35 Min. garen. Die Sauce entfetten, pürieren und durch ein Sieb streichen, am Schluss mit Sojasauce abschmecken.

Das knusprige Hähnchen zerteilen, mit Reis und Sauce anrichten und mit Zitronensaft beträufeln.

Variante: Entenbrust
Auf die gleiche Weise kann man 2 Entenbrustfilets (à ca. 300 g) zubereiten. Man bestreicht die Filets mit Butter und Honig und beträufelt sie mit dem Saft ½ Orange. ½ Lauchstange längs vierteln, waschen und fein schneiden. 2 EL getrocknete Pilze und einen Thymianzweig oder Selleriekraut dazulegen. Mit ¼ l Salzwasser begießen. Die Garzeit beträgt nur 25–30 Minuten. Entenbrust aufschneiden, mit Sauce anrichten und mit Orangenscheiben garnieren. Dazu passt Apfelrotkraut und Kartoffelpüree.

Blitzschnelle Variante:
Backofen auf 150° vorheizen. Entenbrustfilets auf der Hautseite in einer Pfanne mit 1–2 EL Traubenkernöl goldgelb anbraten, mit Gomasio-Salz bestreuen, mit Honig bestreichen und mit etwas Orangensaft beträufeln. Im vorgeheizten Backofen 12–15 Min. rosa braten.

Rindergulasch

2 kg Rinderschulter (in Stücke geschnitten)
100 g geräucherter Speck, durchwachsen
4 Schalotten
1 Knoblauchzehe
4 Karotten
1 Lauchstange, weißer Teil

4 EL Butter
Salz
1 EL Tomatenmark
1 Thymianzweig
1 Zweig Selleriekraut
Petersilienstängel
1 Streifen Zitronenschale
1 Lorbeerblatt

Das Fleisch trockentupfen. Backofen auf 150° vorheizen. Speck in Streifen schneiden. Schalotten schälen und fein hacken. Knoblauch leicht anquetschen. Karotten schälen und in Scheiben schneiden. Lauch achteln, putzen, waschen und in kleine Stücke schneiden.

Butter in einer Kasserolle erhitzen und das Fleisch darin ringsherum anbraten. Das Fleisch herausnehmen. In der verbliebenen Butter Knoblauch und Zwiebeln anbraten. Das geschnittene Gemüse unter Rühren anbraten. Tomatenmark hinzufügen, mit 1 Glas Wasser ablöschen und mit den Gewürzen etwas einkochen lassen. Das Fleisch hinzugeben und mit ½ l Wasser auffüllen. Im vorgeheizten Backofen unbedeckt 1½–2 Std. schmoren lassen.

Dazu passen Bandnudeln oder Eierspätzle.

Tipp: Es empfiehlt sich, eine große Menge Gulasch zu kochen: Der Geschmack wird intensiver und Reste können sehr gut eingefroren werden.

Seezungenfilets in Zitronenbutter

Die Seezunge hat festes, weißes und fettarmes Fleisch. Die Filets sind ein teurer, aber köstlicher Genuss.

8 Seezungenfilets
Salz
1 Zitrone und 1 EL Zitronensaft
Mehl zum Bestäuben
4–5 EL Butter

Seezungenfilets mit Salz bestreuen und mit 1 EL Zitronensaft beträufeln, abtrocknen. Fisch mit Mehl leicht bestäuben.

2 EL Butter in einer Pfanne aufschäumen lassen und die Seezungenfilets auf beiden Seiten goldgelb backen.

Für die *Zitronenbutter* den Saft einer Zitrone erhitzen, 2–3 EL Butter darin zerlassen und über den Fisch gießen. Dazu passt Gelber Reis (s. S. 155).

Gedünsteter Lachs in Safransauce

Diese Zubereitungsart eignet sich auch gut für Seelachs, Kabeljaurücken und Zander.

600 g Lachsfilet
Salz
1 Schalotte
1 EL Butter
200 ml Gemüsebrühe
1 Msp. Safranfäden oder Safranpulver
1 TL Zitronensaft
200 g Crème fraîche

Fischfilets in Würfel schneiden und salzen. Schalotte schälen und fein hacken.
Butter in einer Pfanne erhitzen, gehackte Schalotte darin glasig dünsten. Lachswürfel darauf setzen, Gemüsebrühe angießen und bei mittlerer Hitze etwa 5 Min. zugedeckt dünsten. Lachswürfel vorsichtig aus der Flüssigkeit heben, diese mit Safran und Zitronensaft abschmecken. Crème fraîche mit dem Pürierstab einrühren. Lachs in die Sauce zurückgeben.
Dazu passt Basmatireis und ein bunter Marktsalat (s. S. 140).

FAST FOOD ALS SLOW FOOD

Fast food bedeutet Essen auf die Schnelle. Diese Art des Essens führt dazu, dass man Fast food gar nicht als komplette Mahlzeit akzeptiert. Die Portionen sind jedoch zu kalorienreich, als dass man sie nur für einen Imbiss halten sollte, den man so nebenbei im Stehen verzehrt. Gerade für übergewichtige Kinder ist ein richtiger Ritus und Rhythmus der Mahlzeiten unentbehrlich, damit sie wieder ins Gleichgewicht kommen und lernen, auf ihren Körper zu hören.

Die Bewegung Slow food kämpft seit 1986 gegen Fast food und industriell gefertigte Lebensmittel und für den Erhalt der traditionellen und ursprünglichen Koch- und Esskultur mit qualitätvollen heimischen Produkten. Slow food heißt nicht nur Langsamkeit im Genießen, sondern Sorgfalt im Umgang mit den Lebensmitteln. Slow essen ist auch gar nicht teurer, wenn man auf Produkte der Saison achtet. Es geht darum, den Kindern wieder die einfachen Genüsse zu vermitteln, ihnen zu zeigen, wie sie selbst kleine Mahlzeiten im Nu kochen können – mit bescheidenen Mitteln und altbewährten Zutaten und seien es nur Pellkartoffeln mit Butter und dazu ein Glas Milch.

Um die Vorteile beider Essensarten zu nutzen – die große Beliebtheit von Fast food bei Kindern und die eigene Zubereitung mit ausgesuchten Zutaten – sollten Sie probieren, wie gut Fast food hausgemacht schmecken kann. Wenn es in der eigenen Küche hergestellt wird, wissen Sie genau, was drin ist und können außerdem Lebensmittelzusatzstoffe, Geschmacksverstärker und übermäßigen Fettanteil vermeiden, ohne die industriell gefertigte Nahrung nicht auskommt.

Cola und andere Softdrinks sollten tabu für Ihr Kind sein. Sie enthalten nicht nur zu viel Zucker und Zusatzstoffe, die eine Allergie auslösen können, sondern auch den Calciumräuber Phosphor. Versuchen Sie, Ihrem Kind selbst zubereitete Teemischungen oder Säfte (s. S. 230 ff.) schmackhaft zu machen. Der beste Durstlöscher ist immer noch gutes kühles Wasser.

Seeräuber-Schnitzelchen

Machen Sie Ihre eigenen *Fischstäbchen*. Ihre Kinder werden begeistert sein.

600 g Fischfilet (Seelachs, Kabeljau, Rotbarsch, Kaiserbarsch oder Viktoriabarsch)
½ Zitrone, frisch gepresst, und Zitronenspalten zum Garnieren
Salz

1 Ei
4 EL Semmelbrösel
2 EL Sesam
3–4 EL Traubenkernöl oder Olivenöl zum Ausbacken

Fischfilet in gleich große Stäbchenform schneiden, mit Zitronensaft beträufeln und salzen.
In einem tiefen Teller das Ei verquirlen. Auf einem flachen Teller Semmelbrösel mit Sesam mischen. Die Fischstücke zuerst im Ei wenden, dann in den Semmelbröseln wälzen.
In einer Pfanne das Öl erhitzen. Die Fischstücke ringsherum goldgelb ausbacken und mit Zitronenspalten anrichten. Dazu passt Kartoffelsalat mit Gurken oder Tomatenrisotto (s. S. 154).
Trick: Gebackener Fisch entwickelt weniger Geruch, wenn man der Panade etwas geriebenen Parmesan zufügt.

Chicken wings

Am besten sind die Flügel von Maishähnchen und von anderen glücklichen Hähnchen. Machen Sie sich bewusst, dass billige Hühnerflügel aus dem Supermarkt-Tiefkühlregal nur aus Massentierhaltung stammen können.

8–12 fleischige Hühnerflügel
Salz
1–2 TL Honig
1–2 TL weiche Butter
1 EL Traubenkernöl

1 Schälchen selbst gerührtes
  Tomatenketchup (s. S .163)
1 Schälchen süße Sojasauce
  (Kecap manis im Asialaden)
Zitronenschnitze zum Garnieren

Hühnerflügel abspülen, abtrocknen und mit Salz bestreuen. Backofen auf 200° vorheizen. Honig mit Butter verrühren. Die Hühnerflügel mit der Honig-Butter-Paste einreiben. Ein Backblech mit Alufolie (blanke Seite nach oben) auslegen, die Folie mit etwas Öl beträufeln. Die Hühnerflügel je nach Größe 20–25 Min. goldbraun backen, dabei alles einmal wenden.
Chicken wings auf Tellern verteilen, Zitronenschnitze zum Beträufeln dazulegen und die Schälchen mit Ketchup und süßer Chilisauce zum Dippen dazustellen. Dazu passt ein grüner Salat.
Tipp: Hühnerkeulen (Chicken legs) brauchen die doppelte Backzeit.

Variante: Chicken nuggets
2 Hähnchenbrüste in 2 cm dicke Scheiben schneiden, die Scheiben in Nuggetgröße vierteln und wie Fischstäbchen verarbeiten. Dazu passt ein bunter Marktsalat (s. S . 140).

Döner — schöner Kebab

In der Türkei ist das »sich drehende« (Döner) gegrillte Fleisch (Kebab) gang und gebe – allerdings nur mit Zwiebeln und in normalem Weißbrot. Fladenbrot und Joghurtsauce sind erst in Deutschland dazugekommen, ebenso wie Salat und Tomate.

2 kleine Fladenbrote
200 g Putenschnitzel
Mehl und Paprikapulver (edelsüß)
  zum Bestäuben
1 EL Olivenöl
Kräutersalz
1 Spritzer Zitronensaft

evtl. einige Blättchen Pfefferminze
¼ Salatgurke
2 Tomaten
einige Blätter Eisbergsalat
4 EL Naturjoghurt
4 TL selbst gerührtes Tomaten-
  ketchup (s. S. 163)

Backofen auf 180° vorheizen. Fladenbrote etwa 5 Min. im vorgeheizten Backofen aufbacken.

Das Fleisch mit Mehl und Paprika bestäuben. Öl in einer Pfanne erhitzen, das Putenschnitzel beidseitig anbraten und in feine Streifen schneiden. Salzen, mit Zitronensaft beträufeln. Nach Belieben Pfefferminzblättchen fein hacken und über die Fleischstreifen streuen.

Salatgurke, Tomaten und Salatblätter waschen. Gurke in Scheiben schneiden, Tomaten halbieren und in Scheiben schneiden, Salatblätter in mundgerechte Stücke teilen.

Fladenbrote aus dem Ofen nehmen, eine Tasche hineinschneiden. Fleisch und Gemüse in die Taschen verteilen, darüber zuerst den Joghurt, dann das Ketchup einfüllen.

Für 2 Kinder

Tipp: Für Kinder, die rohe Zwiebeln mögen, kann man noch rote Zwiebelstreifen einfüllen.

Hausgemachter Hamburger

1 Baguettebrötchen
1 EL Butter
1 EL Sesam
100 g Rinderhackfleisch
  (am besten Tartar)
Gomasio-Salz
1 TL Petersilie und/oder Majoran-
  blättchen
1 EL Olivenöl

Für die Garnitur:
2 Eissalatblätter
2 Tomatenscheiben
2 Gurkenscheiben
je 1 Klecks selbst gerührtes
  Tomatenketchup (s. S. 163)
  oder Mayonnaise (s. S. 162)

Baguettebrötchen halbieren. Butter in einer Pfanne schmelzen, Sesam hineinstreuen, die Brötchenhälften auf der Schnittfläche kurz anbraten, so dass die Butter aufgesaugt wird.

Gehacktes Rindfleisch salzen, mit gehackten Kräutern würzen und ein rundes *Hacksteak* formen. In der gleichen Pfanne das Öl erhitzen und den Hamburger auf beiden Seiten knusprig ausbacken. Die untere Brötchenhälfte mit gewaschenen Salatblättern, dünnen Tomaten- und Gurkenscheiben belegen. Die obe-

re Hälfte mit Ketchup oder Mayonnaise bestreichen. Hacksteak auflegen, mit der anderen Brötchenhälfte zuklappen.
Für 1 Kind

Cheeseburger

1 EL Butter
1 TL Sesam
1 Brötchen
2 Scheiben Raclettekäse oder Gouda
2 Tomatenscheiben

Butter in einer Pfanne schmelzen, Sesam hineinstreuen. Brötchen in der Mitte durchschneiden, auf der Schnittfläche kurz anbraten, so dass die Butter aufgesaugt wird. Käse in der Pfanne einige Sekunden schmelzen lassen und auf die eine Brötchenhälfte legen. Tomaten beidseitig anbraten, aufs Brötchen legen und zusammenklappen.
Für 1 Kind

Strammer Max

Sie können den herkömmlichen Strammen Max auch Bacon-and-egg-Whopper nennen.

1 Brötchen
1 EL Butter
1 Ei
Kräutersalz
1 TL Sesam

2 Scheiben Frühstücksschinken
evtl. 2 Tomatenscheiben
Salatblätter oder Gurkenscheiben
zum Garnieren

Brötchen in der Mitte durchschneiden. Butter in einer Pfanne schmelzen. Das Ei hineinschlagen und ein Spiegelei darin ausbacken, mit Salz bestreuen. Spiegelei herausnehmen.
In die verbliebene Butter Sesam streuen, Brötchenhälften auf der Schnittfläche kurz anbraten, so dass die Butter aufgesaugt wird. Dann den Frühstücksschinken kurz anbraten. Nach Belieben Tomatenscheiben anrösten. Brötchenhälften mit Schin-

ken und Spiegelei sowie Tomaten belegen und mit Salatblättern oder Gurkenscheiben garnieren.
Für 1 Kind

Kartoffelpuffer/Reiberdatschi

1,5 kg Kartoffeln, mehlig kochend
2 EL Sauerrahm oder Joghurt
Salz
Muskat, frisch gerieben

1–2 Eier
1 EL Pflanzenöl (z. B. Traubenkernöl)
4 EL Butter

Kartoffeln schälen und in feinste Raspeln schneiden (am schnellsten geht es mit der Küchenmaschine mit Reibeeinsatz). Sauerrahm oder Joghurt sofort untermischen, damit die Kartoffelraspel sich nicht verfärben. Kartoffeln in ein Haarsieb geben, salzen und den Kartoffelsaft abtropfen lassen, dann in einem sauberen Leinentuch gründlich auspressen.
Kartoffelmasse mit Muskat würzen und die Eier unterrühren. Öl in einer Pfanne erhitzen, dann die Butter hinzufügen und zerlassen. Aus 1 EL Kartoffelmasse mit dem Bratwender flache Puffer portionsweise in zwei Pfannen verteilen und beidseitig etwa 10 Min. goldgelb braten. Ergibt etwa 16 Kartoffelpuffer.

Dazu passt frisches Apfelmus am besten aus Kläräpfeln oder Gravensteiner (s. S. 207).
Tipp: Je nach Kartoffelsorte kann der Teig mit 2 Eiern zu flüssig werden. Entweder nur 1 Ei nehmen oder mit Haferflocken binden, keinesfalls mit Mehl.

Kartoffelpizzette

500 g Pellkartoffeln, mehlig kochend
100 g Dinkelmehl Type 630
50 g Parmesan, frisch gerieben
1 EL Olivenöl und Öl für das Backblech

Kräutersalz
Muskat, frisch gerieben
Tomatensugo (s. S. 159)
1 EL Olivenöl
150 g Mozzarella

Fast food

Pellkartoffeln mit kaltem Wasser abschrecken, heiß schälen, durch die Kartoffelpresse auf ein bemehltes Backbrett drücken und abkühlen lassen. Mehl darüber sieben. Parmesan, Öl, Salz und Muskat dazu geben und aus den Zutaten einen festen Kartoffelteig kneten.

Backofen auf 200° vorheizen. Teig vierteln und die vier Teile auf bemehltem Backbrett zu vier kleinen Fladen ausrollen, die Ränder etwas hochdrücken. Ein rechteckiges Backblech einfetten, die runden Pizzafladen auf das Blech legen, mit Olivenöl beträufeln, den Tomatensugo darauf geben. Mozzarella fein hacken und locker darauf verteilen. Kartoffelpizzen im Backofen etwa 20 Min. backen.

Tipp: Statt Parmesan im Teig kann man auch ein ganzes Ei untermischen. Je nach Vorliebe des Kindes Salami oder Schinken, Origano oder gehacktes Basilikum auf den Kartoffelpizzen verteilen.

Pizza Salami

Teig:
125 g Quark
1 Ei
½ TL Kräutersalz
2–3 EL Milch oder Wasser
4 EL Olivenöl und Öl für das Backblech
250 g Dinkelmehl Type 630
¾ Päckchen Weinstein-Backpulver

Belag:
8 EL Tomatensugo (s. S. 159) oder 370 g stückiges Tomatenpüree, vermischt mit 2–3 EL Olivenöl und 1 EL gezupftem Basilikum
8 Salamischeiben
150 g Mozzarella
¼ TL Origano

Backofen auf 220° vorheizen.

Quark mit Ei, Salz, Milch oder Wasser und Öl in einer Schüssel verrühren, Mehl und Backpulver unterketen. Teig in zwei Portionen teilen und auf bemehlter Fläche zu 2 runden Fladen ausrollen.

Zwei runde Pizzableche (22 cm Durchmesser mit löchrigem Boden) mit Olivenöl einfetten. Die Bleche damit belegen, dabei ringsherum einen Wulst formen. Den Teig mit einer Gabel ein-

stechen. Jeweils 4 EL Tomatensugo auf die Fladen streichen. Mit Salami belegen. Mozzarella in Würfel schneiden und darauf verteilen. Mit Oregano bestreuen.
Pizza im vorgeheizten Backofen etwa 15 Min. backen.

Variante: Pizzabrot
Teig auf Blechgröße ausrollen, mit 8 EL Tomatensugo bestreichen. Etwas Oregano darauf verteilen, backen. Für Kinder, die frischen Rucola mögen, kann man einige Blätter aufs fertige Pizzabrot verteilen. Auch Parmesanspäne passen gut auf Pizzabrot.

Hähnchen-Wraps

Teig:
120 g Weizenmehl Type 880
30 g Maismehl
¼ l Milch
Salz
2 Eier
Butter zum Ausbacken

Füllung:
250 g Hähnchenbrust
Salz
Mehl zum Bestäuben
250 g Pilze
2 EL Butter
2–3 EL Sahne
4–8 Salatblätter

Mehl, Milch, Salz und Eier verrühren. Pfanne erhitzen, wenig Butter darin schmelzen und 4 Wraps nacheinander ausbacken. Hähnchenbrust in feine Streifen schneiden, salzen und mit Mehl bestäuben. Pilze putzen und in feine Scheiben schneiden. Butter in einer Pfanne erhitzen. Die Hähnchenstreifen anbraten, Pilze dazugeben und andünsten, Sahne kurz mitköcheln. Die fertigen Wraps mit jeweils 1–2 Salatblättern belegen, mit der Hähnchenmasse füllen, aufrollen und in der Mitte schräg durchschneiden.

Variante: Thunfisch-Wraps
Man kann die Wraps auch mit Thunfisch, gewürfelten Tomaten und Scheiben von gekochten Eiern füllen.

Fast food

EIER- UND MEHLSPEISEN

Eier- und Mehlspeisen zählen bei Kindern zu den ausgesprochenen Lieblingsgerichten, allen voran Pfannkuchen, die eigentlich kinderleicht sind. Nur der Teig darf nicht zu dick sein, dann gelingen die Pfannkuchen nicht, und die Eier dürfen nicht zu lange geschlagen werden, sonst verlieren sie die Bindung. Unwiderstehlich sind Apfelstrudel und Dampfnudeln, an die sich nicht nur erfahrene Hausfrauen wagen können.

Alexander (4 Jahre): »*Wir sollen morgen ausgelüftete Eier mit in den Kindergarten bringen. Da tut man mit einem Messer zwei Löcher in das Ei reinschlagen, dann Eigelb und Eiweiß in einen Teller und praktisch ist dann alles drin, bloß nicht die Hülle.*«

Rühreier natur

Rühreier klingen so einfach, aber die Kunst besteht darin, sie so zu braten, dass sie zwar fest werden, aber an der Oberfläche noch weich und glänzend sind.

6 Eier
Salz
2 EL Butter

Eier mit der Gabel leicht verquirlen und salzen. Butter in einer Pfanne erhitzen, bis sie aufschäumt, dann die Eier hineingeben und stocken lassen. Wenn sich der Rand kräuselt, mit einer Gabel einmal quer durch die Pfanne fahren, damit die flüssige Eimasse sich ausbreiten kann und erneut stocken lassen. Diesen Vorgang vier bis fünf Mal wiederholen, bis die Unterseite der Rühreier fest ist. Die obere Seite wird nicht gebraten. Sofort servieren. Dazu passt ein Butterbrot und grüner Salat.

Variante: Rührei mit Speck und Käse
100 g Speckwürfel in der Butter glasig dünsten und die Eimasse dazugeben. Nach Belieben mit 2 EL geriebenem Gouda-Käse bestreuen und mit der Küchenschere Schnittlauch in Röllchen darüber schneiden.

Paprika-Omelette

4–5 Eier
Salz
1 rote Paprikaschote
1 Zwiebel
2 Tomaten
1 TL Petersilie
2–3 EL Butter
Schnittlauch

Eier mit der Gabel leicht verquirlen und salzen. Paprika putzen und in kleine Würfel schneiden. Zwiebel schälen, vierteln und in Streifen schneiden. Tomaten mit kochendem Wasser überbrühen, enthäuten und in kleine Stücke schneiden. Petersilie fein hacken.
Butter in einer Pfanne erhitzen, bis sie aufschäumt, Zwiebel-

Eier- und Mehlspeisen

streifen glasig dünsten, dann Paprika anbraten, Tomaten hinzufügen und kurz mitdünsten. Petersilie dazugeben und salzen. Dann die Eier darüber gleiten und stocken lassen. Wenn sich der Rand kräuselt, mit einer Gabel einmal quer durch die Pfanne fahren, damit die flüssige Eimasse sich ausbreiten kann und erneut stocken lassen. Diesen Vorgang vier bis fünf Mal wiederholen, bis die Unterseite fest ist. Die obere Seite wird nicht gebraten. Schnittlauch mit der Küchenschere in Röllchen darüber schneiden und sofort servieren.

Variante: Zucchini-Frittata
1 kleine fein geraspelte Zucchini (und/oder 1 Karotte) in Butter anbraten. 6 Eier mit 6 EL Milch, Salz und Muskat verrühren. Eimasse dazu geben und wie beschrieben fortfahren. Man kann außerdem noch eine erkaltete Kartoffel in Blättchen schneiden mit anbraten. Mit gehackten Gartenkräutern und nach Belieben mit trocken gerösteten Sonnenblumenkernen bestreuen.

Omas gute Eierpfannkuchen

*300 g Weizenmehl Type 550
oder 880
100 ml Mineralwasser
375–500 ml Milch
1 TL Salz
2–3 Eier
Pflanzenöl (am besten Traubenkernöl) zum Ausbacken*

Mehl mit Mineralwasser, 400 ml Milch und Salz glatt rühren, die Eier darunter ziehen. Nach Bedarf noch so viel Milch dazugießen, dass ein dünnflüssiger Pfannkuchenteig entsteht. Teig kurz quellen lassen.
Nur so viel Pflanzenöl in der Pfanne erhitzen, wie am Boden hängen bleibt. 1 Schöpfkelle Pfannkuchenteig hinein gießen. Pfanne schwenken, so dass der Pfannenboden dünn mit Teig bedeckt ist. Eine Seite goldgelb ausbacken, den Pfannkuchen mit einem Schwung wenden und die zweite Seite goldgelb braten.
Teigvariante: 300 g Mehl, davon ⅓ Dinkelmehl Type 1050, 600 ml Milch, 4 Eier, 1 TL Salz, evtl. 1 TL Kernöl.

Salzige Pfannkuchen (nach dem Wenden) mit 1 EL geriebenem Käse (Emmentaler oder Parmesan) bestreuen, 1 Scheibe gekochten Beinschinken daraufauflegen, mit 1 EL Frischkäsecreme (s. S. 87) bestreichen und mit Schnittlauchröllchen bestreuen. Gut schmeckt auch Speckpfannkuchen, für den Sie 1 Scheibe fein geschnittenen Speck in der Pfanne auslassen, mit etwas fein gehackter Petersilie anrösten und dann den Pfannkuchenteig in die Pfanne hineingeben.

Süße Pfannkuchen brate ich in Butter. Man kann Pfannkuchen mit Zimtzucker und mit geröstetem Sesam bestreuen oder mit Ahornsirup, Aprikosen- , Erdbeer- oder Himbeermarmelade, Johannisbeergelee oder Zwetschgenmus bestreichen. Es passt aber auch jedes Kompott oder Apfelmus dazu. Stellen Sie zur Auswahl mehrere Füllungen auf den Tisch, damit Ihr Kind sich selbst bedienen kann.

Pfannkuchen mit Hackfleischfülle
In einer Pfanne 1 EL Traubenkernöl und 1 EL Butter erhitzen. 1 EL getrocknete Pilze und 1 gehackte Zwiebel darin andünsten. 250 g Hackfleisch (es geht auch gekochter Tafelspitz im Fleischwolf zerkleinert) hellbraun anbraten, 1 EL Tomatenmark und 1 TL Sesam gemischt mit 1 EL Semmelbrösel hinzufügen und ständig rühren, bis die Flüssigkeit verkocht ist. 1 EL Staudenselleriegrün und/oder 1 geraspelte Karotte mitdünsten, bis alles gar ist. Mit Salz, Paprikapulver (edelsüß) und 1–2 EL Sahne abschmecken. Die Fleisch-Gemüse-Füllung in 8 gebackene Pfannkuchen rollen. Statt Karotte kann man auch 1 kleine geraspelte Zucchini nehmen.

Variante: Gedämpfter Spinat (s. S. 129) als Füllung, mit 4 EL Parmesan gewürzt.

Die richtige Pfanne: Nach vielen Versuchen, eine Pfanne zu finden, in der nichts festklebt, backe ich Pfannkuchen nun ausschließlich in einer Eisenpfanne. Vor dem erstmaligen Gebrauch Pfanne erhitzen, eine dicke Schicht Salz einstreuen und mit einem Holzlöffel ständig rühren, bis das Salz hellbraun geröstet ist, dann das Salz entfernen. Pfanne erkalten lassen, ausspülen, abtrocknen und einige Esslöffel eines geschmacksneutralen Pflanzenöls (Traubenkernöl, Soja- oder Keimöl) hineingeben, mit einem Küchenpapier einfetten und einwirken lassen. Diese Pfanne sollte man möglichst selten waschen und nach dem Abspülen wieder einfetten. Entsprechend oft sollte sie in Gebrauch sein, damit das Fett nicht ranzig wird. Eisenpfannen sind auch ideal für Bratkartoffeln.

Crêpes

Crêpes sind ganz dünne Pfannkuchen, die ursprünglich aus der Bretagne kommen. Mit Buchweizenmehl zubereitet heißen sie Galettes. Ihren Namen haben sie vom französischen Wort crêper, was so viel heißt wie kräuseln. Denn Crêpes wellen sich in der Pfanne. Im Unterschied zu Pfannkuchen enthalten Crêpes zerlassene Butter. Mineralwasser macht den ziemlich flüssigen Crêpe-Teig (Konsistenz wie Sahne) besonders luftig.

150 g dunkles Dinkelmehl Type 1050 und 150 g helles Dinkelmehl Type 630
200 ml Mineralwasser
400 ml Milch
1 TL Salz
4–5 Eier
6 EL zerlassene Butter

zerlassene Butter, mit Traubenkernöl gemischt
Aprikosenmarmelade oder Johannisbeergelee
Puderzucker
Obst zum Garnieren (Orangenscheiben, Erdbeeren oder andere Beeren der Saison)

Mehl mit Mineralwasser, Milch und Salz glatt rühren, die Eier darunter ziehen. Zerlassene Butter hinzufügen. Teig kurz quellen lassen.

Wenig Pflanzenöl, gemischt mit zerlassener Butter in der Eisenpfanne erhitzen, ½ Schöpfkelle Teig hineingießen. Pfanne schwenken, so dass der Pfannenboden dünn mit Teig bedeckt ist. Eine Seite goldgelb ausbacken, die Crêpe mit einem Schwung wenden und die zweite Seite goldgelb braten. Die Crêpes nacheinander backen und im vorgeheizten Backofen warm stellen, bis der ganze Teig aufgebraucht ist. Jede Crêpe mit 1 TL Aprikosenmarmelade oder Johannisbeergelee bestreichen, längs und quer zusammenklappen, mit Puderzucker bestreuen und nach Belieben mit geschnittenem Obst garnieren.

Apfelcrêpes

150 g helles Dinkelmehl Type 630
300 ml Milch
½ TL Salz
2 Eier
2 Eigelb
5 EL zerlassene Butter
2 Boskopäpfel
Butter zum Ausbacken
Sesam
Zimtzucker

Teig für Crêpes wie oben beschrieben vorbereiten. Äpfel schälen, vierteln, Kerngehäuse entfernen und die Schnitze in feine Scheibchen hobeln.

1 TL Butter in einer Pfanne erhitzen. Für eine Crêpe 1 EL Apfelscheibchen und ¼ TL Sesam kurz andünsten und mit etwas Zimtzucker bestreuen, dann ½ Schöpfkelle Teig darüber geben. Die untere Seite der Crêpe etwa 3 Min. backen. Crêpe mit einem Schwung wenden und die andere Seite goldbraun backen. Die Apfelcrêpes nacheinander backen und im vorgeheizten Backofen warm stellen, bis der ganze Teig aufgebraucht ist. Mit Zimtzucker bestreuen. Dazu passt gut Vanilleeis.

Topfenpalatschinken

Für den Teig:
200 g helles Dinkelmehl Type 630
½ TL Salz
¼–⅜ l Milch (oder ¼ l Milch und 125 g Sahne)
3 EL Mineralwasser
2 Eier
3 EL zerlassene Butter
Butter zum Ausbacken

Für die Füllung:
1 Ei
1 EL Vanillezucker (s. S. 209)
250 g Quark (Topfen)
1 TL Zitronensaft
evtl. 1–2 EL Rosinen
Puderzucker zum Bestreuen
Obst zum Garnieren

Mehl, Salz, Milch (gegebenenfalls Sahne) und Mineralwasser miteinander verrühren. Die Eier darunter ziehen, dann die zerlassene Butter einrühren. Teig kurz quellen lassen.
Wenig Butter in der Pfanne erhitzen, 1 Schöpfkelle Teig hineingießen. Pfanne schwenken, so dass der Pfannenboden dünn mit Teig bedeckt ist. Eine Seite goldgelb ausbacken, mit einem Schwung wenden und die zweite Seite goldgelb braten.
Für die Füllung Ei mit Zucker und Vanillezucker schaumig schlagen, Quark und etwas Zitronensaft unterrühren, nach Belieben heiß gewaschene Rosinen dazugeben.
Palatschinken mit Topfenfülle bestreichen, zweimal zusammenklappen und mit Puderzucker bestreuen.
Marillenpalatschinken werden mit Aprikosenkonfitüre bestrichen und mit geschnittenem Obst garniert.
Tipp: Man kann die einzelnen Palatschinken stapeln, indem man Backpapier dazwischenlegt.

Variante: Überbackene Topfenpalatschinken
Backofen auf 160° vorheizen. 250 g Schichtkäse oder Magerquark, 100 g Sauerrahm, 1 EL Vanillezucker und die abgeriebene Schale ½ unbehandelten Zitrone zu einer glatten Creme verrühren.
8 ausgebackene Palatschinken jeweils mit 1 EL der Masse bestreichen, aufrollen und halbieren. Palatschinkenhäften schindelartig in eine gebutterte Auflaufform schichten.

1 Ei mit 1 EL Rohrohrzucker und 200 g Sahne verquirlen und über die Palatschinken gießen. Im vorgeheizten Backofen etwa 15 Min. überbacken, bis eine goldgelbe Kruste entstanden ist.

Kaiserschmarrn

75 g Weizenmehl Type 550
Salz
100 ml Milch
1 EL Vanillezucker (s. S. 209)
1 Msp. Zitronenschale

1 EL Sauerrahm
3 Eier
3 EL Butter
Puderzucker zum Bestreuen

Mehl, 1 Prise Salz und Milch verrühren. Vanillezucker, Zitronenschale und Sauerrahm dazugeben. Eier mit der Gabel kurz unterziehen.
In einer Eisenpfanne 1 EL Butter erhitzen, Teig darüber gießen, Deckel auflegen und langsam backen, bis der Teig an der Oberfläche trocken ist. Den Eierkuchen mit dem Pfannkuchenwender in vier Teile schneiden und die Viertel umdrehen. 1 weiteren EL Butter dazugeben und etwa 5 Min. backen, bis die zweite Seite goldgelb ist. Die Eierkuchenviertel mit zwei Gabeln in Stücke reißen, die restliche Butter dazugeben, mit etwas Vanillezucker bestreuen und leicht anbräunen lassen.

Kaiserschmarrn heiß anrichten und mit Puderzucker bestreuen. Zum Kaiserschmarrn passen am besten karamellisierte Apfelspalten (s. S. 207).
Tipp: Einfacher ist es, den Kaiserschmarrn, wenn er auf der einen Seite gebacken ist, im vorgeheizten Backofen bei 200° in etwa 5 Min. fertig zu garen. Durch die Hitze gehen die Eier schön auf. Dann den Schmarrn in grobe Stücke reißen und nach Belieben mit einigen Johannisbeeren oder Blaubeeren verzieren.

Variante: Pancake – der dicke fette Pfannkuchen
120 g helles Dinkelmehl Type 630 und ½ TL Weinstein-Backpulver in eine Rührschüssel geben. 1 EL Vollrohrzucker und et-

was Salz hinzufügen. 1 Ei verquirlen und mit 160 ml Milch verrühren. Die Eiermilch nach und nach einrühren, bis der Teig dickflüssig ist.

Eine Pfanne mit Deckel erhitzen, 1 EL Butter darin schmelzen und den Eierkuchenteig hineingeben. Deckel aufsetzen und den Teig ohne zu Wenden etwa 8 Min. bei geringer Hitze braten. Pancake wenden und weitere 2–3 Min. braten. Den dicken fetten Pfannkuchen herausnehmen, in 4 Stücke teilen und mit jeweils 1 EL Himbeermarmelade anrichten.

Für 2 Kinder

Ofenschlupfer

In der Kirschenzeit kann man 250 g entsteinte Herzkirschen in den Ofenschlupfer mischen. Dann heißt er *Kirschenmichl*.

250 g Hefezopf- oder Kastenweißbrot
3 Eier
2 EL Rohrohrzucker
400 ml Milch
1 Msp. Bourbon-Vanille oder Vanillemark
Butter zum Ausstreichen und für Flöckchen

Backofen auf 180° vorheizen. Zopf- oder Kastenweißbrot in 1 cm dicke Scheiben schneiden. Eier mit Zucker cremig schlagen, Milch dazurühren, Vanille dazugeben.

Eine viereckige Auflaufform mit Butter ausstreichen. Brotscheiben einschichten, dazwischen Butterflöckchen streuen. Mit der Eiermilch übergießen und etwa 30 Min. einziehen lassen. Die übrige Butter als Flöckchen auf der oberen Schicht verteilen. Den Ofenschlupfer im vorgeheizten Backofen etwa 30 Min. backen, bis die Kruste leicht knusprig ist.

Dazu passt Vanillesauce (s. S. 200) oder Kompott.

Variante: Apfelrösti
2 säuerliche Äpfel schälen, vierteln, Kerngehäuse entfernen und die Schnitze in feine Scheibchen hobeln. 2 Brötchen in Scheiben schneiden. 2 EL Butter in einer Pfanne mit Deckel er-

hitzen. Apfelscheibchen hineingeben, mit Brötchenscheiben bedecken. 2 EL Rohrohrzucker darüber streuen. Alles zugedeckt andünsten, etwas Wasser mit 4 EL Sahne angießen, Deckel wieder aufsetzen und etwa 5 Min. dämpfen.

Dampfnudeln

Teig:
250 g Weizenmehl Type 550
10 g Hefe
1–2 EL Rohrohrzucker
70 ml lauwarme Milch
40 g zerlassene Butter und
   Butter zum Bestreichen

½ TL Salz
1 Ei und evtl. 1 Eigelb

Butter für die Kasserolle
heiße Milch zum Aufgießen
2 EL Rohrohrzucker
50 g Sahne

Nach dem Rezept S. 223 einen Hefeteig mit den angegebenen Zutaten kneten und etwa 1 Std. gehen lassen. Backofen auf 180° vorheizen.
Für die Dampfnudeln Teig zu einer 3 cm dicken Rolle formen. Mit einem bemehlten Messer 1½–2 cm dicke Teigstücke abschneiden. Eine Kasserolle mit gut schließendem Deckel mit Butter ausstreichen und mit 1 EL Zucker ausstreuen. Die Nudeln hineingeben und etwa 30 Min. gehen lassen. Mit so viel Milch füllen, dass etwa 1 cm des Topfbodens damit bedeckt ist. Sahne mit Zucker verrühren und über die Nudeln gießen. Dampfnudeln in zugedeckter Kasserolle etwa 30 Min. auf mittlerer Schiene backen. Wenn alle Flüssigkeit aufgenommen ist und mit dem Zucker leicht karamellisiert, sind die Dampfnudeln fertig. Dazu passt eingemachtes Obst oder eine Mascaponesauce (s. S. 201; Erdbeer-Tiramisu).

Variante: Rohrnudeln
Teigstücke nach Belieben füllen, z. B. mit Pflaumenmus, Aprikosenmus oder entsteinten Kirschen. Teig über der Fülle zusammenschlagen und mit der Nahtstelle nach unten in eine gut gebutterte und mit Zucker ausgestreute Reine setzen und vor

dem Backen noch einmal 30 Min. gehen lassen. Nach Belieben mit etwas Zucker bestreuen und die Rohrnudeln etwa 20 Min. backen, bis sie eine schöne Kruste haben.

Apfelstrudel bayerisch

Strudelteig:
500 g helles Dinkelmehl Type 630
  und Mehl zum Ausrollen
1 TL Salz
1 Ei
2 EL Pflanzenöl
gut ¼ l lauwarmes Wasser

Füllung:
6 mittelgroße Äpfel (z. B. Boskop)
8 EL saure Sahne
6 EL Butter
Milch zum Angießen

Mehl, Salz und Ei vermischen und mit Öl und lauwarmem Wasser zu einem glatten Teig verkneten. Teig zu einer Kugel formen, mit einem Küchentuch bedeckt zimmerwarm etwa 30 Min. ruhen lassen.
Für die Füllung Äpfel schälen, vierteln, Kerngehäuse entfernen und die Viertel in Scheibchen schneiden. Backofen auf 225° vorheizen.
Teig in vier Portionen teilen und auf bemehltem Küchentuch messerrückendick zu rechteckigen 25 x 30 cm großen Teigplatten ausrollen. Beim Ausrollen die Teigplatten immer wieder wenden.
4 EL Butter zerlassen, die Teigplatten damit bestreichen. Jeweils 2 EL saure Sahne und eine Portion Apfelscheibchen auf den Teigplatten verteilen. Teigplatten mit Hilfe des Tuchs locker aufrollen.
Restliche Butter in Bratreine erhitzen, die vier Strudelrollen mit den Kanten nach unten hineinlegen. Apfelstrudel im vorgeheizten Backofen etwa 20 Min. anbräunen, dann soviel warme Milch darübergießen, dass die Strudelrollen zu zwei Dritteln bedeckt sind. Apfelstrudel weitere 40 Min. goldbraun backen, bis die Milch fast vollständig aufgesogen ist.
Zu dieser Hauptmahlzeit trinkt man ein Glas Milch.

Knusprige Waffelherzen

Nach vielen Versuchen hier mein ultimatives Rezept für wirklich knusprige Waffeln:

190 g Butter
140 g Zucker (die Hälfte Puderzucker und die andere Hälfte Rohrohrzucker)
1 Msp. Bourbon-Vanille
Salz
3 Eier
abgeriebene Schale 1 unbehandelten Zitrone
175 g Mehl
75 g Speisestärke
1 Msp. Weinstein-Backpulver
100 ml Mineralwasser
Pflanzenöl für das Waffeleisen
Puderzucker oder Zimtzucker zum Bestreuen

Butter mindestens 3 Min. cremig rühren. Gemischten Zucker, Bourbon-Vanille und 1 Prise Salz hinzufügen und weitere 3 Min. cremig rühren, nach und nach die Eier dazugeben. Dabei jedes Ei einzeln etwa 3 Min. rühren. Abgeriebene Zitronenschale in den Waffelteig geben. Mehl, Speisestärke und Backpulver unterheben und das Mineralwasser einrühren (alle Zutaten sollten zimmerwarm sein).

Waffeleisen mit Pflanzenöl ausstreichen und die Waffeln nacheinander knusprig backen. Waffeln aus dem Eisen nehmen und die Herzen mit der Haushaltsschere voneinander trennen.

Mit Puderzucker oder Zimtzucker bestreuen und warm servieren. Vanilleeis, Schlagsahne und Beeren, Sauerkirschen oder Himbeersauce (s. S. 202) dazu reichen.

Trick: Zitronen- und Orangenschalen lassen sich am besten abreiben, wenn man die abgerundete Reibe mit Pergamentpapier überzieht und das Abgeriebene mit dem Messer abschabt.

MILCHSPEISEN

Milch gilt als wichtigster Eiweiß- und Calciumspender für Kinder. Sie enthält fast alle Nährstoffe, die ein Kind zum Wachsen braucht. Geben Sie Ihrem Kind täglich Milch und deren Produkte, sofern es keine Milchzucker-Unverträglichkeit hat, damit Knochen und Zähne kräftig werden. Kinder, die nur ungern Milch trinken, lassen sich oft zu Milchspeisen wie Milchreis, Grießschnitten oder Hirsebrei überreden.

> **Calcium stärkt die Knochen.** Kinder ab 3 Jahren benötigen täglich ca. 700 mg Calcium, Grundschüler 800 mg und 10jährige 900 mg. Diese Menge kann gedeckt werden durch ¼ l Milch (300 mg) und 1 Naturjoghurt (180 mg) und 40 g Hartkäse (400 mg). Außerdem liefern Sesam bzw. Amaranth fürs Müsli und viele frische Kräuter zusätzliches Calcium. Die Milch muss mindestens 2 Prozent Fett haben, weil das Calcium in der Milch ohne diese Mindestmenge an Fett nicht resorbiert werden kann. Calcium aus Mineralwasser wird vom Körper ebensogut aufgenommen wie aus Milchprodukten. Man kann die Aufnahme sogar verbessern, indem man dem Mineralwasser (mit mehr als 150 mg Calcium pro Liter) ein paar Tropfen Zitronensaft zufügt.

Milchreis

Nicht nur Kinder lieben dieses milde Gericht – bei Erwachsenen weckt es Kindheitserinnerungen.

250 g Rundkornreis oder Arborio-Reis
1¼ l Milch
Salz
1 EL Butter
½ Vanilleschote
evtl. 1 Streifen Orangen- oder Zitronenschale
1–2 EL Rohrohrzucker und Zimtzucker
Zimtzucker zum Bestreuen
evtl. 2–3 EL Sahne oder Buttermilch

Reis in kalter Milch, etwas Salz und Butter in einem mit kaltem Wasser ausgespülten Topf erhitzen. Aufgeschlitzte Vanilleschote hinzufügen und unter ständigem Rühren aufkochen. Reis ohne Deckel bei geringster Hitze 30–35 Min. quellen lassen. Dabei den Reis mit einem Holzlöffel immer wieder umrühren, damit er nicht anbrennt. Nach Belieben einen Streifen Orangen- oder Zitronenschale und Zucker hinzufügen und weitere 5 Min. quellen lassen. Falls der Milchreis zu dick wird, noch etwas Milch nachgießen. Den dickflüssigen Reis auf Suppentellern anrichten und mit Zimtzucker bestreuen. Nach Belieben mit etwas flüssiger Sahne oder Buttermilch abrunden.
Dazu passen Apfelmus (s. S. 207; am besten mit den leicht säuerlichen Gravensteiner Äpfeln, das man kranzförmig auf dem Tellerrand anrichtet), karamellisierte Apfelspalten (s. S. 207) oder einige gefrorene Himbeeren, die man auf den heißen Reis legt.

Variante: Reisauflauf
Backofen auf 175° vorheizen. 250 g Rundkornreis mit kochendem Wasser überbrühen, abgießen und in eine gebutterte Auflaufform füllen. 1¼–1½ l kochende Milch angießen, Salz, 2 EL Butter, 2 EL Rohrohrzucker und nach Belieben einen Streifen Zitronenschale oder 1 Stück Vanilleschote hinzufügen. Im vorgeheizten Backofen knapp 1 Std. backen. Die sich bildende

Haut wird mit einem Löffel immer wieder zurückgestreift und unter den Reis gemischt. Wenn alle Milch eingekocht ist und der Auflauf eine schöne Farbe hat, ist der Reisauflauf fertig. Mit Zimtzucker bestreuen. Dazu passt jedes Kompott.

Grießschnitten/Polentaschnitten

Die Polenta kann man auch mit einer Gemüsebrühe zubereiten, den fertigen Maisbrei in eine gebutterte Kastenform gießen und nach dem Erkalten in Scheiben schneiden, dann in Butter anbraten. Zu den Polentaschnitten passt am besten Tomatensauce.

½ l Milch
3 EL Butter
½ TL Salz
100 g Hartweizengrieß oder Maisgrieß

evtl. Muskat, frisch gerieben
1 Eigelb
1 Ei
5 EL Semmelbrösel
1–2 EL Sesam

Milch in einem kleinen Topf mit 1 TL Butter und Salz aufkochen. Grieß einrieseln lassen und bei schwacher Hitze unter ständigem Rühren mit einem Schneebesen umrühren, bis ein schwerer Grießbrei vom Löffel fällt. Von der Herdplatte nehmen, nach Belieben Muskat hineinreiben und, wenn der Brei leicht abgekühlt ist, das Eigelb untermischen. Die Masse auf einem großen Holzbrett verteilen, glattstreichen und mindestens 1 Std. ruhen lassen. Den erkalteten Grießbrei in 3 cm große Rauten schneiden.

Ei in einem tiefen Teller mit der Gabel verquirlen. Semmelbrösel und Sesam vermischen. Die restliche Butter portionsweise in einer Pfanne schmelzen. Die Rauten erst im Ei wenden, dann in den Semmelbröseln wälzen, in die heiße Butter legen und beidseitig goldgelb anbraten.

Grießnockerln

Für den Grießbrei:
½ l Milch
1 TL Butter
Salz
¼ Vanilleschote
5 TL Dinkelgrieß

1 Eigelb

Erdbeerpüree:
250 g Erdbeeren
2 EL Rohrohrzucker
Zimtzucker

Milch mit Butter, Salz und der aufgeschlitzten Vanilleschote in einem mit kaltem Wasser ausgespülten Topf zum Kochen bringen. Den Topf von der Kochstelle nehmen und den Grieß mit dem Schneebesen einrühren. Grießbrei bei schwacher Hitze unter ständigem Rühren 3–4 Min. köcheln, vom Herd nehmen, leicht abkühlen lassen, das Eigelb einrühren und weitere 10 Min. zugedeckt nachquellen lassen.

Vom abgekühlten Grießbrei mit zwei nassen Teelöffeln kleine Nockerln abstechen. Inzwischen Erdbeeren waschen, Stiele abzupfen und mit Zucker im Mixer pürieren. Grießnockerln auf dem *Erdbeerpüree* anrichten und mit Zimtzucker bestreuen. Zu Grießnockerln passen auch gut frische Aprikosen, in Spalten geschnitten.

Tipp: Den Grießbrei in eine gebutterte Puddingform füllen, im Kühlschrank fest werden lassen, zum Servieren kurz in ein heißes Wasserbad stellen, damit die Butter schmilzt und sich der Grießpudding leicht stürzen lässt. Erdbeerpüree darüber gießen, so dass die Erdbeersaucenlava bis zum Fuß des Grießbreiberges fließt.

Variante: Hirsebrei mit Obst
Die meisten Kinder kennen den Hirsebrei aus dem Wundertöpfchen in Grimms Märchen »Der süße Brei«. Hier eine Version mit Obst: 100 g vorgegarte kalte Hirse (s. S. 157) mit 100 g Sahne übergießen. 3 rote Äpfel würfeln, mit 50 g gehackten Mandeln, 1 TL Honig oder Ahornsirup und 2 EL Vanillezucker unter die Hirse mischen. Mit 250 g Weintrauben verzieren.

Vanillepudding

¾ l Milch
3 gehäufte EL Mais- oder Speisestärke
1–2 Eigelb
2 EL Rohrohrzucker
½ Vanilleschote
1 TL Butter
Salz

100 ml kalte Milch entnehmen und mit Maismehl oder Maisstärke, Eigelb und Zucker in einer kleinen Schüssel anrühren. Die restliche Milch mit aufgeschlitzter Vanilleschote, Butter und 1 Prise Salz erhitzen. Kochende Milch von der Herdplatte ziehen und das angerührte Maismehl mit einem Schneebesen etwa 1 Min. lang einrühren, einige Sekunden aufkochen lassen, dabei ständig rühren. Vanilleschote herausnehmen. Pudding in eine mit kaltem Wasser ausgespülte Glasschüssel füllen.

Tipp: Milch brennt beim Kochen leicht an und hinterlässt einen braunen Bodensatz im Topf. Das können Sie vermeiden, wenn Sie den Topf mit kaltem Wasser ausspülen, bevor Sie die Milch hineingeben. Es hilft auch die Zugabe von etwas Butter.

Variante: Vanillesauce
4 EL Milch mit 2 gestr. EL Mais- oder Speisestärke und 1–2 Eigelb in einer kleinen Schüssel anrühren. ½ l Milch mit ½ aufgeschlitzten Vanilleschote, 1 TL Butter, 2 EL Rohrohrzucker und 1 Prise Salz erhitzen. Die angerührte Stärke mit einem Schneebesen in die kochende Milch rühren, bis die Vanillesauce dicklich wird. Vanilleschote herausnehmen.

Wenn die Vanillesauce offen steht, bildet sich sofort eine Haut: Entweder Sie lassen die Vanillesauce zugedeckt kalt werden oder Sie müssen so lange rühren, bis die Sauce erkaltet ist.

Erdbeer-Tiramisu

Statt der Löffelbiskuits kann man auch einen dünnen Biskuitboden (1–1½ cm dick) verarbeiten, aus dem man runde Scheiben oder Stäbchen ausschneidet.

Mascarponesauce:
3 Eigelbe
2 EL Vanillezucker (s. S. 209)
250 g Mascarpone

Vanillepudding (s. S. 200)
100 g Löffelbiskuits (am besten vom Konditor)
500 g Erdbeerpüree (s. S. 199)

Eigelbe mindestens 3 Min. cremig schlagen, Vanillezucker hinzufügen und weitere 3 Min. schaumig schlagen. Mascarpone löffelweise in die Eigelbmasse geben und zu einer homogenen Creme verrühren. Den vorbereiteten Vanillepudding löffelweise unterrühren, so entsteht eine dickflüssige Sauce.
Löffelbiskuits in das Erdbeerpüree tauchen, so dass sie sich richtig vollsaugen. Eine Glasschüssel mit etwas Mascarponesauce füllen, die getränkten Löffelbiskuits einlegen, wieder etwas Sauce einfüllen und eine noch zweite Schicht Löffelbiskuits einlegen. Mit Sauce abschließen.
Erdbeer-Tiramisu zugedeckt im Kühlschrank kalt stellen.

Vanillecreme / Crema catalana

360 g Sahne
125 ml Milch
½ Vanilleschote
3 Eigelb
3 gestr. EL Rohrohrzucker

Sahne, Milch und ausgekratzte Vanilleschote mit Eigelb verrühren und abgedeckt in den Kühlschrank stellen, damit die Sahnemasse den Vanillegeschmack gut annimmt.
Backofen auf 160° vorheizen. 4 Förmchen mit 8 cm Durchmesser mit Butter ausstreichen. Das Sahnegemisch hineinfüllen. Kochendes Wasser in ein tiefes Backblech füllen, so dass die Förmchen zu drei Viertel im Wasserbad stehen, diese hineinstellen und etwa 40 Min. backen, falls keine goldgelbe Kruste erwünscht ist, mit Alufolie abdecken.
Die Vanillecreme kühl stellen und im Förmchen servieren. Wenn die Vanillecreme gestürzt wird, passen dazu auch Erdbeeren, Himbeeren, Heidelbeeren oder Brombeeren oder jedes Kompott.

Panna cotta mit Himbeersauce

Statt Himbeeren schmecken auch Erdbeeren oder Blaubeeren.

500 g Sahne
100 ml Milch
¼ Vanilleschote
1 EL Traubenzucker oder Rohrohrzucker
3 Blatt Gelatine
evtl. 1 Streifen unbehandelte Orangenschale

Himbeer-Sauce:
300 g Himbeeren, tiefgefroren
2 EL Puderzucker

Sahne, Milch und ausgekratzte Vanilleschote (evtl. Orangenschale) in einen Topf geben und erwärmen, aber nicht kochen, mit Zucker süßen. Inzwischen Gelatine in kaltem Wasser etwa 5 Min. einweichen. Den Topf vom Herd nehmen. Die leicht ausgedrückte Gelatine in die Sahnemasse einrühren, in vier kalt ausgespülte Portionsförmchen gießen. In jedes Förmchen 5 tiefgefrorene Himbeeren legen und im Kühlschrank etwa 4 Std. fest werden lassen. Restliche aufgetaute Himbeeren mit Puderzucker fein mixen. Das Beerenmark in einen tiefen Teller gießen und die gestürzte Panna cotta hineinlegen.

Quarkauflauf

4 Eier
150 g Rohrohrzucker
1 EL Vanillezucker (s. S. 209)
100 g weiche Butter und Butterflöckchen
1 Prise Salz
500 g Magerquark
⅛ l Milch
1 Msp. Zitronenschale, abgerieben
1 Päckchen Bourbon-Vanillepudding
120 g Dinkel- oder Haferflocken
500 g Äpfel oder Nektarinen

Backofen auf 200° vorheizen. Eier, Zucker und Vanillezucker dickschaumig rühren, Butter und Salz gut unterrühren. Quark, Milch, abgeriebene Zitronenschale, Puddingpulver und Flocken dazumischen. Äpfel schälen und mit einem kleinen Hobel in feine Scheibchen schneiden bzw. Nektarinen mit heißem Wasser überbrühen, die Haut abziehen, das Fruchtfleisch vom Kern lösen und in Würfel schneiden. Die Hälfte der Quarkmasse in eine gebutterte Auflaufform geben, dann die Apfelscheibchen bzw. Nektarinenwürfel darüber geben, den Rest einfüllen. Mit Butterflöckchen belegen. Im vorgeheizten Backofen etwa 45 Min. backen.

Tipp: Die Hälfte der Menge ist ausreichend für eine Zwischenmahlzeit oder für den Nachtisch nach einer Suppe (nur 30 Min. Backzeit).

Aprikosenknödel / Zwetschgenknödel

250 g Quark (Topfen)
170 g helles Dinkelmehl Type 630
Salz
1 Ei
500 g Aprikosen/Zwetschgen
3 EL Rohrohrzucker
100 g Semmelbrösel
1 EL Rohrohrzucker
3–4 EL Butter

Quark, Mehl, Salz und Ei vermischen und zu einem glatten Teig verkneten.
Aprikosen oder Zwetschgen entsteinen und halbieren, 6 davon entnehmen und die Hälften mit 1 EL Zucker bestreuen.
Vom Teig 12 esslöffelgroße Stücke abstechen, diese flach drücken, mit jeweils 1 Aprikosen- bzw. Zwetschgenhälfte belegen und zu Knödeln formen.
Reichlich Salzwasser in einem großen Topf zum Kochen bringen. Knödel in leicht siedendem Salzwasser 15–20 Min. gar ziehen lassen. Knödel mit einem Schaumlöffel herausnehmen, abtropfen lassen und leicht abgkühlt in Semmelbröseln wälzen. 3 EL Butter in einer Pfanne erhitzen, die Knödel darin rundherum goldbraun anbraten.
Restliche Aprikosen/Zwetschgen achteln. 2 EL Zucker mit 2 EL Wasser in einem Topf einkochen, nach Belieben 1 EL Butter dazugeben und das Steinobst darin dünsten, bis es weich ist. Das Aprikosen- bzw. Zwetschgenragout zu den Knödeln anrichten.

Vanillerahmeis

6 Eier
250 g Rohrohrzucker
½ l Milch
500 g Sahne
1½ Vanilleschoten

Eier etwa 3 Min. schaumig rühren, mit Zucker weitere 3 Min. dickschaumig rühren. Inzwischen Milch und Sahne in einem Topf mit den ausgekratzten Vanilleschoten aufkochen. Die heiße Sahnemilch nach und nach unter ständigem Rühren in das Eiergemisch einrühren und alles in einen Topf einfüllen und noch bis kurz vor dem Siedepunkt weiterschlagen (am besten mit dem Zauberstab). Wenn die Masse ausgekühlt ist, das Eiergemisch in die Eismaschine füllen. Sie kann auch in zwei kältefesten Behältern im Tiefkühlfach gefroren werden.
Dann 2 Std. tiefgefrieren, aus dem Tiefkühlfach nehmen und gut durchschlagen, wieder in das Gefrierfach geben, bis die Masse gefroren ist. Vor dem Servieren 15 Min. antauen lassen.

Variante: Schokoladeneis
Die Hälfte der heißen Masse mit 2 EL Kakao und 50 g Schokolade vermischen, die sich in der heißen Vanillemilch schnell auflöst. Unter Rühren bis kurz vor dem Siedepunkt weiterschlagen.
Tipp: Man kann mit dieser Grundmasse auch variieren, z. B. 100 g Mango- oder Pfirsichpüree und 2 EL Johannisbeergelee unterziehen oder 1 EL Ahornsirup mit Schokoladenraspel oder pürierte Amarenakirschen.

Schokoladensahne

100 g Vollmilchschokolade
200 g Sahne

Schokolade mit 1–2 EL Wasser oder Sahne schmelzen, aber nicht zu heiß werden lassen! Die übrige Sahne steif schlagen,

1 EL der geschlagenen Sahne in die leicht abgekühlte Schokoladenmasse geben und im kalten Wasserbad kurz durchrühren. Die Schokoladenmasse unter die Sahne ziehen und anrichten.

Mousse au chocolat

150 g dunkle Schokolade (mindestens 50% Kakaoanteil)
1 Ei
1 EL brauner Puderzucker
200 g Schlagsahne

Die Schokolade mit kochend heißem Wasser übergießen; sobald sie dickflüssig ist, das Wasser abgießen. Ei mit Puderzucker dickschaumig rühren. Die abgekühlte Schokolade so lange einrühren, bis die Masse heller wird. Inzwischen Sahne schlagen und locker unterheben. In 4 Portionsförmchen füllen und 1 Std. kühl stellen.
Tipp: Man kann die Sahne auch aufkochen, die Schokolade darin schmelzen und alles 1 Std. in den Kühlschrank stellen. Die gut durchgekühlte Masse mit dem Zauberstab aufschlagen.

OBSTDESSERT

Sie sollten dafür Sorge tragen, dass Ihr Kind jeden Tag frisches Obst isst. Fruchtzucker sorgt für schnellen Energieschub. Vitamine und Biostoffe feuern den Organismus an. Schneidet man Bananen, Äpfel, Birnen und Steinobst auf, kommen sie mit Sauerstoff in Verbindung und werden ganz schnell braun. Dagegen hilft das Beträufeln mit Zitronensaft. Ananas, Kiwi und Papaya enthalten Enzyme, die Eiweiß spalten. Man sollte sie deshalb nicht in Milchprodukte geben, weil sie das Milcheiweiß so verändern, dass die Früchte bitter werden. Vielleicht ist das der Grund, warum diese drei Früchtesorten bei den wenigsten Kindern beliebt sind. Zitrusfrüchte enthalten in ihrer Schale ätherische Öle, die ein intensives Aroma geben. Verwenden Sie zum Abreiben nur unbehandelte Früchte; aber Vorsicht: Der weiße Schalenanteil ist bitter.

Apfelmus

Ob Adam und Eva im Paradies oder Schneewittchen im Märchen – knackigen Äpfeln kann kaum jemand widerstehen und sie sind außerdem sehr gesund: Die Früchte versorgen den Körper mit den Vitaminen A, C und E sowie mit Kalium. Die enthaltenen Fruchtsäuren, Zucker und Ballaststoffe regen die Verdauung an.

1 kg Äpfel (z. B. Boskop, Elstar, Gravensteiner oder die frühe Sorte Jakob-Klar)
evtl. ¼ Vanilleschote und/oder 1 Streifen Zitronenschale
1–2 EL Rohrohrzucker

Äpfel waschen, mit der Schale vierteln, das Gehäuse entfernen. Apfelschnitze nach Belieben mit aufgeschlitzter Vanilleschote und/oder 1 Streifen Zitronenschale und 125 ml Wasser zugedeckt bei mittlerer Hitze in etwa 10 Min. weich kochen. Gekochte Äpfel durch die flotte Lotte passieren oder mit dem Kartoffelstampfer im Topf durchdrücken. Das Apfelmus mit einer Schöpfkelle herausnehmen und mit Zucker vermischen. Die im Topf verbliebenen Schalen wegwerfen.
Apfelmus passt zu Rösti, Kartoffelpüree, Kartoffelpuffern und Milchreis.

Karamellisierte Apfelspalten

Statt Äpfeln schmecken auch Birnenschnitze, Pfirsich-, Nektarinen-, Quittenspalten oder halbierte Zwetschgen. Man kann zusätzlich bei den Äpfeln, wenn sie knapp gar sind, den Saft einer frisch gepressten Orange angießen oder man legt einfach ein Stück Zitronen- bzw. Orangenschale (unbehandelt) in den Topf. 1 Gewürznelke und 1 kleines Stück Zimtstange sowie etwas Butter passen besonders gut zu Zwetschgen.

4 Äpfel
2 EL Rohrohrzucker
50 ml Wasser

Äpfel schälen und mit dem Apfelteiler in Spalten schneiden. Kerngehäuse entfernen. Zucker und Wasser in einem flachen Topf etwa 1 Min. einkochen, die Apfelspalten hinzufügen und darin bei offenem Topf etwa 4–5 Min. dünsten, bis keine Flüssigkeit mehr im Topf ist. Falls das Obst noch nicht weich ist, notfalls noch 1 EL Wasser zugeben, damit es nicht anbrennt. Karamellisierte Apfelspalten anrichten zu Milchreis oder zu Kaiserschmarrn.

Birnensahne

3 reife Birnen
1 TL Zitronensaft
200 g Sahne

1 Msp. Bourbon-Vanille
1 TL Ahornsirup

Birnen schälen, in Schnitze teilen und diese vom Kerngehäuse befreien. Mit Zitronensaft beträufeln und im Mixer pürieren. Sahne schlagen, mit Vanille und Ahornsirup aromatisieren und das Birnenpüree darunterheben.
Tipp: Man kann auch noch etwas Naturjoghurt darunter mischen oder statt Sahne Mascarpone mit etwas Milch verrührt nehmen.

Erdbeerquark

250 g Erdbeeren
200 g Sahne
250 g Quark (Topfen)

2 EL Mascarpone
1 EL Vanillezucker (s. S. 209)
1 EL Zitronensaft

Erdbeeren überbrausen, die Stiele abzupfen. Erdbeeren nach Belieben leicht anpürieren oder vierteln. Sahne steif schlagen. Quark mit Mascarpone, Vanillezucker und Zitronensaft verrühren. Sahne und Erdbeerpüree unterheben.

Beerenpüree mit Vanillesahne

500 g Johannisbeeren
4–5 EL Puderzucker
200 g Sahne oder Joghurt
1 EL Vanillezucker

Johannisbeeren von den Rispen streifen, pürieren und die Fruchtmasse durch ein Haarsieb streichen. Dann das Beerenpüree mit Puderzucker weiter pürieren. Sahne mit Vanillezucker mischen, steif schlagen. Vanillesahne oder Joghurt mit einer Gabel unter das *Johannisbeermark* ziehen, damit es Streifen gibt.

Himbeeren, Brombeeren, Heidelbeeren, schwarze Johannisbeeren oder gemischte Beeren (im Winterhalbjahr auch tiefgekühlte) kann man auf dieselbe Weise servieren.

Johannisbeermark (ohne Sahne) passt gut zu heißem Milchreis (s. S. 197) oder zu Vanillepudding (s. S. 200).

Tipp: Vanillezucker, selbst gemacht
Ein verschließbares Glas zu zwei Dritteln mit Rohrohrzucker füllen. Eine aufgeschlitzte Vanilleschote dazugeben. Innerhalb von 2 Wochen hat der Zucker das Vanillearoma angenommen. Ausgekratzte, leere Vanilleschoten ebenfalls zum Zucker ins Glas geben. 1 EL des selbst gemachten Vanillezuckers entspricht 1 Päckchen Vanillin.

Rote Beerengrütze

750 g gemischte Beeren (Himbeeren, Brombeeren, Heidelbeeren)
250 g Kirschen
1 Päckchen Bourbon-Vanille-Puddingpulver
2–3 EL Vanillezucker, s. o.
100 g Sahne

Beeren waschen und putzen. Kirschen entsteinen.
Beerenobst und entsteinte Kirschen in einem Topf mit einigen Esslöffeln Wasser zum Kochen bringen und 1–2 Min. köcheln. Inzwischen 50 ml kaltes Wasser mit Puddingpulver und Vanil-

lezucker in einer kleinen Schüssel anrühren. Das angerührte Puddingpulver mit einem Schneebesen in die Beerenmasse rühren, bis sie dicklich wird.

Eine Form mit kaltem Wasser ausspülen, die rote Grütze hineingeben und kalt stellen. Mit flüssiger Sahne anrichten.

Apfelküchle

4 säuerliche Äpfel
Zimtzucker
100 g helles Dinkelmehl Type 630
1 Prise Salz
gut ⅛ l Milch

1 TL Traubenkern- oder Erdnussöl
1 Ei
1 Eiweiß
Kokosfett oder Traubenkernöl
*   zum Ausbacken*

Äpfel schälen, mit dem Ausstecher vom Kerngehäuse befreien und quer in 1½ cm dicke Scheiben schneiden. Apfelscheiben mit etwas Zimtzucker bestreuen und etwa 30 Min. zugedeckt stehen lassen.

Aus Mehl, Salz, Milch, Öl und Ei einen glatten Teig rühren und ruhen lassen. Eiweiß steif schlagen und unterheben.

Fett oder Öl in einer Pfanne mit hohem Rand erhitzen. Die mit einer Gabel durch den Teig gezogenen Apfelscheiben nacheinander im heißen Fett beidseitig jeweils 3 Min. goldgelb ausbacken. Apfelküchle mit dem Schaumlöffel herausnehmen, auf Küchenpapier abtropfen lassen und mit Zimtzucker bestreuen.

Himbeereis/Heidelbeereis

In der Beerensaison empfiehlt es sich, dafür Früchte einzufrieren. Am besten die Beeren auf einer Platte einzeln ausbreiten. Wenn sie gefroren sind, in eine Plastikbox füllen. Auch Erdbeeren eignen sich gut dazu.

300 g Himbeeren oder Heidel-
*   beeren, tiefgekühlt*
100 g Sahne

4 EL Naturjoghurt
2 EL Rohrohrzucker

Die Früchte leicht antauen lassen, in ein hohes Gefäß geben und mit dem Zauberstab zerkleinern. Dabei nach und nach die Sahne, den Joghurt und dann den Zucker hinzufügen. Das halbgefrorene Eis sofort essen oder, wer's fester möchte, nochmals bis zu 1 Std. ins Gefrierfach stellen.

Variante: Eis am Stiel
Obst der Saison, püriert und nach Bedarf leicht gezuckert, oder frisch gepressten Orangensaft in Eisförmchen mit Plastikstielen füllen, den Deckel mit den Plastikstielen darauflegen und einfrieren. Form in heißes Wasser tauchen und den Eislutscher herausziehen.

Selbst gemachter Fruchtjoghurt

Fruchtjoghurt aus dem Supermarktregal enthält wenig Frucht und außerdem künstliches Aroma und oft zu viel Zucker. Mischen Sie Ihren Fruchtjoghurt selbst und gewöhnen dabei Ihr Kind an den wirklichen natürlichen Geschmack der Zutaten.

Varianten:
- Beerenobst pürieren und mit 1 EL Vanillezucker unter den Joghurt mischen
- 1 EL selbstgemachte Marmelade unterrühren
- Pfirsiche würfeln und unter den Joghurt mischen
- frisch gepressten Orangensaft mit 1 TL Honig untermischen.

Bratäpfel

4 Äpfel
1 EL Quittenmarmelade (s. S. 213)
2 EL Mandelblättchen
Alufolie
4 TL Butter

Backofen auf 200° vorheizen. Äpfel schälen, mit dem Ausstecher vom Kerngehäuse befreien und quer in 3 Scheiben schneiden. Die Scheiben mit Quittenmarmelade bestreichen. Mandelblättchen dazwischen streuen. Äpfel wieder zusammensetzen und mit jeweils 1 TL Butter belegen. Äpfel auf 20 mal 20 cm große Stücke Alufolie setzen, gut verschließen und in einem Muffin-Blech im vorgeheizten Backofen 20–25 Min. backen. Äpfel leicht auskühlen lassen und auspacken, dabei den Saft auffangen und und in einen Suppenteller legen. Mit Mascarponesauce (s. S. 201) umfließen lassen. Den aufgefangenen Saft der Bratäpfel dazuträufeln.

Variante:
Backofen auf 180° vorheizen. 4 gewaschene Äpfel mit dem Ausstecher vom Kerngehäuse befreien. Eine flache Auflaufform oder ein Muffin-Blech mit Butter ausstreichen. Die Äpfel hineinsetzen und mit jeweils ½ TL Butter und Himbeermarmelade füllen. Im vorgeheizten Backofen 20–25 Min. backen.
Tipp: Man kann die geschälten Äpfel (Kerngehäuse ausstechen) auch in einem Sud aus ⅜ l Wasser, 1 EL Rohrohrzucker, 1 EL Zitronensaft und 1 Stück Zimtstange etwa 4 Min. kochen, wenden und weitere 2 Min. kochen. In Dessertschalen setzen und mit Vanillesauce übergießen.

Erdbeermarmelade

Moritz (4 Jahre): »*Mama, kannst du mir bitte die Erdbeeren aus der Marmelade rausbohren?*«

Für Erdbeermarmelade nimmt man nur erntefrische Früchte direkt vom Erdbeerfeld, denn je länger die Erdbeeren lagern, umso geringer ist ihre Gelierfähigkeit. Bei Erdbeeren ist es wichtig, dass immer nur eine 500 g-Menge gekocht wird, sonst erhöht sich die nötige Kochzeit auf ein Vielfaches. Man kann Erdbeeren mit allen Früchten mischen, die gleichzeitig reif sind.

500 g Erdbeeren
500 g Zucker

Erdbeeren überbrausen, die Stiele abzupfen. Erdbeeren kurz anpürieren und den Zucker auf einmal dazugeben. Die Masse unter ständigem Rühren erhitzen, bis sie kocht, dann 5 Min. kochen lassen. In der Zwischenzeit 2 Gläser mit Deckel in kochend heißes Wasser legen. Gläser abtropfen lassen, die heiße Marmelade einfüllen, zuschrauben und die Gläser sofort auf den Kopf stellen, damit ein Vakuum entsteht. Am besten gleich so lagern.

Variante: Johannisbeergelee
1 kg frische abgezupfte Johannisbeeren im Mixer pürieren, die Fruchtmasse durch ein Haarsieb streichen. 1 TL Zitronensaft und 500 g Gelierzucker dazu geben. Unter Rühren aufkochen, 4 Min. kochen lassen und heiß in Gläser füllen.
Selbst gemachte Marmelade schmeckt wunderbar zu Scones (s. S. 243), in Quarkspeisen, in Naturjoghurt, in Pfannkuchen oder auf mit Frischkäse bestrichenen Brötchen.

Quittenmarmelade

4 große Quitten
300 g Zucker

Quitten mit dem Sparschäler schälen und in grobe Stifte raspeln. Die Quittenstifte einige Stunden stehen lassen, bis sie sich bräunlich verfärben (das gibt der Marmelade das schöne bernsteinfarbene Aussehen). Mit ¼ l Wasser in einer großen Kasserolle in 15–20 Min. weich kochen. Zucker hinzufügen und unter Rühren weitere 4 Min. kochen, fein mixen und heiß in Gläser füllen.

Quittenmarmelade eignet sich auch gut zum Füllen von Bratäpfeln oder als Belag für Apfelkuchen (s. S. 214).

Obstdessert

KUCHEN

Bei allen Kuchen wird die Form mit Butter gefettet. In der Zutatenliste wird dies nicht eigens erwähnt.

Apfelkuchen

Für den Teig:
250 g Weizenmehl Type 880
125 g Butter
60 g brauner Puderzucker
1 Prise Salz
1 Ei

Für den Belag:
evtl. 1–2 EL Quittenmarmelade

6–7 große Äpfel (z. B. Jonagold oder Goldparmäne)
2 Eier
2 EL Vanillezucker (s. S. 209), evtl. mit 1 Msp. Zimt vermischt
125 g Sahne
50 g Mandelblättchen
1–2 EL Butterflöckchen

Backofen auf 200° vorheizen. Alle Zutaten zu einem Mürbeteig verkneten und 30 Min. kalt stellen. Teig ausrollen und auf ein rundes gefettetes und bemehltes Blech legen, einen Teigrand bilden. Mit einer Gabel einige Löcher einstechen. Äpfel schälen und mit einem kleinen Hobel rundherum bis zum Kerngehäuse in Scheibchen hobeln. Nach Belieben Quittenmarmelade dünn auf den Teig auftragen. Apfelscheibchen darauf verteilen, mit Zimtzucker bestreuen. Eier, Vanillezucker und Sahne schaumig schlagen, auf den Äpfeln verteilen und mit Mandelblättchen und Butterflöckchen bestreuen. Apfelkuchen im vorgeheizten Backofen etwa 35 Min. backen.
Tipp: Wenn der Mürbeteig beim Ausrollen zu weich wird und am Nudelholz klebt, sollte man ihn wieder in den Kühlschrank

legen. Auf keinen Fall weiteres Mehl verwenden und zu lange kneten, das macht den Teig trocken und bröselig.

Kirschkuchen

Mürbeteig s. »*Apfelkuchen*«

Kirschbelag:
1–2 Gläser entsteinte Sauerkirschen
1–2 Päckchen Bourbon-Vanillepudding

Streusel:
70 g Butter
70 g helles Dinkelmehl Type 630
70 g Rohrohrzucker
1 EL Vanillezucker (s. S. 209)
70 g gemahlene Mandeln

Mürbeteig nach dem Rezept von S. 214 zubereiten und kalt stellen. Sauerkirschen in ein Sieb abgießen, den Saft auffangen. Einen Teil des Saftes mit dem Puddingpulver in einer kleinen Schüssel anrühren, den Rest in einem kleinen Topf zum Kochen bringen. Angerührtes Puddingpulver in die kochende Flüssigkeit rühren, einmal aufkochen lassen und 1 Min. rühren. Die Sauerkirschen in den Pudding geben und kalt stellen. Streusel nach dem Rezept von S. 224 zubereiten.
Backofen auf 200° vorheizen. Teig ausrollen und in eine runde gebutterte und bemehlte Springform legen, einen Teigrand bilden. Den Kirschbelag darauf verteilen. Die Streusel darüber streuen und im vorgeheizten Backofen etwa 25 Min. backen. Die Springform erst nach dem Erkalten öffnen.

Linzer Torte

Für den Teig:
375 g Weizenmehl Type 880
1 TL Weinstein-Backpulver
250 g Rohrohrzucker
125 g Butter
1 EL Zimtpulver
1 Msp. Nelkenpulver
2 EL Kakao
1 Ei

125 g gemahlene Mandeln
3–5 EL Milch
2 EL Kirschwasser (wahlweise Kirsch- oder Orangensaft)

Für den Belag:
1 kleines Glas selbst gemachte Himbeer- oder Johannisbeermarmelade

Alle Zutaten rasch zu einem Knetteig verarbeiten und 30 Min. in Folie eingepackt kalt stellen.
Backofen auf 175° vorheizen. Ein Viertel des Teiges beiseite stellen. Den Rest ausrollen, in einer gebutterten, bemehlten Springform verteilen, Boden mit einer Gabel einstechen und einen Teigrand bilden. Marmelade als Belag darauf streichen.
Den restlichen Teig ausrollen, mit bemehlten Ausstechern Formen ausstechen und auf der Marmelade verteilen. Den Kuchen im vorgeheizten Backofen etwa 55 Min. backen.
Tipp: Bei Vollkornmehl benötigen Sie evtl. etwas mehr Milch.

Schokoladenkuchen

200 g Butter
200 g Vollmilch-Kuvertüre
6 Eier
150 g Rohrohrzucker
100 g helles Dinkelmehl Type 630
2 gestr. TL Weinstein-Backpulver

Backofen auf 180° vorheizen. Butter mit Kuvertüre unter Rühren schmelzen und erkalten lassen.
Eier mindestens 3 Min. schaumig schlagen, Zucker darunter mischen und weitere 3 Min. dickschaumig rühren. Die abgekühlte Schokoladenmasse nach und nach hinzufügen. Mehl und Backpulver unterheben und den Teig in eine gebutterte Form geben.
Kuchen je nach Form im vorgeheizten Backofen 30–45 Min. backen. In einer Kastenform erhöht sich die Backzeit.

Apfel-Nuss-Kuchen

200 g weiche Butter
200 g Rohrohrucker
1 EL Vanillezucker (s. S. 209)
5 Eier
Salz
250 g Weizenmehl Type 880
1 TL Weinstein-Backpulver
1 EL Korinthen oder Sultaninen
100 g Vollmilchschokolade
100 g gemahlene Haselnüsse
3 kleine Äpfel

Backofen auf 180° vorheizen.

Butter in einer Rührschüssel cremig rühren, bis sie hell und weich ist. Zucker und Vanillezucker hinzufügen und so lange rühren, bis der Zucker ganz aufgenommen ist.

Die Eier trennen, jedes Eigelb nacheinander gut mit der Butter-Zucker-Masse verrühren, das Eiweiß in eine zweite Rührschüssel geben und zu steifem Schnee schlagen. Mehl und Backpulver in die Rührkuchenmasse sieben und mit einem Teiglöffel vorsichtig unter den Rührteig ziehen, bis alle Zutaten gut miteinander verbunden sind. Korinthen oder Sultaninen mit heißem Wasser überbrühen und abtropfen lassen. Schokolade mit dem Messer in Streifen schneiden.

Die abgetropften Korinthen oder Sultaninen, die gemahlenen Haselnüsse sowie die Schokoladenstreifen und den steif geschlagenen Eischnee leicht unterheben. Äpfel schälen, raspeln und unter den Teig mischen. Eine Springform oder Quicheform mit Butter ausstreichen, mit Mehl bestäuben, den Teig einfüllen und im vorgeheizten Backofen 35–45 Min. backen.

Tipp: Rührkuchen bleiben übrigens länger frisch, wenn man einen Apfel hineinreibt. Nusskuchen werden kalorienärmer und behalten trotzdem ihren nussigen Geschmack, wenn man ein Drittel der gemahlenen Haselnüsse durch Haferflocken ersetzt.

Rührkuchen mit Schokoflocken

250 g weiche Butter
250 g Zucker
Schale ½ Zitrone (unbehandelt)
 oder 1 Msp. Bourbon-Vanille
5 Eier
Salz
250 g helles Dinkelmehl Type 630
50 g Vollmilchschokolade
Puderzucker zum Bestreuen

Backofen auf 180° vorheizen. Butter in einer Rührschüssel schaumig rühren, bis sie hell und weich ist. Den Zucker hinzufügen und so lange rühren, bis er ganz aufgenommen ist. Abgeriebene Zitronenschale oder Bourbon-Vanille untermischen.

Die Eier trennen, jedes Eigelb nacheinander gut mit der Butter-Zucker-Masse verrühren, das Eiweiß in eine zweite Rührschüssel geben und mit 1 Prise Salz zu steifem Schnee schlagen. Das Mehl in die Rührkuchenmasse sieben und mit einem Teiglöffel vorsichtig unter den Rührteig ziehen, bis alle Zutaten gut miteinander verbunden sind.

Am Schluss den steif geschlagenen Schnee leicht unterheben, damit der Kuchen locker wird. Schokolade in kleine Würfel oder Streifen schneiden. Die Hälfte des Rührteiges in eine gebutterte, bemehlte Savarinform füllen, die Schokoflocken darüber verteilen, dann den Rest darauf streichen. Den Kuchen im vorgeheizten Backofen etwa 45 Min. backen.

Sofort auf ein Kuchengitter stürzen. Nach dem Abkühlen mit Puderzucker bestreuen.

Tipp: Für Rührkuchen gilt: Alle Zutaten sollten zimmerwarm sein, dann gelingt er am besten. Ein Rührkuchen ist fertig, wenn man mit einem Zahnstocher in die Mitte des Kuchens sticht und beim Herausziehen kein Teig mehr daran haftet.

Schokoraspel kann man leicht selber machen. Wenn die Schokoladentafel dünn ist, kann man sie in Streifen oder Würfel schneiden. Bei Blockschokolade zieht man einfach von der Schokolade Stückchen für Stückchen mit einem Sparschäler ab. Den Rührkuchen kann man auch auf ein großes Backblech streichen und wenn er abgekühlt ist, eine Schokoladensahne (s. S. 204) darüber streichen oder extra dazu reichen.

Variante: Marmorkuchen

Backofen auf 180° vorheizen. Aus 300 g Butter, 250 g Rohrohrzucker, 2 EL Vanillezucker und 1 Prise Salz einen Rührteig zubereiten. So lange rühren, bis eine cremige Masse entstanden ist. 5 Eier einzeln nacheinander (jedes Ei etwa ½ Min.) mit der Butter-Zucker-Masse verrühren. 375 g helles Dinkelmehl (Type 630) und 1 Päckchen Weinstein-Backpulver sieben. Abwechselnd Mehl und 3–4 EL Milch und nach Belieben 2 EL Rum unter den Teig rühren, bis der Teig schwer vom Löffel fällt. Zwei Drittel des Teiges in eine gebutterte, bemehlte Gugelhupfform füllen. Weitere 2–3 EL Milch unterrühren, 2 EL Kakao dazusieben und mit 1 EL Ahornsirup in das restliche

Drittel des Teiges einarbeiten. Den dunklen Teig auf dem hellen Teig glattstreichen, eine Gabel spiralförmig durch die Schichten ziehen, damit ein Marmormuster entsteht. Den Kuchen im vorgeheizten Backofen (unten) etwa 45 Min. backen. Sofort auf ein Kuchengitter stürzen. Nach dem Abkühlen mit Puderzucker bestreuen.

Variante: Rührkuchen mit Obst
Backofen auf 200° vorheizen. 4 mittelgroße Äpfel (z. B. Boskop oder Elstar) schälen. Einen Rührkuchenteig aus der halben Menge nach dem Rezept auf S. 226 zubereiten. Springform (26 cm Durchmesser) mit Butter ausstreichen und mit 1 EL Vollrohrzucker ausstreuen. Teig in die Form füllen. Äpfel vierteln, die Viertel oben einschneiden und auf den Teig setzen. Mit 1–2 EL Mandelblättchen und 1 TL Zimtzucker bestreuen. Nach Belieben 1 EL Butterflöckchen verteilen. Apfelkuchen im vorgeheizten Backofen 25–40 Min. backen. Nach dem gleichen Rezept kann man Birnen, Nektarinen, Pfirsiche und entsteinte Kirschen verarbeiten.

Kokos-Sandkuchen

250 g Butter
200 g Rohrohrzucker
4 Eier

200 g helles Dinkelmehl Type 630
½ TL Weinstein-Backpulver
75 g Kokosflocken

Backofen auf 180° vorheizen. Butter in einer Rührschüssel cremig rühren, bis sie hell und weich ist. Den Zucker hinzufügen und so lange rühren, bis er ganz aufgenommen ist. Die Eier einzeln nacheinander (jedes Ei etwa ½ Min.) mit der Butter-Zucker-Masse verrühren.
Mehl und Backpulver in die Rührkuchenmasse sieben und mit einem Teiglöffel vorsichtig unter den Rührteig ziehen, bis alle Zutaten gut miteinander verbunden sind. Am Schluss die Kokosflocken unterheben.
Eine Springform (20 cm Durchmesser) mit Butter ausstreichen,

mit Mehl bestäuben, den Kokoskuchen einfüllen und im vorgeheizten Backofen auf der unteren Schiene 45–50 Min. backen, die Hitze nach 30 Min. auf 160° herunterschalten. In einer größeren Springform verringert sich die Backzeit des Kuchens. Den Kokos-Sandkuchen, der in der kleinen Form recht hoch wird, nach 10 Min. auf ein Kuchengitter stürzen.

Karottenkuchen

300 g Butter
250 g Zucker
1 EL Vanillezucker
5 Eier
200 g Weizenmehl Type 550
1 Päckchen Weinstein-Backpulver

250 g gemahlene Haselnüsse
250 g gemahlene Mandeln
4 Karotten (ca. 250 g)
Puderzucker zum Bestreuen
oder Puderzuckerguss (s. S. 228)

Backofen auf 180° vorheizen. Butter in einer Rührschüssel cremig rühren, bis sie hell und weich ist. Den Zucker und Vanillezucker hinzufügen und so lange rühren, bis er ganz aufgenommen ist.

Die Eier trennen, jedes Eigelb nacheinander (jedes Ei etwa ½ Min.) mit der Butter-Zucker-Masse verrühren, das Eiweiß in eine zweite Rührschüssel geben und zu steifem Schnee schlagen.

Mehl und Backpulver in die Rührkuchenmasse sieben und mit einem Teiglöffel vorsichtig unter den Rührteig ziehen, bis alle Zutaten gut miteinander verbunden sind. Am Schluss den steif geschlagenen Eischnee leicht unterheben, damit der Kuchen locker wird. Die geriebenen Haselnüsse und Mandeln sowie die geschälten Karotten (eine grob und drei fein geriebene) unter den Teig mischen.

Eine Kastenform mit Butter ausstreichen, mit Mehl bestäuben, den Teig einfüllen und im vorgeheizten Backofen etwa 1 Std. backen.

Den Karottenkuchen nach 10 Min. stürzen und mit Puderzucker bestreuen oder mit Zitronen-Puderzuckerguss glasieren.

Biskuitrolle

Teig für Biskuitboden auf rechteckigem Backblech (29 mal 39 cm):
6 Eier
5 schwach gehäufte EL Rohrohrzucker (zu Puderzucker verarbeitet)
3 schwach gehäufte EL Weizenmehl Type 550
2 schwach gehäufte EL Speisestärke

Für die Füllung:
150 g Sahne
150 g Quark (Topfen)
100 g Beeren (z. B. Himbeeren, Erdbeeren, Kulturheidelbeeren)
1 EL Rohrohrzucker
1 Msp. Bourbon-Vanille
2 EL Rohrohrzucker zum Bestreuen

Backofen auf 200° vorheizen. Für den Biskuit die Eier trennen. Eiweiß in einer Rührschüssel steif schlagen und den Zucker dazumischen. Eigelb in die Masse geben und nur mit dem Schneebesen leicht unterziehen. Mehl und Speisestärke in die Eimasse sieben und vorsichtig unterheben.

Den Boden eines Backblechs mit Pergamentpapier auslegen. Biskuitmasse auf dem Pergamentpapier verteilen, glatt streichen und im Backofen auf der untersten Schiene etwa 10 Min. backen, bis der Biskuitboden eine goldgelbe Farbe angenommen hat.

Inzwischen für die Füllung Sahne schlagen, Quark, Zucker und Bourbon-Vanille dazugeben und zu einer sämigen Creme verrühren. Beeren untermischen.

Ein Küchentuch auf einer Arbeitsfläche ausbreiten und gleichmäßig mit Zucker bestreuen. Biskuitboden aus dem Backofen nehmen, das heiße Backblech mitsamt dem Biskuitboden mit einer blitzschnellen Handumdrehung auf das Küchentuch stürzen, so dass der Biskuitboden mit der Oberfläche nach unten in der Mitte des Küchentuchs liegt. Das Backblech wegnehmen und das Küchentuch mitsamt dem Biskuitboden im noch heißen Zustand locker aufrollen, damit sich der Biskuitboden später zu einer Rolle formen lässt. Alles sofort wieder entrollen und das Pergamentpapier vorsichtig – eventuell mit Hilfe eines großen Messers – von der Unterseite des Biskuitbodens abziehen. Ungleichmäßige Ränder des Biskuits abschneiden und dem mithelfenden Kind zum Essen geben.

Die Innenseite (nach innen gerollte Seite) des Biskuitbodens gleichmäßig mit der Füllung bestreichen. Biskuitboden mit Füllung aufrollen und die Rolle mit der aufgerollten Seite nach unten auf eine ovale oder rechteckige Platte setzen.

Das Rezept klingt schwieriger als es ist. Mit etwas Übung ist die Biskuitrolle innerhalb von 20 Min. einschließlich Backzeit zubereitet. Dünn mit Marmelade bestrichen, geht die Biskuitrolle noch schneller.

Variante: Beerenbiskuit
Backofen auf 180° erhitzen. 6 Eier trennen. Eigelb mit 50 g Puderzucker und einigen Tropfen Zitronensaft dickschaumig rühren. Eiweiß mit 1 Prise Salz steif schlagen und 100 g Puderzucker unterrühren. 100 g Dinkelmehl Type 630 und 50 g Stärkemehl oder Maisstärke dazusieben und mit dem Schneebesen leicht unterziehen. Den Boden einer Springform (28 cm Durchmesser) mit Pergamentpapier auslegen und die Biskuitmasse in die Form geben. 150–200 g tiefgekühlte Heidelbeeren, Himbeeren oder Waldbeeren in der Biskuitmasse versenken. Biskuit im vorgeheizten Backofen etwa 15 Min. backen. Nach dem Stürzen Pergamentpapier vorsichtig entfernen. Mit Puderzucker bestreuen.

Tipp: Für Erdbeerkuchen sollte man den Biskuit ohne Beeren backen. Den erkalteten Biskuit mit einer dünnen Vanillepuddingschicht (s. S. 200) bestreichen und mit Erdbeerhälften belegen.

Hefezopf

750 g helles Dinkelmehl Type 630
1 Würfel Hefe
100 g Rohrohrzucker
225–250 ml lauwarme Milch
125 g zerlassene Butter und Butter für das Blech
1 gehäufter TL Salz
1 Ei und 1 Eigelb
zum Bestreichen 1–2 Eigelb und 1–2 EL Milch

Das Mehl in eine große Schüssel geben und eine Mulde in die Mitte drücken. Hefe hineinbröckeln, mit 1 EL Zucker, etwas Mehl und 100 ml lauwarmer Milch in der Mulde mit einer Gabel zu einem Vorteig anrühren. Etwas Mehl darüber streuen und die Hefemischung etwa 15 Min. an einem warmen Ort gehen lassen. Zerlassene Butter, Salz, Ei und Eigelb in die Mulde geben, restlichen Zucker und restliche Milch in den gegangenen Vorteig einrühren und alles zu einem glatten Teig verkneten, bis sich der Teig von Schüssel und Händen löst, dabei den Teig noch einmal kurz kräftig durchwalken und mit der Hand schlagen, damit genügend Luft hineinkommt. Etwas Mehl darüber stäuben und mit einem Küchentuch bedeckt an einem warmen, zugfreien Ort etwa 1 Std. gehen lassen, bis der Teig sein Volumen verdoppelt hat. Backofen auf 150° vorheizen. Teig in drei Stücke teilen, zu langen Würsten formen und zu einem Zopf flechten. Auf gefettetem Blech weitere 15 Min. gehen lassen.
Eigelb verquirlen und mit etwas Milch vermischen, den Hefezopf damit bestreichen und im Backofen etwa 35 Min. backen.

Varianten: Hefe-Nikoläuse/Hefe-Osterhasen/Hefeschnecken
Auch 4 Hefe-Nikoläuse lassen sich aus dem 2 cm dick ausgerollten Hefeteig formen, ausschneiden oder mit einer Form ausstechen. Für Augen und Knöpfe drückt man bei den Nikoläusen jeweils 7 Rosinen fest in den Teig ein. 1 Eigelb mit 4 EL Milch verrühren und die Nikoläuse damit bestreichen. Sie werden bei 150° etwa 20 Min. gebacken.
An Ostern macht man aus dem selben Teig Osterhasen, Osterbrot oder Osterfladen mit Mandelblättchen.

Kuchen

Man kann einen Teil des Teiges zu 2 cm dicken und 20 cm langen Rollen formen, diese zu Schnecken aufrollen, mit Butterflöckchen belegen und im vorgeheizten Backofen etwa 20 Min. backen. Nach dem Abkühlen mit Puderzucker bestreuen.

Streuselkuchen

Hefeteig:
500 g Weizenmehl Type 880
1 gestr. TL Salz
20 g Hefe
225 ml lauwarme Milch
100 g weiche Butter
100 g Rohrohrzucker
1 Ei

Streusel:
100 g kalte Butter
150 g Weizenmehl Type 880
3 EL Rohrohrzucker
1 EL Vanillezucker oder
½ TL Zimt

50 g Mandelblättchen

Nach Rezept von S. 223 einen Hefeteig bereiten. Teig ausrollen, auf ein gebuttertes, bemehltes rechteckiges Backblech legen, mit einer Gabel einstechen und erneut 1 Std. gehen lassen. Backofen auf 225° vorheizen.

Für die Streusel Butter, Mehl mit Zucker und Zimt in einer Schüssel vermischen, alles kneten und kühl stellen. Die Streusel über den Teig bröseln, Mandelblättchen darauf verteilen und auf der mittleren Schiene 20–25 Min. backen.

Varianten: Bienenstich/Butterkuchen
Backofen auf 175° vorheizen. Für den Bienenstich-Belag 125 g Sahne in einem Topf erwärmen, 1 EL Butter darin schmelzen, 1 EL Rohrohrzucker und 3 EL Honig einrühren. 200 g Mandelblättchen hinzufügen, mit einem Holzlöffel umrühren und zur Seite stellen. Belag auf den gegangenen Teig streichen und wie Streuselkuchen backen.

Für den Butterkuchen mit den Fingern oder Knöcheln Löcher in den Teig auf dem Backblech drücken, in die man 100–125 g in Scheiben geschnittene Butter legt. Nach Belieben 100 g Mandelblättchen darauf verteilen und alles mit 2–3 EL Rohrohrzucker bestreuen.

Käsekirschkuchen

6 Eier
250 g Butter
250 g Rohrohrzucker
1 kg Quark
6 EL Grieß und Grieß für die Form

¾ Päckchen Weinstein-Backpulver
Salz
1 Glas entsteinte Sauerkirschen

Backofen auf 175° vorheizen. Eier trennen. Butter schaumig schlagen, Zucker unterrühren, dann das Eigelb hinzufügen und so lange rühren, bis eine cremige Masse entstanden ist.

Quark, Grieß und das Backpulver dazurühren. Eiweiß mit 1 Prise Salz steif schlagen und unter die Masse heben.

Eine gebutterte Springform (28 cm Durchmesser) mit Grieß ausschütten.

Sauerkirschen abgießen und abtropfen lassen. ¾ der Käsekuchenmasse in die Springform einfüllen, dann Kirschen auf der Masse verteilen. Den Rest der Masse darüber streichen.

Den Kuchen im vorgeheizten Backofen (unten) 50–60 Min. backen. Evtl. nach 30–40 Min. mit Alufolie abdecken.

Variante: Käsekuchen

Backofen auf 175° vorheizen. Mürbeteig nach dem Rezept von S. 214 zubereiten.

500 g Quark (Topfen), 1 Ei, 100 ml Traubenkernöl, 350 g kalte Sahne und 1 Päckchen Bourbon-Vanillepuddingpulver oder 4 gestrichene EL Maismehl miteinander verrühren. Den Mürbeteig ausrollen und eine gebutterte, bemehlte Quicheform damit ausschlagen. Mit der Gabel einstechen. Die dickflüssige Quarkmasse auf den Boden streichen. Nach Belieben einige Apfel- oder Nektarinenspalten oder Mandarinenschnitze darin versenken. Den Käsekuchen wie beschrieben backen.

Madeleines

Der süßen Kindheitserinnerung von Marcel Proust nachempfunden. Es gibt zwar Madeleines-Formen, aber dieses Rezept habe ich für ein Muffin-Blech ausprobiert.

6 Eier
250 g Rohrohrzucker
1 TL Vanillezucker (s. S. 209)
250 g ganz weiche oder geklärte
   und abgekühlte Butter
1 Msp. Zitronenschale

250 g helles Dinkelmehl Type 630
24 Papier-Backförmchen
2 Muffin-Bleche mit 12 Mulden

Den Backofen auf 200° vorheizen. Die Eier mindestens 3 Min. dickschaumig rühren, Zucker und Vanillezucker hinzufügen und weitere 3 Min. rühren. Butter einrühren, bis die Masse cremig ist, dann löffelweise das Mehl unterrühren. Zitronenschale dazugeben.
Die Papier-Backförmchen in die Vertiefungen des Muffin-Blechs legen. Je 1 Löffel Teig in die Papier-Backförmchen füllen. Im Backofen (Mitte) in etwa 20 Min. goldgelb backen. Madeleines im Blech noch 5 Min. ruhen lassen, herausnehmen und abkühlen lassen.

Varianten:
Je nach Saison Blaubeeren, Himbeeren, Aprikosen- oder Zwetschgenhälften oder Nektarinenspalten in den Teig stecken. Man kann den Teig auch mit 1 TL Zitronensaft oder Orangensaft aromatisieren oder die fertigen Madeleines damit beträufeln.

Schokoladen-Muffins

80 g Butter
180 g Vollmilchschokolade
4 Eier
100 g Rohrohrzucker
50 g helles Dinkelmehl Type 630

30 g Maisstärke oder Maismehl
1 TL Weinstein-Backpulver
12 Papier-Backförmchen
Muffin-Blech mit 12 Mulden

Den Backofen auf 180° vorheizen.
Butter und Schokolade in einen Topf geben und bei geringster Hitze unter Rühren schmelzen lassen. Die Eier mindestens 3 Min. dickschaumig rühren, Zucker hinzufügen und weitere 3 Min. rühren. Die abgekühlte Schokoladenmischung unterrühren. Mehl, Maisstärke- oder Maismehl und Backpulver unterheben.
Die Papier-Backförmchen in die Vertiefungen des Muffin-Blechs legen. Den Teig in die Papier-Backförmchen füllen.
Im Backofen (Mitte) in etwa 15 Min. goldgelb backen. Muffins im Blech noch 5 Min. ruhen lassen, herausnehmen und abkühlen lassen.

Variante: Man kann auch 140 g Schokolade und 40 g gemahlene Haselnüsse nehmen.

Amerikaner

Diese Amerikaner eignen sich gut zum Mitbringen in den Kindergarten oder in die Klasse.

250 g weiche Butter
160 g Rohrohrzucker
3 Eier
250 g helles Dinkelmehl Type 630
250 g Maismehl
1 Päckchen Weinstein-Backpulver

200 ml Milch
3 EL Puderzucker
3 EL Zitronensaft

Backofen auf 180° vorheizen. Butter cremig rühren, bis sie hell und weich ist. Den Zucker hinzufügen und so lange rühren, bis er ganz aufgenommen ist. Die Eier einzeln nacheinander (jedes Ei etwa ½ Min.) mit der Butter-Zucker-Masse verrühren. Mehl und Backpulver löffelweise langsam in die Rührkuchenmasse rühren. Mit Milch zu einem glatten Teig verarbeiten. Mit einem Esslöffel 24 Häufchen auf zwei gefettete rechteckige Backbleche setzen. Amerikaner im vorgeheizten Backofen 15–20 Min. backen. Aus Puderzucker und Zitronensaft einen Guss rühren. Die glatte Seite der abgekühlten Amerikaner mit dem Puderzuckerguss überziehen.

Hörnchen

Man kann die Hörnchen auch pikant füllen mit Gemüseresten oder Käse oder Schinkenhörnchen (s. S. 245) daraus machen. Dann nur mit Eigelb oder Wasser bestreichen.

250 g Dinkelmehl Type 630
250 g Quark (über Nacht abgetropft) oder Ricotta
250 g kalte Butter
½ TL Salz

Zum Füllen:
Johannisbeermarmelade
Zum Bestreichen:
3 EL Puderzucker
3 EL Zitronensaft

Mehl, abgetropften Quark, Butter und Salz zu einem *Quarkblätterteig* verkneten und 30 Min. kalt stellen. Backofen auf 180° vorheizen. Quarkblätterteig dünn ausrollen und in Quadrate schneiden, diese diagonal halbieren. Auf die Dreiecke jeweils einen Klecks Marmelade geben und zu Hörnchen aufrollen. Backpapier auf ein Backblech legen, die Hörnchen daraufsetzen und im vorgeheizten Backofen 15–20 Min. backen. Puderzucker und Zitronensaft verrühren. Die Hörnchen noch heiß mit der Zucker-Zitronen-Mischung bestreichen.
Tipp: Der Quark muss unbedingt gut abgetropft sein, sonst wird der Teig nicht fest genug. Dazu gibt man ein Leinentuch in ein Haarsieb, streicht den Quark darauf und lässt die überschüssige Flüssigkeit abtropfen. Man kann den Quark aber auch in einem Küchentuch ausdrücken.

Variante: Apfeltaschen/Applepie
Quarkblätterteig in vier 12 mal 12 cm große Quadrate schneiden und mit 1 EL zerlassener Butter bestreichen. 2 Äpfel schälen und mit einem kleinen Hobel in Scheibchen schneiden. Mit 1 TL Vanillezucker und nach Belieben mit Zimtzucker bestreuen. Quadrate mit jeweils 1 EL Apfelscheibchen belegen und zu einer Tasche einklappen. Die Apfeltaschen wie die Hörnchen backen.

Shortbread

250 g weiche Butter
100–120 g Vollrohrzucker
1 Msp. Bourbon-Vanille

3 EL Ahornsirup
Salz
400 g helles Dinkelmehl Type 630

Butter in einer Rührschüssel mit dem Mixer cremig rühren, bis sie hell und weich ist. Den Zucker hinzufügen und so lange rühren, bis er ganz aufgenommen ist. Nach und nach Vanille, Ahornsirup und 1 Prise Salz zugeben. Mehl unter die Buttermasse rühren bzw. kneten, bis ein glatter Teig entstanden ist. Teig etwa 30 Min. im Kühlschrank abgedeckt ruhen lassen. Backofen auf 180° vorheizen. Den Teig zu einer 5 cm dicken Rolle formen. 1 cm dicke Scheiben abschneiden und auf ein mit Backpapier belegtes Backblech legen. Die Scheiben zu Rechtecken formen und mit einer Gabel mehrere Löcher einstechen. Im Backofen (Mitte) in 10–15 Min. goldgelb backen. Shortbread abkühlen lassen und in eine Keksdose füllen.

DURSTSTILLENDE UND ENERGIEREICHE GETRÄNKE

Tee ist auch bei Kindern ein beliebtes Getränk. Sehr bekömmlich mit leicht süßlichem Aroma ist der südafrikanische Rooibos-, Rotbusch- oder Massaitee. Er stammt von einem ginsterähnlichen Strauch, der im westlichen Südafrika wild wächst. Wegen seiner Gerbstoffe erinnert er an einen milden Schwarztee, doch er enthält kein Tein. Er hilft übrigens auch bei Magen-Darm-Beschwerden und ist wirksam bei Allergien.

Gern trinken Kinder auch die klassischen Kräuterteesorten: Pfefferminze, Zitronenmelisse, Zitronenverbene, Kamille, Fenchel und frischen Salbei. Brombeer- und Himbeerblätter sind eine gute Grundlage für Kinderteemischungen. Zu Fenchel passen auch Rosenblüten, Orangenblüten, Muskatblüten und zerstoßene Nelken.

Früchtetee gibt es in sehr abwechslungsreichen Teemischungen bereits fertig. Wenn die Kinder es gewohnt sind, den Tee ungesüßt zu trinken, dann bleiben Sie dabei. Nach Bedarf eignen sich als Süßungsmittel etwas Blütenhonig oder einige Tropfen Holunderblütensirup.

Kindertee

Dieser Tee eignet sich besonders im Winter als Vitaminspender für Kinder.

10 g Brombeerblätter
10 g Himbeerblätter
10 g Hibiskusblüten
10 g getrocknete Hagebuttenschalen
5 g Malvenblüten

Teemischung in der Apotheke zusammenstellen lassen. 2 TL der Teemischung mit ½ l kochendem Wasser übergießen und etwa 5 Min. ziehen lassen, danach abseihen.

Früchtetee mit Apfelsaft

1 TL Früchtetee
½ TL Roiboos-Tee
½ l naturtrüber Apfelsaft
evtl. 1 TL Blütenhonig

Früchtetee mit ¾ l kochendem Wasser übergießen und den Tee etwa 10 Min. ziehen lassen. Roiboos-Tee hinzufügen und weitere 2 Min. ziehen lassen. Tee durch ein Sieb gießen und mit Apfelsaft auffüllen. Nach Bedarf mit Honig süßen. Warm oder kalt servieren. Der Tee schmeckt auch gut mit weißem Traubensaft.

Roiboos-Tee mit Orange

Besonders gut schmeckt der Roiboos-Tee, wenn er mit einigen getrockneten Sanddornbeeren vermischt wird. Auch Zitronengras passt ausgezeichnet zu Rooibos-Tee.

1 TL Roiboos-Tee
Saft ½ Orange

Roiboos-Tee mit ½ l kochendem Wasser übergießen und den Tee etwa 2 Min. ziehen lassen. In jede Tasse 1 TL Orangensaft träufeln. Nach Bedarf mit Honig süßen. Warm oder kalt servieren. Bei kaltem Rooibos-Tee kann man noch etwas mehr Orangensaft hinzufügen und in Gläser mit einer Scheibe Orange garniert füllen. Oder man mischt ihn zur Hälfte mit Apfelsaft.

Zitronengrastee mit Holunderblütensirup

Holunder stärkt die Abwehrkräfte. Bei Husten geben Sie außerdem noch ägyptischen Schwarzkümmelsamen in die Teemischung.

½ Stängel Zitronengras
2 TL Holundersirup
1 TL Zitronensaft
evtl. 1 TL Lindenblütenhonig

Zitronengras der Länge nach halbieren und fein hacken, 3 TL gehacktes Zitronengras mit ½ l kochendem Wasser übergießen und etwa 5 Min. ziehen lassen. Holunderblütensirup in zwei Gläser füllen, Zitronengrastee durch ein Sieb dazugießen. Mit Zitronensaft und nach Belieben mit Honig abschmecken.
Variante: Sehr frisch schmeckt der Zitronengrastee, wenn man eine Hand voll frische Zitronenmelisse mit ziehen lässt.

Grüner Eistee

1 TL grüner Tee
3–4 ausgelöste Kardamomkapseln
1 EL Blütenhonig

Saft von 1 Zitrone und Zitronenscheiben zum Garnieren
· Pfefferminzblätter und Eiswürfel

In dieser minimalen Dosierung können auch Kinder grünen Tee trinken. Ideal zum Mitnehmen für ein Picknick.
1½ l Wasser zum Kochen bringen und die Teeblätter übergießen. Kardamom hinzufügen und 3 Min. ziehen lassen, durch ein Sieb gießen und leicht abkühlen lassen. Mit Honig süßen.

Tee kalt stellen, Zitronensaft dazugeben. In hohe Gläser füllen, mit Zitronenscheiben, Pfefferminzblättern und Eiswürfeln anrichten.

Cooler Eistee

1 Bund frische Pfefferminz- oder Zitronenmelissenblätter
½ TL ägyptischer Schwarzkümmelsamen
1 unbehandelte Zitrone
3 EL Holundersirup oder 2 EL Blütenhonig
Eiswürfel

Pfefferminz- oder Zitronenmelissenblätter und Schwarzkümmelsamen mit 1 l kochendem Wasser übergießen und den Tee etwa 10 Min. ziehen lassen. Zitrone heiß waschen, in Scheiben schneiden und in einen Krug geben. Den leicht abgekühlten Tee über die Zitronenscheiben gießen. Mit Holundersirup oder Honig süßen. Kalt stellen und mit Eiswürfeln anrichten. Man kann auch mit 2 EL Johannisbeermark (s. S. 209) einen roten Eistee mischen.

Kinderpunsch

½ l roter Johannisbeersaft
2 Orangen, frisch gepresst
4 EL Rohrohrzucker (wahlweise 2 EL Kleehonig)
1 Zimtstange
1 TL Glühweingewürz
2–3 Kardamomkapseln, ausgelöst
½ l Roiboos-Tee aus 1 TL Teeblättern

Säfte vorsichtig aufkochen, mit Zucker bzw. Honig und den Gewürzen leise ziehen lassen. Inzwischen Roiboos-Tee mit kochendem Wasser übergießen und etwa 2 Min. ziehen lassen. Den Punsch durch ein Sieb gießen und mit Roiboos-Tee vermischen.

Apfelpunsch mit Blutorange

¾ l naturtrüber Apfelsaft
1 Stück Vanilleschote
1 Blutorange
4 Schaschlikspieße

Apfelsaft mit der aufgeschlitzten Vanilleschote vorsichtig erhitzen, die Vanilleschote herausnehmen. Blutorange heiß waschen, in dünne Scheiben schneiden und auf Holzspieße fädeln. In vier hohe Gläser je einen Orangenspieß stellen und mit heißem Apfelsaft auffüllen.

FRISCH GEPRESSTE SÄFTE, LIMONADEN, BOWLE

Das flüssige Obst enthält fast alles, was die Früchte selbst so wertvoll macht, außer den Ballaststoffen der Pressrückstände: Kohlenhydrate, hoch konzentrierte Vitamine, Mineralstoffe, Spurenelemente und Biostoffe. Das Vitamin C stärkt das Immunsystem und die Leistungsfähigkeit. Selbst gepresste Säfte sind immer vorzuziehen, denn der Saft wird nicht pasteurisiert, was zu Vitaminverlust führen kann. Man kann sie mit Wasser oder mit mineralstoffhaltigem Getreidesud (z. B. mit dem eisenhaltigen Kochwasser von Hirse) oder mit einem Haferdrink verdünnen.

Orangen-Power-Drink

2 Orangen
1 vollreife Mango oder 3–4 Aprikosen

Orangen halbieren und Saft auspressen. Mango schälen, das Fruchtfleisch vom Kern lösen und in Stücke schneiden. Das Fruchtfleisch im Mixer mit dem Orangensaft pürieren. Drink mit etwas kaltem Wasser verdünnen und in kleine Gläser füllen.

Obstcocktail

Der Obstcocktail eignet sich gut als morgendliche Vitaminspritze für die ganze Familie. Man kann zudem 1 geschälte Banane dazumixen.

Säfte und Limonaden

1 Orange
1 Mandarine
1 Zitrone
4 Äpfel
evtl. 1 TL Holundersirup

Orange, Mandarine und Zitrone schälen und und in Viertel teilen. Äpfel in grobe Schnitze teilen und das Kerngehäuse entfernen. Alles in den Entsafter geben. Cocktail mit etwas kaltem Wasser verdünnen, nach Belieben mit Holundersirup süßen und in kleine Gläser füllen.

Orangen-Karotten-Saft

Statt Karotte kann man auch ein kleines geschältes Stück rote Bete oder Petersilienwurzel nehmen. Wenn Sie Ihrem Kind zum Saft ein Butterbrot geben, können Sie auf das Öl verzichten.

1 Karotte
2 Orangen
einige Tropfen Traubenkernöl

Karotte putzen und waschen. Orange schälen und vierteln. Karotte im Ganzen und Orangenviertel in den Entsafter geben. Saft eventuell mit kaltem Wasser verdünnen, mit Öl beträufeln und in kleine Gläser füllen.

Variante: Apfel-Karotten-Saft

2 Äpfel in grobe Schnitze teilen und das Kerngehäuse entfernen. 1 Karotte putzen und waschen. Apfelschnitze und Karotte im Ganzen in den Entsafter geben. Saft eventuell verdünnen, mit einigen Tropfen Traubenkernöl beträufeln und in kleine Gläser füllen. Wer Sanddorn mag, kann den Saft mit 1 TL Sanddornsaft abrunden.

Saft von frischen Holunderblüten

6 Holunderblütendolden
2 l abgekochtes Wasser
3 EL Zitronensaft
1 EL Lindenblütenhonig
frische Zitronenmelisse
Zitronenscheiben zum Garnieren

Holunderblütendolden abbrausen und über Nacht mit kaltem Wasser bedeckt stehen lassen. Am nächsten Tag das abgesiebte Holunderwasser mit Zitronensaft und Honig abschmecken. Einige frische Zitronenmelisseblätter dazugeben. Nach Geschmack mit Mineralwasser verdünnen. Mit Zitronenscheiben garnieren.

Variante: Holunderblütensirup
Es lohnt sich, im Juni Holunderblütensirup auf Vorrat herzustellen und in sterilisierte Flaschen abzufüllen: 2 l abgekochtes kaltes Wasser in ein großes Gefäß geben, 30 abgebrauste Holunderblütendolden ohne Grün hineingeben, 3 unbehandelte, in Scheiben geschnittene Zitronen dazugeben. 100 g Zitronensäure hineinrühren und die Flüssigkeit 2–3 Tage ziehen lassen. Danach 2 kg Zucker in 2 l Wasser unter ständigem Rühren auflösen und zu einem dicken Sirup kochen. Abgesiebtes Holunderblütenwasser und erkalteten Sirup miteinander vermischen. Den Holunderblütensirup durch ein Teesieb abseihen, in mit heißem Wasser ausgekochte Flaschen füllen und mit ausgekochtem Deckel verschließen (ergibt etwa 4 l Sirup). Pro Trinkglas 1 EL Sirup mit Mineralwasser aufgießen. Dazu passen Zitronenscheiben. Im Winter hilft Holunderblütensirup mit heißem Zitronenwasser oder Tee vermischt bei Erkältung.

Info: Der Zusatz von Zitronensäure ist nur nötig, wenn der Sirup als Getränk für das ganze Jahr bis zur nächsten Saison halten soll. Wird die geöffnete Flasche innerhalb einer Woche konsumiert und stets kühl aufbewahrt, kann man auf die Zitronensäure verzichten. Der Sirup schmeckt dann noch »holundiger«.

Minzlimo

2 Bund frische Minzeblätter
1 EL Anissamen
4 TL Rohrohr- und 4 TL Vollrohrzucker
evtl. 1 EL Blütenhonig
2 unbehandelte Limetten

Minzeblätter waschen, zusammen mit Anissamen mit 1 l kochendem Wasser übergießen und 10 Min. ziehen lassen. Minztee durch ein Sieb gießen und mit Rohrohrzucker und nach Belieben mit Honig süßen. Minzlimo kalt stellen. Limetten heiß waschen und in Würfel schneiden. In vier hohe Gläser die Limettenwürfel verteilen, mit dem Mörserstößel leicht anquetschen, jeweils 1 TL Vollrohrzucker unterrühren, Eiswürfel dazugeben und mit Minzlimo aufgießen. Mit jeweils 1 Minzeblättchen garnieren. Trinkhalme dazu geben.

Variante: Orangina
Den Saft von 2 Orangen auspressen, 1 unbehandelte Orange heiß waschen, halbieren und in Scheiben schneiden. Die Orangenscheiben in vier hohe Gläser verteilen, mit dem Mörserstößel leicht anquetschen, jeweils 1 TL Vollrohrzucker unterrühren, Eiswürfel dazugeben und mit Minzlimo aufgießen. Nach Belieben noch mit etwas Traubenzucker süßen. Trinkhalme dazu geben.

Zitronenlimonade

6 unbehandelte Zitronen
6 EL Rohrohrzucker (wahlweise Holunderblütensirup)
2 l Wasser oder Mineralwasser
Eiswürfel
Zitronenscheiben zum Garnieren

Zitronen heiß waschen und dünn abschälen. Zitronenschalen mit Rohrohrzucker in einen Krug geben und etwas heißes Wasser darüber gießen, damit sich der Zucker auflöst. Die geschälten Zitronen auspressen, den Saft mit in den Krug geben und alles mit kaltem Wasser oder gekühltem Mineralwasser verdünnen. Durch ein Sieb gießen und mit Eiswürfeln und Zitronenscheiben anrichten.

Roter Cocktail

½ l Johannisbeersaft oder 6 EL Johannisbeermark (s. S. 209)
2–3 EL Holundersirup
1 Zitrone
1 l Mineralwasser

In einem Krug Johannisbeersaft oder -mark mit Holundersirup und dem Saft einer ausgepressten Zitrone vermischen, dann mit Mineralwasser auffüllen.

Kinderbowle

Diese Kinderbowle lässt sich auch mit einer einzigen Obstsorte zubereiten. Bei Beerenobst kann man einen Teil der Beeren pürieren und dafür die Orangen weglassen.

2 Pfirsiche und/oder 2 Aprikosen
2 Orangen
½ l Zitronenlimonade (s. S. 238)
1 l Mineralwasser

Pfirsiche und Aprikosen entkernen, würfeln und in einen Krug geben. Orangen dazupressen. Mit Zitronenlimonade auffüllen und mit Mineralwasser verdünnen.

Variante: Melonenbowle
Bei der Melonenbowle dient die Wassermelone als Bowlengefäß. Von der Wassermelone im Zickzack den Deckel abschneiden und mit einem Kugelausstecher aushöhlen. Die ausgehöhlte Melone mit selbst gemachter Zitronenlimonade auffüllen, einige Melonenkugeln hineinlegen.

MILCHMIXGETRÄNKE

Heiße Schokolade

100 g Kuvertüre oder Vollmilchschokolade
¾ l Milch
1 Stück Vanilleschote
4 EL Schlagsahne

Kuvertüre bzw. Schokolade grob hacken. Milch mit der aufgeschlitzten Vanilleschote aufkochen, vom Herd nehmen. Die Vanilleschote herausnehmen, Kuvertüre in der heißen Milch schmelzen lassen und auf vier Becher verteilen. Jeweils 1 EL Schlagsahne als Haube auf die Becher setzen.
Tipp: Man kann auch noch 1 ausgelöste Kardamomkapsel mit in die Milch geben.

Variante: Traum-Schoggi
100 g Kuvertüre in einem Topf mit 1–2 EL Wasser und 2 EL Sahne schmelzen oder dunkle Schokolade (50–70 % Kakaoanteil) mit heißem Wasser übergießen. Das Wasser abgießen, sobald die Schokolade weich ist. Mit ¼ TL Bourbon-Vanille oder Zimtpulver und 1 TL Kakao abschmecken und erkalten lassen. ¾ l Milch in einem mit kaltem Wasser ausgespülten Topf erhitzen, nach Belieben aufschäumen und auf 4 Gläser verteilen. In jedes Glas 1 EL der aromatisierten Schokolade hineingeben. Traum-Schoggi mit einem langen Löffel umrühren.

Bananenmilch

2 vollreife Bananen
1 TL Rohrohrzucker
Saft von ½ Zitrone
¼ l Milch

Bananen schälen, in Stücke schneiden und im Mixer mit Zucker und Zitronensaft pürieren, damit die Banane nicht braun wird. Mit Milch aufgießen und die Bananenmilch auf hoher Stufe mixen, dabei nach Belieben zwei Eiswürfel untermixen. In hohen Gläsern anrichten. Trinkhalme dazu geben.

Honigmilch

¼ l Milch
1 EL Lindenblütenhonig
evtl. 1 ganz frisches Eigelb
1 Msp. Zitronenschale

Alle Zutaten gut durchmixen und in hohe Gläser füllen. Trinkhalme dazu geben.

Beerenmilch

300 g Beeren, frisch oder tiefgekühlt und aufgetaut
(Erdbeeren, Himbeeren, Brombeeren)
1–2 EL Puder- oder Traubenzucker
¼ l Milch

Beeren der Saison putzen, evtl. überbrausen und pürieren, Puder- oder Traubenzucker mit pürieren, mit Milch auffüllen und schaumig schlagen. In hohen Gläsern anrichten. Trinkhalme dazu geben.

Variante: Beerenshake
In vier Gläser jeweils 1 Kugel Vanillerahmeis (s. S. 204) geben. Mit der fertigen Beerenmilch auffüllen.

KINDERGARTENBUFFET, SCHULFRÜHSTÜCK, KINDERGARTENFEST, KINDERGEBURTSTAG

Kinder sollen so früh wie möglich lernen, was gesund für sie ist. Das gelingt am besten, wenn ihnen das Essen schmeckt und Freude macht – nicht nur zu Hause, sondern auch in Gemeinschaft mit anderen Kindern. Viele Kindergärten bieten einmal wöchentlich ein Frühstücksbuffet an. In Schulen ist ein solches Angebot meist auf Projekttage beschränkt. Speisen und Getränke werden fertig vorbereitet von den Eltern mitgebracht oder den Kindern mitgegeben.

Einmal im Jahr veranstalten die meisten Kindergärten ein großes Sommerfest, zu dessen Gelingen ganz wesentlich die Eltern beitragen können. Auch bei Kindergeburtstagen spielt neben einem reichhaltigen Spieleangebot das kindgerecht ausgewählte Essen eine wichtige Rolle.

Rezepte, die im Buch an anderer Stelle stehen, sind mit einem * gekennzeichnet und anhand des Rezeptregisters leicht auffindbar.

Kindergartenbuffet

Aus der Vorschlagsliste und den Rezepten auf den folgenden Seiten können Sie in Absprache mit den Erzieherinnen ein reichhaltiges gesundes Frühstück zusammenstellen, bei dem bestimmt jedes Kind etwas findet, das es gerne isst. Außerdem wirkt das Essen in Gemeinschaft appetitanregend und ermuntert zum Probieren.

Knusperflocken mit Joghurt*
Dinkel-Poppies mit Milch (aus dem Naturkosthaus)
Nüsse
Studentenfutter*

Obst:
Banane mit der Schale in 2 Teile geschnitten
Erdbeeren mit Stiel
Kirschen
Netz- oder Honigmelonenstücke ohne Schale
Wassermelonenschnitten mit Schale
Aprikosenhälften
Pfirsichviertel
Apfel- und Birnenschnitze

Knabbergemüse:
Karottenstifte
Gurkenscheiben
halbierte Cocktailtomaten
Paprikastücke

Butterbrezeln
Vollkornsemmeln oder -brote

Käsewürfel, zusammen mit Trauben, Apfelwürfeln, Mandarinenschnitzen auf Spießchen

Schokoladen- und Vanillepudding*
Fruchtjoghurt, selbst gemacht*
Milchreis*
Rote Beerengrütze*
Waffelherzen*

Geröstetes Müsli

250 g Haferflocken, Kleinblatt
2 EL Sesam
½–¾ l Milch
2–3 rote Äpfel
½ Orange (wahlweise Blutorange oder Zitrone), frisch gepresst
¼ TL Bourbon-Vanille
1 TL Zimtzucker
1–2 EL Ahornsirup oder Honig
3–4 EL flüssige Sahne

Haferflocken und Sesam in einer Pfanne 4–5 Min. trocken rösten (muss nicht unbedingt sein, schmeckt aber besser) und mit einem Kochlöffel ständig bewegen. Die gerösteten Flocken in eine Schüssel geben. So viel Milch dazugießen, bis die Haferflocken bedeckt sind und etwa 30 Min. durchziehen lassen.

Dann die Äpfel mit der Schale dazureiben und mit dem frisch gepressten Orangen- oder Zitronensaft übergießen. Bourbon-Vanille, Zimtzucker und Sahne unterrühren.

Variante: Frischkornmüsli

100 g Dinkel (Weizen oder Kamut, der ägyptische Urweizen, ist ebenso geeignet), 50 g Hafer und 4 EL Sonnenblumenkerne in eine Warmhaltekanne füllen. Mit heißem, aber nicht kochendem Wasser übergießen. Die Warmhaltekanne verschließen und die Körner darin über Nacht quellen lassen. Am nächsten Morgen alles in ein Sieb gießen, abtropfen lassen und nach Belieben leicht anmixen. Das Frischkornmüsli wie das Müsli fertigstellen, mit Weintrauben, Bananen oder anderem Obst der Saison verzieren. Sahne außen herum gießen und mit 3–4 EL gehackten Mandeln bestreuen.
Für 8–10 Kinder

Schinkenhörnchen

500 g Weizenmehl Type 550
20 g Hefe
225 ml lauwarme Milch
2 Eigelb
1 Ei
2–3 EL Rohrohrzucker
80 g zerlassene Butter und Butter zum Bestreichen
1 gestr. TL Salz
Butter fürs Muffin-Blech
2–3 EL gehackte Mandeln oder Rosinen

Backofen auf 220° vorheizen. Jede Blätterteigscheibe in 6 Rechtecke schneiden, diese diagonal in zwei Dreiecke teilen. Jedes Dreieck an einer Seite 2 cm einschneiden.
Für die Füllung Schinken ganz fein schneiden, Käse reiben, Schalotten schälen und fein hacken. Petersilie waschen, fein hacken und alles mit den Gewürzen und dem Ei in eine Schüssel geben und verkneten.
Auf jedes Dreieck 1 gehäuften TL der Masse verteilen. Die Dreiecke zu Hörnchen aufrollen und auf ein mit kaltem Wasser gespültes Backblech geben. Schinkenhörnchen im vorgeheizten Backofen in 15 Min. goldgelb backen. Warm servieren. Ergibt 24 Schinkenhörnchen.
Schinkenhörnchen können auch mit hausgemachtem Quarkblätterteig (Rezept s. S. 228) zubereitet werden.

Scones mit clotted cream

2 Packungen frischer Blätterteig
 (25 mal 42 cm), backfertig
 ausgerollt (à 275 g)
150–200 g gekochter Schinken
150–200 g Emmentaler-Käse
2 Schalotten
1 EL Petersilie
1 Msp. Origano
Muskat, frisch gerieben
1 Ei

Dem englischen Original nachempfunden.
Nach dem Rezept S. 223 einen Hefeteig mit den angegebenen Zutaten kneten. Backofen auf 200° vorheizen. Ein Muffin-Blech mit Butter einstreichen, jeweils 1 EL Teig einfüllen, kurz gehen lassen und die Scones im Ofen 15 Min. backen. Ergibt ca. 24 Stück.

Dazu eine *clotted cream* anbieten aus 100 g Mascarpone, verrührt mit 100 ml Milch. Die noch lauwarmen Scones quer durchschneiden, mit 1 TL clotted cream bestreichen und darauf einen Klecks selbst gemachte Erdbeermarmelade (s. S. 212) geben. Zum Kindergartenbuffet oder als Sonntags-Frühstück servieren.

Variante: Warme Rosinenbrötchen
1 Hand voll heiß gewaschene und abgetrocknete Rosinen in den gegangenen Teig einarbeiten.
24 Teigkugeln formen, weitere 15 Min. auf dem gefetteten Blech gehen lassen, mit Wasser bestreichen, kreuzförmig einschneiden und im Ofen bei 200° 15–20 Min. backen. Beim Einschieben einen Guss Wasser auf den Ofenboden schütten und die Türe sofort schließen. Der entstehende Wasserdampf gibt den Rosinenbrötchen den Glanz und lässt sie besser aufgehen.
4 EL Vollrohrzucker in 4 EL heißem Wasser auflösen und die fertig gebackenen Brötchen noch heiß damit bestreichen. Ergibt ca. 24 Stück.

Popcorn (Puffmais)

In einem Topf mit Glasdeckel 1 EL Pflanzenöl erhitzen, bis sich kleine Bläschen bilden. 1 EL getrocknete Maiskörner hineingeben (der Topfboden sollte gerade bedeckt sein). Sofort den Topfdeckel aufsetzen! Sobald die Maiskörner zu knallen anfangen, die Hitze herunter schalten. Die Maiskörner springen zuerst sehr schnell und dann allmählich langsamer.

Schokoladenpudding

1 ½ l Milch
2 Päckchen Bourbon-Vanille-
   Puddingpulver
2 EL Rohrohrzucker
1 EL Kakao

100 g Sahne
¼ Vanilleschote
1 TL Butter
Salz
200 g Vollmilch-Kuvertüre

¼ l kalte Milch entnehmen und mit Puddingpulver, Zucker und Kakao in einer kleinen Schüssel anrühren.

Die restliche Milch und Sahne mit aufgeschlitzter Vanilleschote, Butter und 1 Prise Salz erhitzen. Die Kuvertüre in der heißen Milch schmelzen, dabei ständig rühren. Das angerührte Puddingpulver mit einem Schneebesen in die kochende Milch rühren, einmal aufkochen lassen und dann den Pudding vom Herd ziehen. Vanilleschote herausnehmen.

Eine Gugelhupfform mit kaltem Wasser ausspülen, die Puddingmasse hineingeben und über Nacht kalt stellen. Pudding am anderen Tag auf eine Platte stürzen.

Variante:

Man kann einen *Vanillepudding* nach dem gleichen Rezept zubereiten (ohne Kakao und Vollmilch-Kuvertüre). Dazu rührt man 1 Eigelb und 1 EL Rohrohrzucker mit dem Puddingpulver an.

Fürs Buffet kann man eine große Glasschüssel mit Löffelbiskuits (manche Bäcker bereiten sie selbst zu) auslegen, erst den Vanillepudding hineingießen und, sobald dieser etwas fest geworden ist, den Schokoladenpudding daraufgießen.

DAS GESUNDE SCHULFRÜHSTÜCK

Die Erstklässler verändern sich körperlich. Das erfordert eine ausgewogene Ernährung mit vielen Vitaminen. Für Schulkinder ist es besonders wichtig, dass sie ohne Stress ein abwechslungsreiches Frühstück zu sich nehmen können. Die Schüler lernen in der 1. Klasse, was zu einem gesunden Frühstück gehört: Vollkornbrot, Milch, Eier, Obst und Gemüse.
Für Projekttage zum »Gesunden Schulfrühstück« haben sich folgende Rezepte bewährt, die natürlich beliebig mit den Vorschlägen für das Kindergartenbuffet ergänzt werden können.

Energie-Müsli

In Norwegen gibt es das Oslofrühstück als Schulspeisung. Statt Äpfeln werden ganz fein geriebene Karotten genommen, damit die Kinder auch im Winterhalbjahr genügend Betacarotin erhalten.

125 g Haferflocken, Kleinblatt
125 g Haferflocken, Großblatt
50 g Haselnüsse, grob gehackt
½ l Milch
2 große rote Äpfel (oder 2 Karotten)

Saft von 1 Blutorange (wahlweise Zitrone), frisch gepresst
Zimtzucker
3 EL Ahornsirup oder Honig
125 g Sahne

Haferflocken in eine Schüssel geben. Kernige Haferflocken mit den Haselnüssen trocken in einer Pfanne anrösten. So viel Milch zur Mischung gießen, bis die Haferflocken bedeckt sind und etwa 30 Min. durchziehen lassen. Dann die Äpfel mit der Schale oder die geschälten Karotten dazureiben und mit dem frisch gepressten Orangen- oder Zitronensaft übergießen. Etwas Zimtzucker, Ahornsirup und Sahne unterrühren.

Variante: Sommermüsli
125 g Haferflocken mit ⅛ l kaltem Wasser und 50 g Sahne übergießen und durchziehen lassen, 100 g Naturjoghurt hinzufügen, zudem 1 TL Ahornsirup und 1 TL Sesam. Jeweils 1 EL Beeren (rote Johannisbeeren, Blaubeeren, Trauben) und 1 kleinen gewürfelten Pfirsich unterheben.

Liptauer

250 g Quark (Topfen)
2 EL Sauerrahm
Salz
Paprikapulver, edelsüß
evtl. Kümmel, frisch gemahlen
1 Frühlingszwiebel

Quark bzw. Topfen mit Sauerrahm, Salz und den Gewürzen verrühren. Frühlingszwiebel putzen, fein hacken und untermischen. Dazu passen Vollkornbrötchen.

Variante: Obatzda
100 g weiche Butter und 200 g weichen Cremoulin (französischer Rotschimmelkäse) mit der Gabel zerdrücken und 1–2 EL Quark (Topfen) oder Frischkäse untermischen.

Beerenfruchtpüree mit Mascarponecreme

Während der Beerenzeit empfiehlt es sich, die Beeren im Ganzen anzubieten und die Mascarponecreme extra dazu zu reichen.

300 g Himbeeren, Brombeeren,
* Heidelbeeren oder gemischte*
* Beeren*
1 EL brauner Puderzucker
250 g Mascarpone
200 ml Milch
1 EL Rohrohrzucker
½ Vanilleschote oder
* 1 TL Bourbon-Vanille*

Himbeeren, Brombeeren, Heidelbeeren oder gemischte Beeren mit Puderzucker pürieren. Mascarponecreme aus Mascarpone,

Milch, Zucker, dem ausgekratzten Vanillemark der halben Vanilleschote oder Bourbon-Vanille verrühren und mit dem Fruchtpüree vermischen oder zu den ganzen Beeren anrichten.

Obstsalat aus frischen Früchten

Je jünger die Kinder sind, umso weniger Obstsorten werden gemischt. Gut passt z. B. Banane zu Erdbeeren oder Nektarinen zu Trauben.

2 Bananen	*2 Nektarinen oder Pfirsiche*
½ Melone (Honig oder Charantais)	*1 TL Zitronensaft*
2 Äpfel	*1 EL Vanillezucker (s. S. 209)*

Bananen und Melone schälen, restliches Obst gut waschen. Stielansätze, Kerne und Kerngehäuse entfernen, das Obst in Würfel schneiden und in eine Schüssel geben. Mit Zitronensaft und Vanillezucker abschmecken und etwa 30 Min. durchziehen lassen.

KINDERGARTENFEST

$\mathcal{E}$inmal jährlich – meist im Sommer – veranstalten die Kindergärten ein kleines Fest, zu dem auch Eltern und Geschwister eingeladen sind. Dann sollte eine Brotzeit für eine größere Menge von Kindern und Erwachsenen bereitstehen. Wichtig ist, dass man die Snacks ohne Teller und Besteck leicht aus der Hand essen kann. Bewährt haben sich neben Rezepten aus dem Abschnitt »Kindergartenbuffet« die folgenden Aufstriche und Dips für Baguettes, die sich leicht zu Hause vorbereiten lassen.

Aufstriche für 60 Baguettes

Die Baguettes der Länge nach halbieren, beidseitig mit den einzelnen Butteraufstrichen bestreichen, zusammenklappen und in Alufolie einpacken. Im vorgeheizten Backofen bei 200° etwa 15 Min. aufbacken.

Kräuterbutter

7 Päckchen gemischte Kräuter, tiefgefroren, 2–3 Knoblauchzehen, 750 g zimmerwarme Butter, 1 Hand voll Basilikum, 1 Hand voll Petersilie, 1 EL Kräutersalz

Gemischte Kräuter auftauen lassen, Knoblauch schälen. Die Butter mit den im Mixer feingehackten Kräutern, dem Knoblauch und dem Kräutersalz zu einer homogenen Masse verrühren.

Tipp: Wer einen Thermomix hat, gibt alles zusammen und rührt so lange, bis die Butter eine cremige Konsistenz hat. Die Kräuter lassen sich auch im Blitzhacker oder in einer Kräuter-Moulinette mit 1–2 EL Wasser fein zerkleinern.

Tomatenbutter

Tomatenmasse: 100 g getrocknete Tomaten (Pomodori secchi), das Grüne von 5 Frühlingszwiebeln, 2 Knoblauchzehen, 2 EL Petersilie, 2 EL Olivenöl, 1–2 EL Tomatenmark, Salz
250 g zimmerwarme Butter, 1 Hand voll Basilikumblätter

Für die Tomatenmasse getrocknete Tomaten grob schneiden, Grün der Frühlingszwiebeln in Ringe schneiden, Knoblauch schälen, Petersilie fein hacken. Olivenöl in einem Topf erhitzen, Zwiebelröhrchen und Knoblauch andünsten, Tomatenstücke und Kräuter dazugeben, dann das Tomatenmark einrühren und mit etwa ¼ l Wasser ablöschen, salzen. Das Ganze 20 Min. einkochen, abkühlen lassen und im Mixer pürieren.
Ein Drittel der Masse mit Butter vermischen, dazu die im Mixer feingehackten Basilikumblätter hinzugeben und zu einer homogenen Masse verrühren.

Tomaten-Schinken-Butter

Den Rest der Tomatenmasse (Rezept s. oben), 1 Hand voll Basilikumblätter, 200 g roher Schinken, 250 g zimmerwarme Butter

Ein Drittel der Tomatenmasse mit fein gewürfeltem Schinken und den im Mixer fein gehackten Basilikumblättern sowie der Butter zu einer homogenen Masse verrühren.

Sesambutter

750 g zimmerwarme Butter, 5 EL Sesam, 1 EL Kräutersalz
Die Butter mit gemahlenem Sesam und Kräutersalz zu einer homogenen Masse verrühren.

Käsebutter

250 g zimmerwarme Sesambutter, 250 g geriebener Gouda

Ein Drittel der Sesambutter mit dem geriebenen Gouda zu einer homogenen Masse verrühren.

Schinken-Käse-Butter

250 g zimmerwarme Sesambutter, 150 g roher Schinken, 200 g geriebener Gouda

Das letzte Drittel der Sesambutter mit fein gewürfeltem Schinken und dem geriebenen Gouda zu einer homogenen Masse verrühren.

Dips für 10 Baguettes

Basilikum-Dip

2 Becher Schmand oder Sauerrahm (je 200 g), 2 Packungen Frischkäse (je 200 g), 1 Bund Basilikum, 2 EL Petersilie, Kräutersalz

Schmand oder Sauerrahm mit Frischkäse vermischen, die im Mixer feingehackten Basilikum- und Petersilienblätter dazugeben und zu einer homogenen Masse verrühren. Mit Kräutersalz abschmecken.

Tomaten-Basilikum-Dip

Ein Drittel der Tomatenmasse (s. S. 252), ein Drittel des Basilikum-Dips (s. oben)

Tomatenmasse mit Basilikum-Dip vermischen.

Frühlingszwiebel-Dip

2 Becher Schmand oder Sauerrahm (je 200 g), 2 Packungen Frischkäse (je 200 g), 2 Frühlingszwiebeln, Kräutersalz

Schmand oder Sauerrahm mit Frischkäse vermischen. Frühlingszwiebeln in feine Röllchen schneiden und darunter mischen. Mit Kräutersalz abschmecken.

Variante: Schnittlauch-Dip
Statt Frühlingszwiebeln kann man auch Schnittlauchröllchen nehmen.

KINDERGEBURTSTAG

Bei einem Kindergeburtstag sollten nicht nur die Spiele für Stimmung sorgen – auch das richtige Essen spielt eine große Rolle. Nicht zu viel anbieten und keine zu große Auswahl, sonst geraten die Kinder in die Versuchung, alles probieren zu wollen, nichts wirklich zu genießen und sich nur von einem Angebot zum anderen durchzuessen. Folgende Rezepte haben sich als Kinderfavoriten auf mehreren Kindergeburtstagen bewährt:

Schokoladenkuchen*
Linzer Torte*
Rührkuchen mit Schokoflocken*
Amerikaner*
Schokoladen-Muffins*
Stockbrot*
Gulaschsuppe*
Spaghetti mit Tomatensugo*
Spaghetti bolognese*
Pizza Margherita*
Hackfleischbällchen*
Nudelsalat*
Seeräuber-Schnitzelchen* mit Ofenkartoffeln*
Roter Cocktail*
Kinderbowle*
Zitronenlimonade*
Traum-Schoggi*

Rezeptregister

A Acrylamid 118
Allgäuer Kasspatzen 143
Amerikaner 227
Apfelcrêpes 189
Apfeldünne 93
Apfel-Karotten-Saft 236
Apfelkuchen 214
Apfelküchle 210
Apfelkompott 125
Apfelmus 207
Apfel-Nuss-Kuchen 216
Apfelpunsch mit Blutorange 234
Apfelrösti 192
Apfelrotkraut 136
Apfelspalten, karamellisiert 207
Apfelstrudel 194
Apfeltaschen 228
Applepie 228
Aprikosenknödel 203
Aufstriche für Baguettes 251
Avocado-Dip 141

B Bacon-and-egg-Whopper 180
Bananenmilch 241
Bärlauchsuppe 109
Basilikum-Dip 253
Béchamelsauce 161
Beerenbiskuit 222
Beerenfruchtpüree mit Mascarponecreme 249
Beerenmilch 241
Beerenpüree mit Vanillesahne 209
Beerenshake 241
Bienenstich 224
Birnensahne 208
Biskuitrolle 221
Blattsalat 140
Blumenkohlcremesuppe 105
Bohnensuppe 110
Bowle 239
Bratäpfel 211, 212
Brathähnchen 172
Bratkartoffeln 115
Brennnesselknöpfle 144
Brokkoli-Kartoffel-Gratin 133
Brokkoli-Schinken-Sahne 148
Brokkolisuppe 108
Brotfladen 95
Brotkruspeln 106
Brühe 101, 102
Brustwickel mit Öl und Lavendel 70
Brustwickel mit Quark 70
Brustwickel mit Zitrone 70
Buletten 169
Bunte Kartoffelpfanne 121
Bunter Marktsalat 140
Butterkuchen 224
Butternudeln 149
Butterschmalz 124

C Cheeseburger 180
Chicken nuggets 178
Chicken wings 177
Clotted cream 246
Cooler Eistee 233
Crema catalana 201
Cremesuppe 105
Cremesuppe 107
Crêpes 188

D Dampfnudeln 193
Dinkelbrot 91
Dinkeleintopf 112
Dinkelknöpfle 144
Dips für Baguettes 253
Dips für Gemüse 141
Döner 178
Dünne 93, 94

E Eierbrötchen 88
Eierpfannkuchen 186
Eierspätzle 143
Eis am Stiel 211
Eistee, cooler 233
Eistee, grüner 232
Energie-Müsli 248
Entenbrust 173
Erbsensuppe, pürierte 108
Erdbeerkuchen 222
Erdbeermarmelade 212
Erdbeerpüree 199
Erdbeerquark 208
Erdbeer-Tiramisu 200

F Fenchelcremesuppe 105
Fenchel-Kartoffel-Gratin 117
Fencheltee 73
Fettuccine mit Brokkoli-Schinken-Sahne 148
Fingernudeln 123
Fisch-Schnitzelchen 177
Fischstäbchen 177
Fladenbrottaschen 95
Flädlesuppe 104
Fleisch-Kartoffel-Eintopf 113
Fleischpflanzerl 169
Frischkäsecreme 87
Frischkäse-Gorgonzola-Brot 88
Frischkornmüsli 242
Früchtetee mit Apfelsaft 231
Fruchtjoghurt 89
Fruchtjoghurt, selbst gemacht 211
Fruchtpüree 249
Fruchtquark 89
Frühlings-Kräutl-Suppe 111
Frühlingszwiebel-Dip 253
Frühstücksmüsli 83
Fusilli in Tomatenrahm 146

G Gefüllte Fladenbrottaschen 95
Gelber Reis 155
Gemüsebrühe 102
Gemüselasagne 151
Gemüse-Quiche 99
Gemüseragout 132
Geröstetes Müsli 244

Geschmortes Weißkraut 137
Geschnetzeltes Kalbfleisch 167
Gewürzter Salzfladen 97
Goldene Röstinchen 116
Gorgonzola-Frischkäse-Brot 88
Gratin 117, 119, 133
Gratin-Sauce 133
Graupeneintopf 113
Grießklößchensuppe 104
Grießnockerln 199
Grießpudding 199
Grießschnitten 198
Grießsuppe 103
Grüner Eistee 232
Grünkerneintopf 112
Gulasch 173
Gulaschsuppe 111
Gurkensalat in Dillrahm 139

H Hackbraten 171
Hackfleischbällchen 169
Hackfleischfülle 187
Hackfleischsauce 160
Hacksteak 179
Haferflockengetränk 73
Haferflockensuppe 103
Hähnchen, gebraten 172
Hähnchenbrust in Tomatensauce 171
Hähnchenbrüste, gebacken 178
Hähnchen-Wraps 183
Hamburger 179
Hefe 92

Hefe-Nikolaus 223
Hefe-Osterhase 223
Hefeschnecken 223
Hefezopf 223
Heidelbeereis 210
Heiße Schokolade 240
Heiße Zitrone 73
Himbeereis 210
Himbeersauce 202
Himmel und Erde 125
Hirsebrei 199
Hirsetaler, gebratene 156
Hirsotto 157
Holunderblütendünne 93
Holunderblütensaft 237
Holunderblütensirup 237
Honigbrötchen 84
Honigcreme 84
Honigmilch 240
Hörnchen 228
Hühnerbrühe 101
Hühnerflügel, gebacken 177
Hustentee 71

Joghurt-Dip 141
J Johannisbeergelee 213
Johannisbeermark 209

Kaiserschmarrn 191
K Kamillentee 71
Kaninchen-Ragout 168
Karamellisierte Apfelspalten 207
Karotten-Apfel-Salat 139
Karotten-Frittata 186

Rezeptregister | 259

Karottengemüse, süß 130
Karotten-Kohlrabi-Gemüse
    130
Karottenkuchen 220
Karotten-Pastinaken-
    Gemüse 130
Karottenrösti 134
Karottensalat 139
Karotten-Sellerie-Gemüse
    130
Kartoffelbankerl 123
Kartoffel-Birnen-Gratin
    119
Kartoffelbrei s.
    Kartoffelpüree 122
Kartoffel-Brokkoli-Gratin
    133
Kartoffel-Fenchel-Gratin
    117
Kartoffel-Fleisch-Eintopf
    113
Kartoffelgemüse 117
Kartoffelgnocchi in
    Salbeibutter 127
Kartoffel-Karotten-Püree
    123
Kartoffel-Käse-Auflauf 118
Kartoffelklöße 125
Kartoffelknödel 125
Kartoffel-Kürbis-Suppe 108
Kartoffelpfanne 121
Kartoffel-Pilz-Gratin 119
Kartoffelpizza 181
Kartoffelpizzette 181
Kartoffelpuffer 181
Kartoffelpüree 122
Kartoffelpüree mit
    Speckbirnen 126
Kartoffelpüree tricolor 123
Kartoffelrösti 115
Kartoffel-Röstinchen 116
Kartoffelsalat 121
Kartoffelsorten 114
Kartoffelsuppe 106
Kartoffeltaler 126
Käsebutter 253
Käsekirschkuchen 225
Käsekuchen 225
Käsküchle 99
Kasspatzen 143
Kebab 178
Kerbelsuppe 110
Ketchup, selbst gerührt
    163
Kinderbowle 239
Kinderpunsch 233
Kindertee 231
Kirschenmichl 192
Kirschkuchen 215
Knabbergemüse 141
Knöpfle 144, 145
Knusperflocken 84
Knuspriges Hähnchen 172
Kohlrabicremesuppe 105
Kohlrabi-Fenchel-Gemüse
    131
Kohlrabistreifen mit Sesam
    131
Kokos-Sandkuchen 219
Kräuterbutter 251
Kräuterflädlesuppe 104
Kräuterquark 88

Kräutl-Suppe 111
Krautnudeln 138
Krustenbrot mit Tiroler Aufstrich 87
Kürbiscremesuppe 107
Kürbisdünne 94
Kürbis-Kartoffel-Suppe 108
Kürbisknöpfle 143

L Lachs in Safransauce 175
Lammfilet-Ragout 169
Lasagne 151, 152
Lasagne mit Hackfleischfüllung 152
Lauchcremesuppe 107
Lauch-Fenchel-Sauce 150
Lauch-Tomaten-Sauce 150
Leipziger Allerlei 135
Liliputsemmel mit Mandelbutter 87
Liliputsemmeln 92
Linguine mit Lauch-Fenchel-Sauce 150
Linsensuppe 109
Linzer Torte 215
Liptauer 249

M Madeleines 226
Maishähnchenbrust in Tomatensauce 171
Makkaroni in Steinpilzrahm 145
Mandelbutter 87
Marktsalat 140
Marmorkuchen 218

Mascarponecreme 249
Mascarponesauce 201
Mayonnaise, selbst gerührt 162
Melonenbowle 239
Milchmix-Drink 85
Milchreis 197
Mini-Müsli 83
Minzlimo 238
Morgensonne 85
Mousse au chocolat 205
Muffins 226
Müsli 83, 244, 248
Müsli, geröstet 244

N Notfall-Snacks 13
Nudelsalat 152
Nudelsuppe 101
Nussbrot 97

O Obatzda 247
Obstcocktail 235
Obstkuchen 219
Obstsalat 250
Ofenkartoffeln 120
Ofenschlupfer 192
Orangen-Karotten-Saft 236
Orangen-Power-Drink 235
Orangina 238

P Palatschinken 190
Pancake 191
Panna cotta 202
Paprikadünne 93
Paprika-Omelette 185
Paprikarahmsuppe 109

Paprika-Risotto 154
Pastinakenrösti 132
Pellkartoffeln mit
   Schnittlauchquark 115
Pesto 146
Pfannkuchen 186, 187, 191
Pfannkuchen mit
   Hackfleischfülle 187
Pfannkuchen, süß 187
Pilz-Kartoffel-Gratin 119
Pilz-Ratatouille 131
Pilzsauce 162
Pilzschnitzel 129
Pizza 97, 181, 182
Pizza Margherita 97
Pizza Salami 182
Pizzabrot 183
Pizzabrot 183
Polentaschnitten 198
Popcorn 246
Pudding 200, 246
Puffmais 246
Punsch 232
Putencurry mit Bananen 166
Putenröllchen 166

Q Quarkauflauf 202
Quarkblätterteig 228
Quiche 99
Quiche Lorraine 99
Quittenmarmelade 213

R Rahmkartoffeln 116
Rahmschnitzelchen 167
Ratatouille mit Pilzen 131

Reiberdatschi 181
Reis, gelber 155
Reisauflauf 197
Reispfanne 156
Reissuppe 109
Rindergulasch 173
Rinderkraftbrühe 101
Ringelblumensalbe 71
Risotto 153, 154
Risotto mit Blattspinat 154
Röhrennudeln mit Lauch-
   Tomaten-Sauce 150
Rohrnudeln 193
Roiboos-Tee mit Orange 231
Rosenkohlsuppe 105
Rosinenbrötchen 246
Rote Beerengrütze 209
Roter Cocktail 239
Rotkraut 136
Rührei 185
Rührei mit Speck und
   Käse 185
Rührkuchen mit Obst 219
Rührkuchen mit
   Schokoflocken 217

S Salat 140
Salatsauce 140
Salzfladen 97
Sandkuchen 219
Sauerampfersuppe 110
Sauerkraut 136
Schinkenbrot 87
Schinkenhörnchen 245
Schinken-Käse-Butter 253
Schmarrn 191

Schnittlauch-Dip 254
Schnittlauchquark 115
Schnitzel 165
Schnitzel im Sesamkleid 165
Schokolade, heiße
Schokoladeneis 204
Schokoladenkuchen 216
Schokoladen-Muffins 226
Schokoladenpudding 246
Schokoladensahne 204
Schweinelendchen-Ragout 169
Schweinemedaillons in Paprikasahne 168
Scones 245
Seeräuber-Schnitzelchen 177
Seezungenfilet in Zitronenbutter 174
Sesambutter 252
Shortbread 229
Sommermüsli 247
Spaghetti bolognese 160
Spaghetti Carbonara 147
Spaghetti mit Räucherlachs 147
Spargelsauce 161
Spätzle 143
Speckdünne 94
Speckkuchen 99
Spinat, gedämpft 129
Spinatknöpfle 144
Spinatrahmsuppe 105
Spinatsauce 148
Spitzkraut 137
Steinpilzrahm 145

Stockbrot 96
Strammer Max 180
Streuselkuchen 224
Studentenfutter 89

T Tagliatelle in Eierrahm 149
Tagliatelle mit Spinatsauce 148
Teemischung bei Blähungen 71
Teemischung bei Husten 71
Thunfisch-Wraps 183
Tiramisu 200
Tiroler Aufstrich 87
Tomaten-Basilikum-Dip 253
Tomatenbrot 88
Tomatenbutter 252
Tomatenketchup, selbst gerührt 163
Tomatenmarksauce 159
Tomatenrahm 146
Tomatenreissuppe 109
Tomatenrisotto 154
Tomatensauce, schnelle 159
Tomaten-Schinken-Butter 252
Tomatensugo 159
Tomatensugo, eingemacht 160
Topfenpalatschinken 190
Traum-Schoggi 240
Trinkschokolade 240

V Vanillecreme 201
Vanillepudding 200, 247
Vanillerahmeis 204

Rezeptregister | 263

Vanillesauce 200
Vanillezucker, selbst
  gemacht 209
Vollkornbrot mit
  Kräuterquark 88
Vollkornbrötchen mit
  Frischkäsecreme 87

W

Waffelherzen 195
Weißkraut 137
Weißkrautsuppe 105
Wiener Pilzschnitzel 129
Wiener Schnitzel 165
Wirsing 138

Wirsingrahmsuppe 105
Wraps 183
Wurzelgemüse 132

Z Zitronenbutter 174
Zitronengrastee 232
Zitronenlimonade 238
Zucchini-Frittata 186
Zucchini-Risotto 153
Zucchinirösti 134
Zwetschgenknödel 203
Zwiebelsäckchen 70

Wichtige Adressen im Internet

www.oekotest.de
Große Auswahl an Themen zur Sicherheit der Nahrung und viele Untersuchungen zu Lebensmitteln und Gütesiegeln.

www.stiftung-warentest.de
Rubrik Essen+Trinken: Testergebnisse, z. B. Schadstoffbelastung bei Lebensmitteln.

www.lebensmittellexikon.de
Umfassende Informationen zu alltäglichen und exotischen Lebensmitteln mit vielfältigen Zubereitungstipps.

www.verbraucher.de
Aktuelle und lesenswerte Lebensmittel- und Ernährungshinweise (für Hessen).

www.zusatzstoffe-online.de
Online-Datenbank der Verbraucher-Initiative.

www.was-wir-essen.de
Alles über Lebensmittel: sehr informative Seite mit Lebensmittellexikon.

www.talkingfood.de
Wissen, was auf den Tisch kommt.

www.gesunder-mausklick.de
Pfiffige Hintergrundinformationen zum Thema Ernährung und Kinder.

www.fke-do.de
Forschungsinstitut für Kinderernährung, Dortmund; Die optimierte Mischkost, Kinderlebensmittel.

www.dge.de
Deutsche Gesellschaft für Ernährung (DGE), Bonn.

www.eurotoques.de
Die unabhängige Verbraucherinitiative der Bevölkerung und der Spitzenköche für eine gesunde Ernährung mit natürlichen Lebensmitteln.

www.fitoc.de
Ambulantes Programm für übergewichtige Kinder: Wie Kinder richtig essen lernen.

www.powerkids.de
Von Ernährungsexperten entwickelte Methode zum Abnehmen für Kinder.

www.a-g-a.de
Allgemeine Informationen zu Adipositas im Kindes- und Jugendalter.

Kinderwunsch – die Geburt und wie es danach weitergeht

B. Jorda, I. Schwägerle
Geburt in Geborgenheit und Würde
Aus dem Erfahrungsschatz einer Hebamme
ISBN 3-423-36266-9

B. Leiber, M. Radke und M. Müller
Das Baby-Lexikon
ISBN 3-423-36221-9

T. Berry Brazelton
Babys erstes Lebensjahr
ISBN 3-423-36500-5

Monika Arndt
Das Baby-Kochbuch
Gesunde Ernährung für Ihr Kind
ISBN 3-423-36187-5

Nasma Scheibler-Shrestha
Ruth Lehmann
Babymassage
Die Sprache der sanften Berührung in der Newar-Tradition
ISBN 3-423-36191-3

Aletha J. Solter
Warum Babys weinen
ISBN 3-423-36192-1

Julia Rogge
Den Alltag in den Griff bekommen
Familien-Management
ISBN 3-423-36199-9

Doro Kammerer
Das erste Lebensjahr
ISBN 3-423-36290-1
Das zweite Lebensjahr
ISBN 3-423-36309-6

Penelope Leach
Die ersten Jahre deines Kindes
ISBN 3-423-36232-4

Maria Montessori
Kinder sind anders
ISBN 3-423-36047-X

Jirina Prekop
Der kleine Tyrann
Welchen Halt brauchen Kinder?
ISBN 3-423-36050-X

Ulla Rahn-Huber
Der ultimative Survival-Guide für junge Eltern
ISBN 3-423-36167-0

Sibylle Smolka
Frauen erzählen vom Kinderkriegen
ISBN 3-423-36249-9

Jan Christoph Wiechmann
Vater und Sohn allein zu Haus
ISBN 3-423-36265-0

André Kahn
Die Schlafschule
Mein Kind lernt schlafen
ISBN 3-423-36238-3

Bitte besuchen Sie uns im Internet: www.dtv.de

...Eltern sein dagegen sehr
Erziehungsberater im dtv

Ben Bachmair
Abenteuer Fernsehen
Ein Begleitbuch für Eltern
ISBN 3-423-36243-X

Cheryl Benard, Edit Schlaffer
Einsame Cowboys
Jungen in der Pubertät
ISBN 3-423-36295-2

Wolfgang Bergmann
Erziehen im Informationszeitalter
ISBN 3-423-36304-5

Bruno Bettelheim
Kinder brauchen Märchen
ISBN 3-423-35028-8

Jeffrey L. Brown
Keine Räuber unterm Bett
Wie man Kindern Ängste nimmt
ISBN 3-423-36093-3

Deepak Chopra
Mit Kindern glücklich leben
Die sieben geistigen Gesetze für Eltern
ISBN 3-423-36267-7

Diane Ehrensaft
Wenn Eltern zu sehr...
Warum Kinder alles bekommen, aber nicht das, was sie wirklich brauchen
ISBN 3-423-34014-2

Oggi Enderlein
Große Kinder
Die aufregenden Jahre zwischen 7 und 13
ISBN 3-423-36220-0

Klaus Fritz
Ein Sternenmantel voll Vertrauen
Märchenhafte Lösungen für alltägliche Probleme
ISBN 3-423-36120-4

Barbara Högl
Störfälle?
Die viel zu unaufmerksamen Kinder
Notizen, Fundstücke und Interviews
ISBN 3-423-36213-8

Isabel Hörmann
Ein Traum von Kind
Aus dem Leben einer ratlosen Mutter
ISBN 3-423-36222-7

Quo vadis, Superweib?
Eine Mutter packt aus
ISBN 3-423-20272-6

Kinder verstehen
Ein psychologisches Lesebuch für Eltern
Herausgegeben von Sophie von Lenthe
ISBN 3-423-35017-2

Bitte besuchen Sie uns im Internet: www.dtv.de

... Eltern sein dagegen sehr
Erziehungsberater im dtv

Gerhard W. Lauth, Peter F. Schlottke, Kerstin Naumann
Rastlose Kinder, ratlose Eltern
Hilfen bei Überaktivität und Aufmerksamkeitsstörungen
ISBN 3-423-36122-0

Maria Montessori
Kinder sind anders
ISBN 3-423-36047-X

Angela Murmann
Das Tunnelbiest
und andere Geschichten aus meiner Erziehungskiste
ISBN 3-423-36141-7

Cora Neuhaus, Corona Schmid
Nur eine Phase?
Verhaltensauffälligkeiten bei Kindern
ISBN 3-423-36219-7

Gerlinde Ortner
Märchen, die Kindern helfen
Geschichten gegen Angst und Aggression
ISBN 3-423-36107-7
Neue Märchen, die Kindern helfen
Geschichten über Streit, Angst und Unsicherheit
ISBN 3-423-36154-9

Jirina Prekop
Der kleine Tyrann
Welchen Halt brauchen Kinder?
ISBN 3-423-36050-X

Jirina Prekop
Christel Schweizer
Unruhige Kinder
Ein Ratgeber für beunruhigte Eltern
ISBN 3-423-36030-5

Ulla Rahn-Huber
Der ultimative Survival-Guide für junge Eltern
ISBN 3-423-36167-0

Dorothy Rich
Lernspiele für den EQ
So fördern Sie die emotionale Intelligenz Ihres Kindes
ISBN 3-423-36226-X

Julia Rogge
Den Alltag in den Griff bekommen
Familien-Management
ISBN 3-423-36199-9

Weder Macho noch Muttersöhnchen
Jungen brauchen eine neue Erziehung
ISBN 3-423-36123-9

Eva Zeltner
Mut zur Erziehung
ISBN 3-423-36048-8

Bitte besuchen Sie uns im Internet: www.dtv.de